国家社科基金
后期资助项目

休谟人性视域下的理性观研究

栾 俊 著

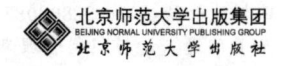

北京师范大学出版社

图书在版编目（CIP）数据

休谟人性视域下的理性观研究 / 栾俊著. -- 北京：北京师范大学出版社，2024.11 -- ISBN 978-7-303-30071-6

Ⅰ.B561.291；B82-061

中国国家版本馆CIP数据核字第2024HM4681号

营 销 中 心 电 话 010-58805385
北 京 师 范 大 学 出 版 社
主题出版与重大项目策划部

XIUMO RENXING SHIYUXIA DE LIXINGGUAN YANJIU

出版发行：	北京师范大学出版社　www.bnupg.com
	北京市西城区新街口外大街12-3号
	邮政编码：100088
印　　刷：	北京虎彩文化传播有限公司
经　　销：	全国新华书店
开　　本：	710 mm×1000 mm　1/16
印　　张：	13.75
字　　数：	239千字
版　　次：	2024年11月第1版
印　　次：	2024年11月第1次印刷
定　　价：	58.00元

策划编辑：王丽芳　刘　溪	责任编辑：王丽芳　刘　溪
美术编辑：王齐云	装帧设计：王齐云
责任校对：张亚丽	责任印制：马　洁　赵　龙

版权所有　侵权必究

反盗版、侵权举报电话：010-58800697
北京读者服务部电话：010-58808104
外埠邮购电话：010-58808083
本书如有印装质量问题，请与印制管理部联系调换。
印制管理部电话：010-58808284

国家社科基金后期资助项目
出 版 说 明

　　后期资助项目是国家社科基金设立的一类重要项目，旨在鼓励广大社科研究者潜心治学，支持基础研究多出优秀成果。它是经过严格评审，从接近完成的科研成果中遴选立项的。为扩大后期资助项目的影响，更好地推动学术发展，促进成果转化，全国哲学社会科学工作办公室按照"统一设计、统一标识、统一版式、形成系列"的总体要求，组织出版国家社科基金后期资助项目成果。

全国哲学社会科学工作办公室

谨以此书
献给我的奶奶

前　言

　　西方学者常常感叹："Why another Hume?"这表面上是问，为什么又推出一种新的休谟解读；言外之意却是说，当前的休谟研究已蔚为大观，任何推陈出新即便不是不可能，至少也是很困难了。的确，自20世纪70年代以来，英语世界涌现出一大批研究休谟的力作，内容涵盖休谟的认识论、道德政治学、宗教理论、史学与美学等诸多领域；国际学术期刊《休谟研究》(*Hume Studies*)与国际学术组织休谟学会(Hume Society)的专门设办与空前活跃也表明，国外休谟研究俨然已颇具规模。然而，与此形成对照的是，国内休谟研究尚处于起步阶段，虽然近年来，在"科学哲学热"与"政治哲学热"的带动下，国内学者围绕"休谟问题""休谟正义与政府理论"产出大量研究成果，但总体上看，我们的休谟研究无论在广度还是深度上，较之西方仍有相当大的差距。

　　面对这一差距，我们一般会认为，对休谟文献以及国外经典休谟研究著述的全面译介与整理，是汉语休谟研究的当务之急。这一看法显然是有道理的，但对这一点的过分强调，却极易走向另一个极端，那就是"以翻译、绍述代替研究、批判"的学术实践取向。这一取向在笔者看来，至少蕴含两大缺误。第一，它暗含休谟思想特别是休谟的哲学是客观知识或信息的预设，从而易将休谟研究异化为信息占有与接收；第二，它常使学者们湮没于汗牛充栋的西方文献中而无法自拔，丢失了汉语休谟研究本应具有的独立地位与自主性品格。鉴于此，笔者认为，为切实推进汉语休谟研究，特别是休谟哲学的研究，我们须做到如下两点。首先，对待原典文献，在尽可能同情了解的前提下，强调休谟研究的哲学性，即不把休谟看作外在于我们，有待我们加以客观认知的对象，而是视为以效果历史的方式内在于我们，从哲学上深度回应时代问题所不可或缺的对话者。其次，对待西方的二手研究文献，应在尽可能掌握其主要观点与论证的基础上，就休谟研究的前沿趋势与基本问题，系统提出中国学者自己的论断与主张。本书的写作就是在此方法论指引下推进汉语休谟研究的一次尝试。笔者自知才学浅陋，本书的尝试定有诸多不尽如人意之处，但本书的努力方向，无疑是正确且值得坚持的。

　　具体来说，本书是在国际休谟研究由"条块化"走向"整体化"的前沿趋势下，对休谟哲学基本问题——理性观的整体性研究。所谓"理性观"是休谟关于理性的总体观点、倾向与态度，而"理性观"之所以是休谟哲学的基本问题，关键原因在于，在这些观点与态度中，尤为鲜明地凸显了贯穿休谟哲学(《人性论》)始终的一个根本分歧，即怀疑主义与自然主义的张力关系问题。本书将怀疑主义与自然主义视为休谟理性观的两个独特面向，对休谟理性观展开整体性研究，力图针对这两个歧异面向给出一种新的统一解读。

事实上，国外学界已就如何统一解释"休谟的自然主义与怀疑主义及其相互关系"进行过大量的探索与争论。众所周知，西方正统哲学史往往把休谟解读为颠覆性的怀疑主义者，这一解读在康普·斯密(Norman Kemp Smith)对休谟哲学的自然主义解读中得到了系统纠正。自此，"自然主义与怀疑主义孰为根本、是否兼容"的疑问，就成为长期困扰休谟学界的一大难题，加拿大学者拉塞尔(P. Russell)形象地称之为"《人性论》之谜"(the riddle of the *Treatise*)。为破解这一谜团，当代西方学者或追随康普·斯密，认为休谟哲学的根本立场是自然主义，怀疑主义只是自然主义的帮辅或助推器；或重返康普·斯密之前的传统解读，认为休谟哲学的根本立场是怀疑主义，自然主义只是激进怀疑主义的注脚而已。另有学者力图给出更为兼容、平衡的解读，或通过区分休谟哲学的认识论动机与道德哲学动机，认为怀疑主义与自然主义分别隶属于这两种动机，因而两者平行、互不干扰；或提出"反宗教"解读，认为怀疑主义与自然主义是休谟"反宗教动机"的一体两面，两者并立且服务于同一目的。

本书的新解读，不是对上述任何一种解读方案的辩护、内部修正或简单延续，而是在总结前人得失的基础上，就上述疑难，大胆而系统地提出自己的见解。

首先，一如上述，本书将对休谟理性观的整体性研究，视为破解"《人性论》之谜"的一把钥匙；而通过这一研究，本书在处理休谟怀疑主义与自然主义之张力关系时，力求在如下两方面实现对上述四类解读的突破：第一，突破前两类解读或倚重"怀疑主义"，或偏向"自然主义"来统摄对方的处理方案，兼顾两者，做到不偏废其一；第二，突破后两类解读仅通过提供外部动机统领休谟怀疑主义与自然主义的处理方式，直面休谟怀疑主义与自然主义的内部张力，并通过对这一张力的细致解析，内在地落实其哲学动机。本书认为，怀疑主义与自然主义是被休谟哲学动机所决定的两种同等重要的理性思想，这两种理性思想在其张力关系中不是相互冲突或彼此取消的，而是辩证发展、交互提升的；作为这一运动的最终成熟的结果，怀疑主义与自然主义进一步坐实了休谟的哲学动机。

其次，本书对休谟哲学动机的把握，不是单纯立足休谟时代的认识论、道德哲学或宗教批判背景，而是聚焦休谟理性观的前提视域——"人性视域"。本书不是把"人性视域"理解为休谟时代日趋流行的现成理论或方法，因为这蕴含了看待休谟的实证史学态度，而不是哲学的理解。本书将休谟视为与我们共处现代性—历史世界的同时代者，因而从现代理性概念的问题处境与压力出发，追问休谟"人性视域"背后的现代性—哲学动机，即黑格尔所谓"主体性原则"，查尔斯·泰勒（C. Taylor）申之为"排他性人本主义"（exclusive humanism）（又译"无求于外的人文主义"）。本书区分了这一动机的"超越—否定"面与"主体—肯定"面，进而指出，休谟理性观的怀疑主义与自然主义不仅是其现代性动机一体两面的直接产物，而且也是对这一动机一体两面的分别回应与落实，从而更加强化了这一动机。怀疑主义抵制人类理性在超验领域的独断运用，自然主义则为人类理性的世俗—工具运用提供了哲学支撑。这是现代理性的两个相辅相成的面向，即反超越的怀疑论面向与工具性的自然化面向，它们从不同维度共同效力于现代性世界的生成与巩固。由此得出结论：休谟人性视域下的理性观是现代性意义上的辩证有机整体，现代理性的独特身份与根本困境在相当大的程度上均源于此，并由此而明。

最后，综上所述，本书以"休谟人性视域下的理性观"为研究主题，旨在达成双重目标：一方面，对于休谟怀疑主义与自然主义的张力关系问题，尝试给出一种更圆融平衡且富有新意的现代性解读，力求呈现"统一的休谟"，以深度回应休谟研究中的"怀疑主义与自然主义之争"；另一方面，通过这一解读，本书试图揭示休谟怀疑主义与自然主义对形塑现代理性概念的构成性意义与影响，从而探明现代理性概念的休谟渊源及其限度。由此，本书创造性地将"休谟哲学的整体性研究"与"现代理性概念的哲学溯源"有机融合。本书主体部分围绕这双重目标展开，其论证逻辑略述如下。

"导论"从研究对象与意义、问题与方法、学术史梳理、观点与思路等方面对全书作了总体谋划。第一、二章聚焦"人性视域"，第一章阐发休谟理性观的哲学动机，突出怀疑主义与自然主义是休谟现代性动机中"超越—否定的"与"主体—肯定的"两个因素共同作用下的产物，前者使现代理性与古典"本体—神学"脱钩，后者使现代理性委身于"经验—人性"。第二章阐发休谟理性观的奠基原理，考察休谟从不同视角解剖人性而得到的，分别为其理性观的自然主义与怀疑主义奠基的诸要素与原理，并由此演绎休谟理性观的两种初始形态——"理证"(demonstrative reasoning)与"概然推断"(probable reasoning)。第三、四、五章阐发休谟理性观的辩证意涵，试图重构休谟交叉运用第二章中的诸原理对"理证"与"概然推断"进行反省与阐释的三阶段过程，展现休谟怀疑主义与自然主义独立并行又交互提升的关系特征。第六章阐发休谟理性观的目标任务，从上述三阶段过程提炼休谟理性观的两种终极形态——"怀疑的理性"与"实践—工具理性"，前者通过反上帝信仰坐实现代性的"超越—否定"一面，后者致力于建构以人为中心的世俗化道德世界，贯彻现代性的"主体—肯定"一面。"结语"总结全书并立足休谟理性观之整体，扼要检讨现代理性"反超越"与"工具化"的内在局限。

栾　俊
2023 年 8 月 24 日

缩写与引用

本书采用《剑桥休谟指南》(*The Cambridge Companion to Hume*)第二版关于休谟原著的缩写与引注格式。

T 代表《人性论》，版本为：*A Treatise of Human Nature*，L. A. Selby-Bigge (ed.)，P. H. Nidditch (rev.)，Oxford，Oxford University Press，1978。T 后的数字依次表示"卷、章、节、段"。例如，T 1.3.4.2 表示《人性论》第一卷第三章第四节第二段；T 2.3.3 表示《人性论》第二卷第三章第三节；T 1.1.7.2～T 1.1.7.5 表示《人性论》第一卷第一章第七节第二至五段；T 1.3.6～T 1.3.9 表示《人性论》第一卷第三章第六至九节；T intro.3 表示《人性论》"引论"第三段；T app.12 表示《人性论》"附录"第十二段。

A 代表《〈人性论〉摘要》，版本为：*An Abstract of a Book Lately Published*；*entituled*，*A Treatise of Human Nature*，in *A Treatise of Human Nature*，L. A. Selby-Bigge (ed.)，P. H. Nidditch (rev.)，Oxford，Oxford University Press，1978。A 后的数字表示"段"。例如，A 5 表示《〈人性论〉摘要》第五段。

EHU 代表《人类理解研究》，版本为：*An Enquiry concerning Human Understanding*，in *Enquiries concerning Human Understanding and concerning the Principles of Morals*，L. A. Selby-Bigge (ed.)，P. H. Nidditch (rev.)，Oxford，Oxford University Press，1975。EHU 后的数字依次表示"章、(节、)段"。例如，EHU 4.1.8 表示《人类理解研究》第四章第一节第八段；EHU 6.2 表示《人类理解研究》第六章第二段。

EPM 代表《道德原则研究》，版本为：*An Enquiry concerning the Principles of Morals*，in *Enquiries concerning Human Understanding and concerning the Principles of Morals*，L. A. Selby-Bigge (ed.)，P. H. Nidditch (rev.)，Oxford，Oxford University Press，1975。EPM 后的数字依次表示"章、(节)、段"。例如，EPM 3.1.5 表示《道德原则研究》第三章第一节第五段；EPM 1.4 表示《道德原则研究》第一章第四段；EPM app 3.10 表示《道德原则研究》"附录三"第十段。

DNR 代表《自然宗教对话录》，版本为：*Dialogues concerning Natu-*

ral Religion, D. Coleman (ed.), Cambridge, Cambridge University Press, 2007. DNR 后的数字依次表示"篇、段"。例如，DNR 7.14 表示《自然宗教对话录》第七篇第十四段。

E-ST 代表《论趣味的标准》，版本为：*Of the Standard of Taste*, in *Essays Moral, Political, and Literary*, E. F. Miller (ed.), Indianapolis, Liberty Fund, 1987. E-ST 后的数字表示"段"。例如，E-ST 13 表示《论趣味的标准》第十三段。

E-Sc 代表《怀疑论者》，版本为：*The Sceptic*, in *Essays Moral, Political, and Literary*, E. F. Miller (ed.), Indianapolis, Liberty Fund, 1987. E-Sc 后的数字表示"段"。例如，E-Sc 9 表示《怀疑论者》第九段。

E-Su 代表《论自杀》，版本为：*Of Suicide*, in *Essays Moral, Political, and Literary*, E. F. Miller (ed.), Indianapolis, Liberty Fund, 1987. E-Su 后的数字表示"段"。例如，E-Su 1 表示《论自杀》第一段。

本书关于休谟原著的引文翻译，参考了如下中译本：

［英］休谟：《人性论》，关文运译，北京，商务印书馆，1980。

［英］休谟：《论道德原理 论人类理智》，周晓亮译，南京，译林出版社，2010。

［英］休谟：《人类理解研究》，关文运译，北京，商务印书馆，1957。

［英］休谟：《道德原则研究》，曾晓平译，北京，商务印书馆，2001。

［英］休谟：《自然宗教对话录》，陈修斋、曹棉之译，北京，商务印书馆，1962。

［英］休谟：《休谟散文集》，肖聿译，北京，中国社会科学出版社，2006。

目 录

导 论 …………………………………………………………………（1）

第一章 "人性视域"与休谟理性观的哲学动机 ……………………（24）
第一节 "人性视域"与现代性动机：从当代"涉身理性"谈起
　　　　………………………………………………………………（24）
第二节 古典之镜：古希腊哲人理性观的"天道/超越维度" …（30）
第三节 "天道/超越维度"在中世纪、近代理性观中的承续 …（34）
第四节 休谟"人性视域"在理性观古今转换中的革命意义 ……（39）

第二章 "人性视域"与休谟理性观的奠基原理 ………………………（42）
第一节 休谟有关人性研究的两种方法论视角 ………………（42）
第二节 自然化的人性要素与原理 ……………………………（46）
第三节 哲学性的人性要素与原理 ……………………………（59）
第四节 休谟人性化理性概念的具体所指 ……………………（67）

第三章 休谟理性观怀疑主义与自然主义辩证发展的第一阶段 ……（70）
第一节 对概然推断之哲学真理性的否定 ……………………（72）
第二节 对概然推断之自然真理性的肯定 ……………………（85）

第四章 休谟理性观怀疑主义与自然主义辩证发展的第二阶段 …（102）
第一节 人性化理性之真理性的再度消解 ……………………（102）
第二节 从本能的自然理性到健全的自然理性 ………………（111）

第五章 休谟理性观怀疑主义与自然主义辩证发展的第三阶段 …（122）
第一节 有关"精微推理"与"想象之浅薄性质"的重重矛盾 …（122）
第二节 从健全的自然理性再到情感主导下的实践—工具理性
　　　　………………………………………………………………（128）

第六章　休谟理性观的现代性任务 …………………………（136）
　　第一节　怀疑的理性与宗教—形而上学批判 ………………（137）
　　第二节　实践—工具理性与世俗道德世界的构建 …………（158）

结　语 ………………………………………………………………（182）
参考文献 ……………………………………………………………（195）
后　记 ………………………………………………………………（202）

导　论

一、本研究的哲学性与时代意义

　　本书旨在对休谟人性视域下的理性观进行系统而深入的研究。对这项研究的开展，一如对哲学史其他诸领域的通行研究那般，我们始终面临着一种现代学术机制下把研究者与研究对象自觉或不自觉地加以切割、对立的危险，即想当然地就把休谟的理性观看作外在于我们的一个客观而中立的研究对象，而笔者这里所需也仅能做的，只是尽可能全面地掌握文献材料，然后不动声色地如实检查、整理与评述研究对象。某种程度上，这是流行于休谟研究界的通论性著述处置休谟理性问题的做法，其中尤以 20 世纪末的汉语休谟研究为甚。① 这样的做法究其实质而言，是把休谟研究**史学化**的种种实践，休谟的理性观研究自然也就变成了十足的史学（尤其在实证史学的意义上）研究。受此影响，我们至今仍旧热衷于休谟就理性问题客观上都说了些什么，而欲对此加以全面而准确的把握，我们一方面格外强调与关注休谟的各种一手资料，特别是那些偏僻且较少得到使用的文本，如休谟的六卷本《英国史》、随笔、书信集等；② 另一方面，我们又不断地钻入休谟文本的细节中去，以便从中辨析、考证出哪怕只是一星半点的理论新见。③ 然而，"材料癖"与"细节控"的结合并没有使我们的休谟理性观研究与过去相比有较大的起色，每当那些被作为"史料"对待的文本及其细节在研读者的记忆中模糊乃至消退时，我们对休谟理性观的认识无非也就剩下这几条老生常谈。① 弗

---

① 笔者阅读所及，代表性的此类研究包括：阎吉达：《休谟思想研究》，上海，上海远东出版社，1994；罗中枢：《人性的探究——休谟哲学述评》，成都，四川大学出版社，1995；周晓亮：《休谟哲学研究》，北京，人民出版社，1999。

② 例如，国内研究休谟的知名专家周保巍就曾指出，我们在休谟文献的全面使用上还存在很大不足，这对提升我们的"休谟研究"有着直接影响。参见周保巍：《社会情境·意识形态·知识话语——思想史视野中的"休谟研究"》，《华东师范大学学报（哲学社会科学版）》2008 年第 1 期。

③ 例如，在笔者看来，当代国外休谟研究界围绕休谟因果性概念的"实在论"（Realism）、"反实在论"（anti-Realism）与"准实在论"（quasi-Realism）之争就是以这种方式进行研究的典例。参见 R. Read & K. A. Richman（eds）, *The New Hume Debate*, London, New York, Routledge, 2000。

卢(A. Flew)所谓划定人类理性之合法对象的"休谟之叉"(Hume's Fork)①：人类理性要么判断"观念的关系"(relations of ideas)，要么断定"实际的事情"(matters of fact)。②前者是理证(demonstration/demonstrative reasoning)，得出的结论具有必然性；后者是概然推断(probable inference or reasoning)，没有理性的根据，只是习惯性联想(customary association)的产物，所得结论仅具有或然性。③理性是激情(passion)的奴隶，且让我们作出道德区分的是激情，而不是理性。除此干巴巴的三条之外，恐怕再无其他。由此可见，史学性质的休谟理性观研究(尤在国内学界)往往只有量的添加，却少见质的突进。

当然，史学范式下的休谟理性观研究也绝非一无是处，它在实然层面对文本的准确疏通有助于规范与校正研究者对休谟理性观的想当然理解乃至误解，这一点我们无法否认，也不应否认。但这里需要警惕的是，我们对休谟理性观的研究绝不能等同于或停留于外在的**史学**研究层面，而它首先且在根本上是**哲学**研究。笔者认为，我们只有哲学地切入休谟思想，才能激发休谟理性观作为哲学思想的当代活力，也才能彻底扭转当前休谟理性观研究乏善可陈的贫弱局面。哲学研究与史学研究分殊重大，就哲学研究而言，"研究对象不是处于研究主体之外的纯粹客体，它与研究者共有一个历史，都是这个历史的一部分，面对的是同样的世界。这个世界当然不是普遍意义的世界，而是构成哲学基本问题的世界"②。就此而言，休谟是我们(包括现代西方人以及受现代西方文化影响的非西方人)的同时代者：休谟的理性观不是如某个远古器物那般无关今人痛痒的外在研究对象，而是构成了我们与休谟共同置身于其中的对某一"本源性哲学问题"③的基本理解；今日我们有关"理性"的一般看法及其根本困境处于休谟思想的效果历史之中，现代理性的自我省察与批判，与休谟理性观研究有着深刻的内在勾连。因此，对现代理性之问题处境的深度挖掘与揭示，也就顺理成章地成为我们今人切入休谟理性观并能与休谟开展实质性对话的视域基点。

"理性"(reason/rationality)一词，是现代日常语言中司空见惯的一

---

① A. Flew, *Hume's Philosophy of Belief*, London, Routledge & Kegan Paul, 1961, p.53.
② 张汝伦：《如何理解"哲学史"？》，《哲学研究》2015 年第 1 期。
③ 所谓"**本源性哲学问题**"，按照张汝伦先生的解释，"它们为人类存在的基本形态所决定，或者说，是人类历史性必有的问题，如天人关系、一与多的关系、人性问题、存在问题、常与变的问题，等等"。因此，这类问题与不同历史语境中出现的普通具体问题有着根本不同。参见张汝伦：《如何理解"哲学史"？》，《哲学研究》2015 年第 1 期。

个概念,而我们对此概念的理解与使用已如此熟悉,以致根本不会对它发生任何疑问,更不会想到它是哲学上含义丰富且多元流变的重要概念了。哪怕是问一个有着相当教养的现代人"什么是'理性'",他多半会不假思索地告诉你:"理性就是人的主观思维能力。"如若对此"主观思维能力"的用途作进一步追问,恐怕他们会说:"在认识上,理性指导我们形成概念,并运用概念进行判断与推理;在实践上,理性指导我们的行动,以使之产生最大化或最优的效用。"这大概是我们今人对"理性"概念的一般理解。[①] 然而,这种理解绝没有像现代人所自以为的那样"天经地义",其背后有一套支撑、形塑着它的现代性哲学。"现代性最根本的特征,是人成为绝对的尺度,不承认任何超越人的原则。"[②]理性成为**现代性**的,也就意味着,理性无论从起源、过程还是从目的上看,都成为人的;换言之,理性只有人所赋予它的作为人类认识与实践之工具的价值与意义,舍此无他。

上述对理性概念的理解从来不是人类哲学史上的定见,它的产生与流行还是在现代性独占鳌头的时代,而在前现代的西方思想中,这种理解是相当少的。例如,对大多数古希腊哲人来说,reason 取 logos(逻各斯)之哲学义,主要指贯穿宇宙万有的实在原则。它超越人但又是为人类社会奠基的终极依据,人类的道德规范连同自然原理均从此出。"逻各斯就像存在于我们之中一样存在于实在之中……受理性支配,意味着人的生活由其知晓并热爱的先在的理性秩序所形塑。"[③]霍克海默把古典理性看作"一个综合的关涉所有存在者的体系或者等级",而"个人生活之合理性的程度将根据它与这个总体性(totality)的和谐状况而确定"。[④] 由是观

[①] 对"理性"的这种看法在现代人编订的各类辞书中均得到了积极反映,举三例如下。①《辞海》第六版对"理性"的总解释是:一般指概念、判断、推理等思维活动或能力;划分认识能力或认识发展阶段的范畴。(参见辞海编辑委员会:《辞海(第六版彩图本)》,上海,上海辞书出版社,2009,第1350页。)②《现代汉语词典》中对"理性"的解释是:指属于判断、推理等活动的(与"感性"相对);从理智上控制行为的能力。(参见中国社会科学院语言研究所词典编辑室编:《现代汉语词典(第7版)》,北京,商务印书馆,2016,第800页。)③《牛津高阶英汉双解词典》第六版也基本是把 reason 解释为"人的思考能力",与现代汉语中"理解力""判断与推理""理性"等词相对应。(参见[英]霍恩比:《牛津高阶英汉双解词典(第六版)》,石孝殊等译,北京,商务印书馆,2004,第1436页。)

[②] 参见张汝伦:《现代性与哲学的任务》,《学术月刊》2016年第7期。

[③] [加]查尔斯·泰勒:《自我的根源——现代认同的形成》,韩震等译,南京,译林出版社,2008,第162页。笔者据原著对此处引文有所改动,参见 C. Taylor, *Sources of the Self: The Making of the Modern Identity*, Cambridge, Harvard University Press, 1989, p.124。

[④] M. Horkheimer, *Eclipse of Reason*, London, New York, Continuum, 2004, p.4.

之，这种理性作为一种力量非但不为主体（人）独占，相反，人类活动的方式与目的还受到这种力量的规范与制约。霍克海默把这种理性命名为"客观理性"(objective reason)，以与近现代的可形式化演算、只求手段合理而不过问目的合理与否的"主观理性"(subjective reason)相区别。

至此我们不难发现，古今"理性观"之根本转换的背后，是古人与今人在人类本源性哲学问题上的根本歧见，这个哲学问题就是作为主体的人与绝对超越者的关系问题，或者用一个中国传统的更为简练的提法，即"天人关系"问题，而只有回到这个问题，我们才能真正明了现代理性的问题处境。理性成为现代性的，这背后隐含的是今人对天人关系的独特理解。在此理解中，天道、上帝、超越者隐退，人成为绝对的尺度，理性不再是沟通天人、以人合天的中介，而仅仅成为人所设定的诸目的的合用工具。因此，在现代人看来，理性不再负荷任何超越性的内容，它的要义几乎完全是"排他性人本主义"(exclusive humanism)的，这是世俗化了(secularized)的理性概念，因为根据查尔斯·泰勒的相关研究，"排他性人本主义"的全面生成，是传统信仰世界瓦解而"世俗时代"(secular age)最终形成的核心标志。[①] 理性的世俗化无疑释放了人性自身的能量，但它同时也使得传统理性概念的两大本己追求——"真"与"善"发生异化：形上真理让位于经验实证或实用，超越至善无非是人类最大化的乐利（所谓"最大多数人的最大幸福"），真理与道德咸以"人类之是非为是非"。由于人类在历史时空中所处的位置、条件不同，断定真理与道德的标准也就因之各异，而对这些标准，人类理性再无法援引任何超越性的原则以作出评判。因此，相对主义、乐利至上、价值无政府等今日人类深感棘手的难题在现代性条件下普遍存在也就不足为怪了。这是天上地下唯人独尊的时代，同时也是理性异化、哲学濒危的时代。当代东欧新马克思主义理论家莱泽克·科拉科夫斯基(Leszek Kolakowski)就以"理性的异化"来命名他的一本分析实证主义思想史的著作，在该著的结论部分，科拉科夫斯基指出，这一异化是委身于生物性生命的我们敌视、嘲弄乃至遗弃我们的形而上学使命的结果。[②] 这是很有见地的。

对天人关系的现代理解不仅使得理性异化，而且从这种异化了的理性来看，传统天人合一式的"道""天理""逻各斯""客观理性"等概念却近

[①] 参见 C. Taylor, *A Secular Age*, Cambridge, Harvard University Press, 2007, pp. 1-22。

[②] 参见［波］莱泽克·科拉科夫斯基：《理性的异化——实证主义思想史》，张彤译，哈尔滨，黑龙江大学出版社，2011，第 201～203 页。

乎变为毫无意义的痴人呓语,在一片反形而上学的时代呼声中,人们避之犹恐不及。这是现代理性自天人关系古今转换以来的基本问题处境。明了这一处境,我们才能真正懂得,对现代理性危机的省察与批判绝不能简单地援引古典理性观以供镜鉴就算完事,因为在被实证主义浪潮多次冲击过的现代头脑看来,直接援引古典理性观差不多就相当于拥抱迷信与巫术。因此,省察与批判现代理性不能只是一个简单的外在对勘与否定,而是首先要深入现代理性的内在机理及其形成过程,对其来龙去脉进行揭示。哲学的批判正如黑格尔在《精神现象学》"序言"中所表明的那样,它不是简单的区分与判断,而是对事情的结果及其产生过程展开详尽的陈述。① 于是,我们必须重返现代性得以强势崛起的思想时刻,结合我们当下的基本问题处境,去审视那些大师的相关思想并与之对话,而休谟就是其中之一。本书聚焦于休谟理性观的分析与探讨,而贯穿其中的主线就是**考察现代理性概念在休谟那里是如何得以奠基并逐步生成的**。

当然,休谟理性观研究只是上述思想任务的一个组成部分,毕竟我们无法否认,今人对理性概念的一般理解并不只处于休谟思想的效果历史之中(当然还包括其他,如笛卡尔、康德的理性思想)。受文题、篇幅以及笔者目前的学力所限,本书暂无法展现这一思想任务的全貌。然而从另一个角度来说,休谟理性观研究较其他相关研究而言,对此思想任务却有着更为迫切与典型的意义。这种意义不仅在于休谟是17—18世纪西欧启蒙哲人中"最纯粹、最现代的样本"②,或是实证主义哲学的精神教父③,更紧要的在于,休谟的理性观背后,是其明确持有的最为彻底而突出的人性视域。休谟明确表示:"关于人的科学是其他科学的唯一牢固的基础"(T intro.7),甚至传统理性学科的纯粹部门,如数学、逻辑学都以人性研究为始点,④ 且"唯一"二字表明,任何超出人性范围的视角

---

① 参见[德]黑格尔:《精神现象学》上卷,贺麟、王玖兴译,北京,商务印书馆,1962,第3页。
② [美]彼得·盖伊:《启蒙时代(上)——现代异教精神的兴起》,刘北成译,上海,上海人民出版社,2015,第388页。
③ 科拉科夫斯基与霍克海默一致认为休谟是"现代实证主义之父"。参见[波]莱泽克·科拉科夫斯基:《理性的异化——实证主义思想史》,张彤译,哈尔滨,黑龙江大学出版社,2011,第30页;M. Horkheimer, *Eclipse of Reason*, London, New York, Continuum, 2004, p.13.
④ 在休谟看来,代数的单位概念"1"与几何学的最简单原理都与人的认识官能密切相关(参见T 1.2.2~T 1.2.5);而对于"逻辑",休谟认为它的"唯一目的就在于说明人类推理能力的原理和作用,以及人类观念的性质"(T intro.5)。

与理论都被休谟判为不合法。而休谟所谓"人的科学"(the science of man),已完全清洗掉了旧的勾连于超越者的"本体—神学"①内容,彻底委身于自然并完全适用当时流行于自然科学研究中的分解与综合、观察与实验的方法。由此可见,休谟的人性视域恰恰暴露了他对"天人关系"这一本源性哲学问题的现代性态度,而只有紧密围绕并深刻关联于这一基本的现代性态度,我们才能凸显休谟理性观研究的哲学与时代意义。

此外,对汉语世界的休谟研究者来说,休谟人性视域下的理性观研究还具有某种独特的意义。我们知道,与现代理性具有家族相似性的诸如"智/知""心/虑""德性之知"等中国传统思想文化中的理性观念在相当大的程度上均无法脱离天人一体贯通的思路而得到很好的理解,而现代中国人在使用"理性"一词时之所以疏远乃至遗忘了自身的思想传统,某种意义上是泰西之学东渐运动中的"反向格义"使然:当我们以汉语的"理性"一词翻译西文 reason 一词时,我们也就为中国传统的理性观念注入了 reason 的西方哲学意义,尤其是近现代西洋哲人(休谟当然包括在内)对该词的基本理解,汉语"理性"的旧义逐渐就被 reason 的新义所代替。这种不够明审的反向格义对我们所思所想的影响是潜移默化却又根深蒂固的,以致我们疏远了理性概念的中西古典传统,同时更为糟糕的是,这也使得汉语思想逐渐丧失反思现代性的能力。因此,笔者的这项研究也是对现代汉语概念及其所嵌入的意义世界的一次检视与"启蔽",从而为汉语思想对西方现代性的深度认知、消化与反思略尽绵薄。

二、本研究涉及的主要问题与对相关文献的述评

所谓休谟的"理性观",简单地说,就是休谟对"理性"(尤其是"概然推断")的总体观点、倾向与态度。然而,深入休谟哲学(主要是其代表作《人性论》三卷)我们发现,要对此观点与态度加以整体把握是相当困难的。这种困难不仅在于,理性问题是贯穿休谟哲学思想方方面面的核心

---

① "本体—神学"是对"Onto-theo-logy"的汉译,由海德格尔首创,是其对整个西方形而上学传统的概括。其中"本体"概念可追溯至柏拉图的"理型"(又译"相"/理念"),亚里士多德的"存在之为存在"(存在本身)或"第一实体",指向一种对万有由之奠基、作为诸存在者之终极根据的哲学追问。经中世纪经院哲学家托马斯·阿奎那、苏亚雷斯等人的努力,哲学与神学合流,本体论哲学将作为最高存在者的上帝也纳入其研究视野。近代早期哲学家笛卡尔将"上帝、心灵(实体)、物质(实体)"确立为形而上学研究的三个主要对象,由此形成了西方哲学传统中居于支配地位的"本体—神学"框架。

问题，恰如休谟研究专家欧文（D. Owen）在其代表作《休谟的理性》卷首所表明的，"绝大多数休谟所讨论的著名问题及其所倡导的立场都与'理性'息息相关"[①]；更重要的在于，休谟对"理性"表达了丰富而又颇为暧昧、歧异的观点，以致我们难以把握他对"理性"的基本态度与立场。塞比-比格（L. A. Selby-Bigge）在编纂休谟的《人类理解研究与道德原则研究》时就在"编者导言"中提醒读者注意休谟哲学，尤其是《人性论》中的诸多歧异与混乱，[②] 帕斯莫尔（J. Passmore）更是直言"严格（rigor）与一致性（consistency）并不是休谟的强项"[③]。这种"字面上的和某些实际上的不一致"在休谟的理性观中尤甚。面对这种情况，一些学者如泰勒（A. E. Taylor）与普利查德（H. A. Prichard）认为，这是休谟为求"文名"（literary fame）而博人眼球的聪明伎俩，因而他的哲学不值得认真加以对待（第一种态度）。[④] 另一些人则由此断定休谟并非体系型的哲学家，认为我们应当放弃对其理性观的统贯解释，只能分门别类地处理休谟有关理性的各种具体问题，如因果/归纳法的合理性问题、休谟的信念理论、理性与情感的关系问题以及理性在道德、宗教哲学中的作用问题等（例如，"中国知网"收录的一篇博士论文就以"休谟道德哲学中的情感与理性关系研究"为题），而不必理睬休谟那些从整体上看难以协调的矛盾说法（第二种态度）。[⑤] 前者是对休谟理性观整体把握的轻蔑与否定，而后者则可以说是因畏难而放弃。

上述第一种态度是把休谟的哲学激情（追求文名）作庸俗化理解并以此掩盖自己思想懒惰或低能的自欺欺人式的做法，因而不值一提。而持第二种态度者在面对休谟理性观时同样有失中肯，他们不仅在其复杂性面前掉头不顾，而且那种条块分割式的研究方法还强化了我们的这样一种观感：似乎休谟的理性学说只是一堆毫无内在关联性的"问题杂凑"（a

---

[①] D. Owen, *Hume's Reason*, Oxford, Oxford University Press, 2007, p. 1.

[②] 参见"Editor's Introduction", in D. Hume, *Enquiries Concerning Human Understanding and Concerning the Principles of Morals*, L. A. Selby-Bigge (ed.), P. H. Nidditch (rev.), Oxford, Oxford University Press, 1975, pp. vii-xxxi。

[③] J. Passmore, *Hume's Intentions*, London, Duckworth, 1980, p. 152.

[④] 参见 A. E. Taylor, *David Hume and the Miraculous*, Cambridge, Cambridge University Press, 1927, pp. 53-54；H. A. Prichard, *Knowledge and Perception*, Oxford, Clarendon Press, 1950, p. 174。

[⑤] 例如，帕斯莫尔就倾向于主张，任何一种单一的标签或者某种统一的解读模式都不适用于休谟哲学，故我们应当放弃这种企图，而比较适宜去直接处理休谟著述中任何一个重要的具体哲学问题，如休谟的因果性理论或者他的关于外部世界的理论。（参见 J. Passmore, *Hume's Intentions*, London, Duckworth, 1980, p. 2。）

cluster of questions)而已。作为18世纪的启蒙哲人,虽然休谟反对前人那种"为体系而体系"的哲学癖好,但这绝不表示休谟的哲学不追求思想上的系统性与融贯性,① 或者更夸张地说,绝不表示休谟想讲什么就讲什么,即便前言后语自相矛盾也毫不在意。持这种观点的人显然没有认真看待休谟理性观作为哲学思想的严肃性与复杂性。此外,那些"只见树木,不见森林"式的研究看似深入文本的各处细节,但若不曾对这些细节背后的整体语境与深层意蕴善加体会,我们对那些细节的理解,不仅浅显、片面,而且包含对休谟思想程度不等的扭曲与误读。例如,长期以来我们往往把休谟的因果/归纳问题(所谓"休谟问题")仅仅看作一个"如何在理论上对之进行逻辑—理性奠基"的认识论问题,② 而忽视了休谟问题"后怀疑"的深层实践论动机,即"当在理论上皮浪主义不可避免时,我们在实践上应用因果/归纳推理何以可能?"只有突破日益固化的认识论范式并深入这个层面,休谟对自然因果观如何在怀疑论攻击下依旧能够供我们应用的大量说明(参见 T 1.4.1)才是可以理解的。③ 对这一层面的忽视是我们脱离休谟理性观的整体语境而只就其中一章一节来把握"休谟问题"性质的结果,而这一结果又反过来使得我们认为那种整体把握理所当然就是不可能的,因此也就是不必要的。

故在笔者看来,欲要严肃而深入地开展休谟理性观研究,我们必须直面休谟就"理性"本身提出的那些繁复、歧异乃至相互抵牾的思想与观点。这些思想与观点主要集中在《人性论》第一卷(特别是第三章与第四

---

① 恩斯特·卡西尔就指出,整个18世纪的西方思想"对体系的重视,亦即'体系精神'既未被低估也没有被忽略,但它与为体系而体系即'体系癖'迥然不同"。(参见[德]卡西尔:《启蒙哲学》,顾伟铭等译,济南,山东人民出版社,2007,第6页。)

② 我们一般会认为,休谟问题的提出,一方面是把由洛克肇始的近代经验论推进到它的怀疑论结局,另一方面也为引起人们继续在逻辑—知识论意义上对之加以探究的注意。康德《纯粹理性批判》中的先验逻辑是对休谟"因果问题"的一种批判性解答,而现代分析哲学家接手这个问题之后,罗素、卡尔纳普、波普尔等则提出了一系列逻辑方案(如"概率逻辑")用以解决休谟的归纳难题。国内学者对休谟问题的研究,基本也是在此理解的基础上不断向前推进的。其中,比较有代表性的专著有:张志林:《因果观念与休谟问题》,北京,中国人民大学出版社,2010;陈晓平:《贝叶斯方法与科学合理性——对休谟问题的思考》,北京,人民出版社,2010。代表性的论文有:陈晓平:《休谟问题评析——兼评"归纳问题"和"因果问题"之争》,《学术研究》2003年第1期;铁省林:《休谟问题及其效应》,《文史哲》2004年第5期;陈波:《一个与归纳问题类似的演绎问题——演绎的证成》,《中国社会科学》2005年第2期;王刚:《休谟问题研究述评》,《自然辩证法研究》2008年第3期;熊立文:《休谟问题探析》,《北京师范大学学报(社会科学版)》2014年第5期。

③ 有关这方面内容的详细分析,参见栾俊:《从认识论到实践论——皮浪主义挑战下的休谟问题》,《中南大学学报(社会科学版)》2017年第4期。

章)及其与后两卷的对比中,绝大多数针对"概然推断"而发,笔者择其要总结如下。

(1)在T1.3.2～T1.3.9诸节中,休谟先是对因果/归纳推理的合理性进行否定,即没有理性(包括理证与概然推断)决定我们去作这种推理;而后又为我们的实际推理活动提供了自然化的奠基方案:这种推理是习惯作用于想象上的结果,且我们对推出的观念拥有信念。

(2)在此自然化奠基方案中,休谟尤为突出情绪、本能等感性因素的作用,但他并不因此就认为人类的概然推断是非理性的(unreasonable),恰恰相反,在T1.3.11.1中,休谟不仅把它称为"理性"(学界有所谓"休谟式理性",Humean reason),而且还提出"据以判断因果的规则"(参见T1.3.15)。

(3)休谟在T1.4.1.5～T1.4.1.6中向我们指出,当休谟式理性(自然化的概然推断)运用于自我审查时再次导致了自我否定,即"知性在依照它的最一般的原则单独活动时,就完全颠覆了自己,不论在哲学或日常生活的任何命题中都不留下最低程度的信据"(T1.4.7.7);但休谟又认为那种过于抽象、精细的自反式推理对我们想象(自然的联想)的影响不大,由因到果和由果到因的那种习惯性推移依旧是"我们所有思想和行动的基础"(T1.4.4.1)。

(4)休谟既无法放弃一切精微细致的推理,同时也无法放弃想象的某种浅薄性质("难以想象事物的远景"),而在这两者之间犹豫不定。

(5)休谟既强调"人类理性中这些重重矛盾和缺陷的强烈观点深深影响了我,刺激了我的头脑,以致我准备抛弃一切信念和推理,甚至无法把任何意见看作比其他意见较为可靠或更可能些"(T1.4.7.8)。另一方面,休谟又说,"理性虽不能驱散这些疑云,可是自然本身却足以达到那个目的,把我的哲学的忧郁与昏迷治愈了"(T1.4.7.9)。

(6)休谟认为"我们的哲学只应该是根据于怀疑主义的原则"(T1.4.7.11),但又信心满满地向世人推荐理性与哲学,并称它们是我们"最安全、最可意的向导"(T1.4.7.13)。

(7)在《人性论》第一卷(《论知性》)中休谟对"理性"(概然推断)有着如此之多的质询与困惑,而后两卷(《论情感》与《论道德》)凡涉及"理性"处,休谟再无此类疑义。

至此可见,休谟关于理性(概然推断)的种种观点是充满内在张力的,而在这种张力中直接显现出来的,概言之,是休谟看待"理性"(概然推断)的两种颇为鲜明的立场,即倾向于否定的怀疑论立场(怀疑主义方面)

与倾向于肯定的自然化立场(自然主义方面);① 在这两种立场之间,休谟似乎无法放弃他的理性观的任何一个方面,而总显得左右为难、摇摆不定。那么,休谟对理性到底持有怎样的态度与立场?是两者兼备还是仅有其中之一?如果是两者兼备,那么这两者在休谟看来又是什么样的关系?它们是彼此协调还是相互冲突呢?这些问题都是休谟理性观研究中十分棘手的难题。而只有直面、回应这些问题,我们才能从整体上深入而恰切地把握休谟的理性观,以避免皮相之见。在笔者给出自己的看法之前,我们有必要就休谟研究界对这些问题的主流意见展开深入的反思与批判。

我们知道,一般哲学史教科书对休谟哲学的正统解读是所谓"怀疑主义"(skepticism)式的。按照这种解读,休谟理性观的基本立场自然就是怀疑主义,即休谟正式提出对因果/归纳推理之合理性的彻底质疑,而这种质疑也使得休谟作为西方哲学史上彻底破坏性的哲学家形象颇为深入人心。然而不可否认的是,这种解读某种程度上是我们把休谟理性观置入从笛卡尔、洛克直到康德、胡塞尔的哲学—认识论传统中加以阐释的结果,并没有尊重休谟文本的原初语境。它不仅忽视了休谟理性观自然主义的面向,同时也因这种忽视给予我们一种错觉,即休谟的理性学说是贫乏的,他只是在运用传统理性的标准检验概然推断时得出了彻底否定性的结论而已,除此之外再没有什么独创性的内容。这种解读的片面性直到 20 世纪初英国学者康普·斯密提出"休谟的自然主义"(Hume's naturalism)才得到实质性纠正。

康普·斯密突破传统的认识论范式,他在英国"道德感"学派(尤其是哈奇森)对休谟的直接影响中把握休谟哲学,认为"通过将理性从属于感情和本能建立起纯自然主义的人性概念,是休谟哲学中的决定性因素"②,因而在康普·斯密看来,休谟理性观的基本立场当然是自然主义的。休谟不仅批判前人(洛克与贝克莱等)对理性功能的看法,而且还从人类实际经验的自然正确性〔经验效力的"不可抵抗性"(irresistibility)〕出发,提出了新的文特斯(B. Winters)所谓"自然主义的理性概念"(naturalistic conception of reason),以区别于"传统的理性概念"(traditional con-

---

① 当代英国哲学家斯特劳森曾指出:"一个人可以谈论两个休谟:作为怀疑论者的休谟与作为自然主义者的休谟。"(参见[英]P. F. 斯特劳森:《怀疑主义与自然主义及其变种》,骆长捷译,北京,商务印书馆,2018,第 16 页。)
② [英]K. 史密斯:《休谟的自然主义》,周晓亮译,《哲学译丛》1996 第 Z2 期。

ception of reason)。① 与传统怀疑主义的解读不同，康普·斯密对休谟自然主义立场的强调并不是因为他忽视了休谟理性观的其他面向，恰恰相反，康普·斯密首先提出休谟自然主义与怀疑主义的关系问题。他认为休谟的怀疑主义仅仅是其自然主义的某种准备与辅助，用他本人的话说，"怀疑主义扮演自然主义下属而非平等盟友的角色"②，在其理性观中则表现为：休谟对因果/归纳推理之合理性的质疑并非表明因果/归纳推理不可接受，他这么做只是要清除传统唯理主义对因果/归纳法的论证与解释，从而为提出一种奠基于感性的自然主义理性观开辟道路。故而康普·斯密是把休谟理性观的怀疑主义作为其自然主义的一个建设性因素安置于后者之中的。③ 这一基本想法在康普·斯密自然主义的当代追随者，如斯塔德(B. Stroud)、皮尔斯(D. Pears)、拜尔(A. C. Baier)以及国内学者李伟斌等人那里均得到了积极响应。④

毋庸置疑，康普·斯密对休谟理性观的理解要比传统的怀疑主义解读更为全面些，但这种自然主义解读也不是没有问题。首先，这种解读虽然注意到了休谟理性观的怀疑主义与自然主义两个方面，并以后者为基点而使这两者处于彼此兼容、协调的关系之中，但对怀疑主义与自然主义在休谟理性观中彼此冲突的一面认识不足，尤其是对 T 1.4.1 中自然化理性在怀疑论面前自反式否定的那部分内容。此外，康普·斯密在完全的自然主义立场上对休谟式理性的理解带有使之过分自然化（心理

---

① 参见 B. Winters, "Hume on Reason", in *David Hume: Critical Assessments*, vol. 1, Stanley Tweyman (ed.), London, New York, Routledge, 1995, pp. 229-240。
② N. K. Smith, *The Philosophy of David Hume*, New York, Palgrave Macmillan, 1941, p. 132.
③ 参见 N. K. Smith, *The Philosophy of David Hume*, New York, Palgrave Macmillan, 1941, pp. 129-132。
④ 斯塔德进一步指出，休谟的怀疑主义为其自然主义理性观开辟道路，不仅表现在前者为后者清除了传统唯理主义对因果/归纳法的解释，还表现在前者为后者排除了对因果/归纳法的经验证明(empirical justification)。(参见 B. Stroud, *Hume*, London, New York, Routledge & Kegan Paul, 1977, pp. 42-67.)皮尔斯同样指出，休谟的怀疑主义旨在攻击唯理主义因果观以及朴素经验主义(naïve empiricism)因果观，这为休谟审慎自然主义(cautious naturalism)因果观的提出扫清了障碍。(参见 D. Pears, *Hume's System: An Examination of the First Book of His Treatise*, Oxford, Oxford University Press, 1990, pp. 63-66.)拜尔认为休谟的哲学思想具有某种不断向前的辩证发展性，休谟的《人性论》先通过怀疑主义的反省摧毁了理性的一种版本，然后又借助于"习惯""激情"等因素逐步建立了一个"转换了的，积极的，社会化了的"自然主义理性概念。(参见 A. C. Baier, *A Progress of Sentiments: Reflections on Hume's Treatise*, Cambridge, Harvard University Press, 1991, pp. 277-288.)李伟斌认为，在休谟那里，怀疑主义是自然主义的理论准备，自然主义是怀疑主义的最终旨归。(参见李伟斌：《休谟政治哲学新论》，北京，中国社会科学出版社，2013，第 3~4、57~66 页。)

化)而取消其规范性(normality)特质的倾向,从而易于把休谟"规范的自然主义"(normative naturalism)①混同为特恩布尔(G. Turnbull)与凯姆斯(L. Kames)等的"神意的自然主义"(providential naturalism)或者是里德(T. Reid)、贝蒂(J. Beattie)等的"常识哲学"(common-sense philosophy)。后两者把"自然"或者"常识"奉为神明,基本取消了人类理性对之进行反思、规范的可能,而休谟的自然主义某种程度上是可被人类理性调节与校正的。

康普·斯密自然主义的这种倾向经过受蒯因(W. V. O. Quine)倡导的"自然化认识论"(epistemology naturalized)②与现代认知心理学的共同刺激而得以激进化。当代休谟研究专家伽略特(D. Garrett)与欧文(D. Owen)一致认为,非但休谟所提出的积极的自然理性观不涉及传统规范意义上的认识论评价(epistemic evaluation),而且他对概然推断之合理性的怀疑主义论证也不涉及此类评价;这两者都只关涉休谟在现代认知科学意义上对人类理性思维的心理描述(psychological description)。③这是一种通过把休谟的认识论彻底心理化来统一把握休谟理性观上述两个方面的激进式解读。在此解读中,先是休谟理性观的自然主义方面得以激进化(心理化),而后又以这种激进的自然主义消融、改造休谟理性观的怀疑主义方面,即认为休谟的怀疑论绝不是在作严格的认识论评判,而只是表达不安的心理情绪而已(伽略特有"feelings of skeptical discomfort"④一说)。笔者把这种方式的解读统称为"激进的自然主义"(radical naturalism)。然而问题在于,17—18世纪的认识论虽如罗蒂(R. Rorty)所言,它与机械心理学概念往往混淆在一起,即"在对我们心智作用的机

---

① 诺顿曾正确地指出,休谟的自然主义并不意味着人类只能任凭自然宰制,休谟并没有像康普·斯密等倾向于认为的那样贬低理性在人类生活中的作用,相反,他对理性的作用积极认可,所以他的自然主义是"规范的自然主义"。(参见 D. F. Norton, *David Hume: Common-Sense Moralist, Sceptical Metaphysician*, Princeton, Princeton University Press, 1982, pp. 17-20.)皮尔瑞斯特别强调牛顿的科学归纳法对休谟自然主义的积极影响,故而他把休谟的自然主义理解为"规范的方法论自然主义"(normative methodological naturalism)。(参见 G. D. Pierris, *Ideas, Evidence, and Method: Hume's Skepticism and Naturalism concerning Knowledge and Causation*, Oxford, Oxford University Press, 2015, pp. 176-183, 206-223.)

② 参见[美]W. V. O. 蒯因:《自然化的认识论》,贾可春译,《世界哲学》2004年第5期。

③ 参见 D. Garrett, *Cognition and Commitment in Hume's Philosophy*, Oxford, Oxford University Press, 1997, pp. 94, 227; D. Owen, *Hume's Reason*, Oxford, Oxford University Press, 2007, pp. 132-146, 175-196。

④ D. Garrett, *Cognition and Commitment in Hume's Philosophy*, Oxford, Oxford University Press, 1997, p. 220.

械论描述和我们知识主张的'基础作用'之间的混淆"①。但"混淆"不是将两者完全等同,而是多少保留着它们彼此之间的差异——认识论具有规范性特质(哪怕是弱意义上的),而心理学则是纯粹描述性的;像伽略特等学者那样把休谟的认识论与现代认知心理学直接画等号,是犯了皮尔瑞斯(G. D. Pierris)所谓"时代错置(anachronistic)"②的谬误。回到文本我们可以看到,当休谟说概然推断没有理证的必然性,但它在证信程度上又远远高于"教育"(education)③与迷信(如对"神迹"的轻信)时,这些内容都充分表明,休谟对"理性"并未忽视知识规范层面的考量。而且,如若休谟没有这方面的考量,那么我们就难以理解在 T 1.4.1 中为什么他要从理论上对自然化理性进行不断的怀疑式反省与否定,而对这种否定休谟还明确表示我们"不能发现**错误**"(T 1.4.1.8)。

作为对"激进自然主义"解读的激进反动,弗格林(R. J. Fogelin)、米克尔(K. Meeker)突出休谟理性观的规范性特质,并以"激进怀疑主义"(radical skepticism)来统领休谟理性观的上述两个方面。他们通过坚持严格的认识论立场,认为一种强规范的考量贯穿休谟理性观的始终,这一考量既带来了其理性观的怀疑主义方面,也致使其理性观的自然主义方面非但不是一种积极、建设性的理性学说,相反是对怀疑主义的一种激化与加强。与前者相反,他们的具体做法是:先把休谟理性观的怀疑主义方面激进化,再以激进的怀疑主义消融、包纳休谟理性观的自然主义方面,由此主张休谟的自然主义只是他的激进怀疑主义的注脚。例如,在弗格林看来,休谟的激进怀疑立场不仅出现在 T 1.4.1"关于理性方面的怀疑主义"小节,早在 T 1.3.6~T 1.3.9 诸小节,休谟为因果/归纳推理进行自然化奠基时就已经暗示了这一点:信念是推理的结果,正确的信念是正确推理的结果;当休谟的自然主义彻底暴露我们因果/归纳推理

---

① [美]理查德·罗蒂:《哲学和自然之镜》,李幼蒸译,北京,商务印书馆,2003,第129页。

② 皮尔瑞斯认为休谟的理性观是建立在洛克等传统认识论语境之上的,这样的认识论把知识规范与对人类认知的因果描述混合起来,"我们心智官能'自然的'运转模式就显现了好的或者恰当思维的规范"。因此,在休谟那里,人类的某些心智活动相对于其他心理活动来说就具有较高的认识价值,而这与当代认知心理学的自我理解是有差别的。(参见 G. D. Pierris, *Ideas, Evidence, and Method: Hume's Skepticism and Naturalism concerning Knowledge and Causation*, Oxford, Oxford University Press, 2015, pp. 218-222。)

③ "教育"在休谟那里有着独特的含义,它主要是指通过人为重复一个观念而使之固定在想象中的某种习惯机制,因这种"习惯"缺乏自然经验的基础,异时异地也常常自相矛盾,故在休谟看来,由教育得来的信据要远远低于理证与概然推断。

的非理性产生机制时,彻底的怀疑论恰恰是它的自然结果。[1] 米克尔持有基本同样的看法。他认为,在休谟看来,自然化理性观不可逃脱的命运就是彻底的怀疑论:人类的所有信念严格考察起来都是可错的,就此而言它们在认识论上是等值的(真值均为 0)。米克尔又把这种激进怀疑主义称作"认识的平等主义"(epistemic egalitarianism)或者是"平等的认识怀疑主义"(parity epistemic skepticism)。[2] 虽然在日常实践领域,米克尔和弗格林都一致同意,休谟并不是一个彻底的怀疑论者,他并不主张我们应当抛弃一切信念;而是认为人类对此无能为力,只是不得不接受它们的影响。[3]

如果说"激进自然主义"对待休谟理性观的不公正主要在于其怀疑主义方面的话,那么"激进怀疑主义"的问题恰恰在于它对休谟理性观自然主义方面的片面理解。笔者认为,我们不能单从理论思辨的角度考虑休谟的自然主义(故有上述"为彻底的怀疑主义作注脚"一说),更重要的是要去体会休谟这么做的深层实践动机,即通过对理性(概然推断)的自然化奠基,突出非理性的感性因素在规避激进怀疑主义理论攻击时的重要作用,从而使得我们在实践上有效应用因果/归纳推理成为可能。只有这样我们才能理解,恰如上文所示,为什么休谟不愿意完全抛开我们想象中的那些浅薄性质,因为只有它们才能把我们从过分沉溺于反思与推理的危险中挽救出来。而休谟自然化理性观的这一层用意恰恰被"激进怀疑主义"的解读者给弱化了,甚至给消解了。此外,面对皮浪式的怀疑论挑战,休谟的自然化理性不仅可运用于实践,而且还可对实践进行有效的反思与规范;因为这一反思与规范最终受制于我们的情感倾向,所以它不会走向极端以致再次堕入怀疑论的泥潭。"激进怀疑主义"的解读者认为,休谟主张我们在实践中只能任凭自然信念宰制的观点显然有违休谟原意,他们同样有把休谟"规范的自然主义"混同为"神意的自然主义"或者某种非批判的常识哲学的危险。

---

[1] 参见 R. J. Fogelin, "Hume's Skepticism", in D. F. Norton & J. Taylor (eds), *The Cambridge Companion to Hume*, New York, Cambridge University Press, 2009, pp. 209-237。

[2] 参见 K. Meeker, *Hume's Radical Scepticism and The Fate of Naturalized Epistemology*, New York, Palgrave Macmillan, 2013, pp. 16-17。

[3] 参见 R. J. Fogelin, *Hume's Skepticism in the Treatise of Human Nature*, London, Routledge & Kegan Paul, 1985, pp. 22-24; K. Meeker, *Hume's Radical Scepticism and The Fate of Naturalized Epistemology*, Now York, Palgrave Macmillan, 2013, pp. 97-98。

至此我们看到，无论是"激进的自然主义"立场还是"激进的怀疑主义"立场，它们都无法统摄休谟理性观的上述两个方面，而且也会窄化甚至扭曲我们对休谟理性观的整体理解。实际上，我们深一层剖析就会发现，这两种看似极端对反的立场几乎共享一种看待休谟理性学说的分析框架——以"认识论"为内核的研究范式，而分歧仅仅在于一种是传统唯理的认识论立场，而另一种则颇为青睐当代自然化的认识论进路。于是我们就不难理解，为什么上述激进化的解读者对休谟理性观怀疑主义与自然主义这两个方面及其相互关系的讨论基本围绕《人性论》"论知性"某些部分的内容来展开。拘囿于认识论的狭小天地，他们看不到休谟理性观在非认识论领域（尤其在宗教神学、道德实践领域）的积极意义。而在笔者看来，正因为休谟有着远超出认识论之外的深层动机，他对理性的看法与观点才会显得如此繁复而暧昧。下文我们会看到，休谟的基本哲学动机恰恰决定了他无法偏废其理性观的自然主义与怀疑主义中的任何一个方面；像上述激进化解读者那样，试图在认识论层面通过扩展自然主义或者怀疑主义来强行统一休谟理性观的这两个面向，的确是太粗率了。因此，在回答上文提出的那些难题之前，我们必须突破日益僵化的认识论研究范式，并先行追问休谟理性观背后复杂而紧要的深层动机。

　　当代学者诺顿（D. F. Norton）与拉塞尔（P. Russell）都在认识论范式之外提供了看待休谟理性观的新视角。诺顿认为休谟哲学是针对近代以来两种彼此独立的思想危机而发的，除"思辨的危机"（speculative crisis）之外，休谟还回应了由霍布斯、曼德维尔所激起的"道德危机"（moral crisis）——道德怀疑主义（道德善恶没有实在的基础，归根结底只是人的自然欲望而已）的重要意图。与这两个危机对应，休谟的怀疑主义与自然主义在其哲学中也是彼此平行而互不干涉的关系；[1] 于是，按照诺顿的解读，我们应当这样理解休谟理性观的上述两个方面，即它们是彼此分立的：休谟对理性（概然推断）的怀疑仅仅是他的认识论观点，而他所提出的自然化理性概念则与其"道德哲学动机"息息相关。而只有紧密联系休谟的"道德哲学动机"，我们才能较好地理解，为什么在怀疑主义之外，休谟要为理性独立开出一个自然主义的奠基方案。诺顿对此方案的解释要比康普·斯密等传统自然主义者更为积极，他并不认为自然化理性只能是激情与道德的奴隶，而是突出强调它对人类日常的道德实践所能发

---

[1] 参见 D. F. Norton, *David Hume: Common-Sense Moralist, Sceptical Metaphysician*, Princeton, Princeton University Press, 1982, pp. 1-20, 43-54。

挥的规范与批判功能。① 如果说，与通行的意见相比，诺顿的研究拓宽了我们对休谟理性观自然主义方面的积极理解的话，那么拉塞尔提出的"反宗教"(irreligion)解释模式则除此之外还加深了我们对休谟理性观怀疑主义方面的认识。拉塞尔紧扣休谟时代的宗教哲学传统，提出休谟哲学是按与"霍布斯纲领"(hobbist project)同样的"反宗教"筹划而发的，休谟的怀疑主义与自然主义就在"强—反宗教"(strong version of irreligion)这一共同目标的基底上获得了统一。② 由此，不仅休谟理性观自然主义方面的道德实践意图隶属于休谟更为基本的反宗教动机，而且休谟理性观的怀疑主义方面也并非仅具有认识论意义，而是直接与此深层动机紧密勾连。例如，在拉塞尔看来，休谟对唯理式因果关系的怀疑与否定（尤其是T 1.3.3小节休谟质疑"为什么一个原因永远是必然的"）和回击传统有关上帝存在的宇宙论证明息息相关；③ 而对"归纳"尤其是"自然进程一致性"的质疑则直接针对神学家巴特勒（J. Butler）通过与现世类比的方式（way of analogy）所推出的来世信仰。④ 故而，拉塞尔不建议我们仅从认识论角度理解休谟理性观的怀疑主义方面，因为这会导致我们仅仅看到休谟怀疑主义的消极一面，而认识不到它的积极用途。此外，拉塞尔"反宗教"的解释模式也触及了休谟理性观上述两个方面的关系问题，他认为两者并不冲突，而是同一枚硬币（反基督宗教）的正反两面。

　　认识到休谟的"道德哲学动机"（诺顿）与"反宗教动机"（拉塞尔）对其理性观的极大影响无疑让我们看到了一个比"认识论专家"更为复杂多面的休谟形象，休谟理性观背后的时代关怀与启蒙意蕴也由此得以彰显。然而，稍显遗憾的是，诺顿与拉塞尔似乎对休谟的这两个动机都没有给予同等程度的重视：诺顿基本忽略了休谟的"反宗教动机"，故他对休谟理性观怀疑主义方面的理解基本还是停留于认识论层面；拉塞尔把休谟的"道德哲学动机"作为附属于其"反宗教动机"的一个组成要素，难免会使我们对休谟理性观上述两个方面的认识重心发生某些偏移，从而易于造成这样一种解读效应：过分突出休谟理性观"反宗教"的形上层面，而

---

① 参见 D. F. Norton，*David Hume: Common-Sense Moralist, Sceptical Metaphysician*，Princeton，Princeton University Press，1982，pp. 120-151，170-191。
② 参见 P. Russell，*The Riddle of Hume's Treatise: Skepticism, Naturalism, and Irreligion*，Oxford，Oxford University Press，2008，pp. 267-272。
③ 参见 P. Russell，*The Riddle of Hume's Treatise: Skepticism, Naturalism, and Irreligion*，Oxford，Oxford University Press，2008，pp. 113-128。
④ 参见 P. Russell，*The Riddle of Hume's Treatise: Skepticism, Naturalism, and Irreligion*，Oxford，Oxford University Press，2008，pp. 129-146。

有可能压抑、遮蔽休谟理性观自然主义方面所独具的积极而正面的启蒙人学价值；尽管拉塞尔提出"反宗教解释"的本意是要维持休谟怀疑主义与自然主义这两种志业之间的平衡。此外，这二位学者并没有通过推演休谟理性观上述两个方面彼此交互的内部细节来坐实休谟的这两个动机，从而给我们这样一种不负责任的印象：面对休谟理性观的怀疑主义与自然主义之间的张力问题，似乎只要**外在地**说明休谟的哲学动机就可以把它解决了。诺顿的二重动机论把休谟理性观的上述两个方面加以割裂，基本回避了它们彼此之间的可能冲突问题。拉塞尔提出的"反宗教动机"仅仅为休谟理性观上述两个方面提供了某种统一的外部目的，某种程度上也没有直面它们彼此之间的内部冲突问题。针对拉塞尔的观点，我们可以追问的是，休谟理性观的怀疑主义方面为什么只针对理性的超越性追求（宗教/形而上学使命）？它不同样可以破坏我们经由自然化理性所建构的世俗道德生活吗？休谟为"反宗教"所锻造的武器何以不会与他的"道德哲学抱负"相冲突呢？拉塞尔对这一问题显然没有作出深入而有力的回应。

综上可知，要从整体上深入把握休谟的理性观，我们不能忽视它的怀疑主义与自然主义这两个面向；偏废其一都会导致对休谟理性学说的片面乃至扭曲化解读。而应如何理解这两个方面及其相互之间的关系，休谟研究界长期以来争论不休，无法给予较圆满解释的深层次原因在于，我们往往自觉或不自觉地就接受了某种既定的研究范式，而忘记了去先行追问休谟理性观背后的基本哲学动机。我们不能仅仅通过回溯不同的哲学问题传统来把握这一动机，经上文分析我们看到，无论是基于主流的由笛卡尔、洛克所肇始的哲学—认识论传统，还是单纯结合前休谟的英国道德哲学遗产或者是把休谟归入以霍布斯、斯宾诺莎和托兰德等为代表的"反宗教"阵营，这样做都有可能肢解、偏误乃至错会休谟的基本哲学动机。休谟的哲学（包括他的理性学说）也绝不是分别针对这些传统遗留问题而加以回应的机械聚合，而是在其本身所嵌入的前提视域中的有机统一，所以在笔者看来，我们应当紧密联系休谟哲学的前提视域来思考他的基本动机。此外，笔者这里用"有机统一"一词意在表明，休谟的哲学动机与其理性观的关系绝非外部性的，休谟恰恰是以其理性观的怀疑主义与自然主义这两个方面的内部协调与统一来落实与彰显他的基本哲学动机的。

三、本书的核心观点与总体思路

对休谟哲学的前提视域，我们往往习惯于从《人性论》的副标题——

"在道德科学中采用实验推理方法的一个尝试"来理解。仅从这句话来看，它会给我们这样一个强烈的暗示，即休谟《人性论》的目的在于捍卫新兴的道德科学（moral science），而"实验推理方法"是前者所需的认识工具。与此呼应，《人性论》三卷的关系就表现为：第二卷"论情感"与第三卷"论道德"（尤其是这一卷）是休谟哲学所着眼的目的部分，而第一卷"论知性"则为后两卷在方法论上做好准备。由此，许多学者倾向于认为，休谟哲学的基本动机与核心关切在道德科学方面；例如，帕斯莫尔在《休谟的诸动机》一书中就是这么看的，尽管他承认休谟还有与此基本动机无法完全一致的其他次要动机。① 然而，我们虽然无法否认，《人性论》的副标题的确是对休谟哲学某些重要部分的提纲挈领式的把握，但它对我们全面而深入地理解休谟的理性观还是不够的。上文已经分析表明，仅从"捍卫道德科学"这一维度理解休谟哲学的前提视域与基本动机，易于轻忽休谟理性观的怀疑主义方面在"反本体—神学"意义上的独立地位，而把它仅仅理解为其自然主义方面的某种铺垫与辅助，这又退回到了康普·斯密看待休谟理性观的"旧的自然主义"立场。

笔者认为，我们应当围绕"人性"（human nature）这一前提视域来思索休谟的基本哲学动机。对于"人性视域"，我们不能仅从字面上解释，把它理解为一种休谟时代日趋流行的现成理论与方法②，休谟的理性观只是他把这样的理论与方法在理性问题上贯彻到底的结果。斯塔德因此把休谟与卡尔·马克思、弗洛伊德等共同看作普遍人学意义上的人性科学家。③ 这是笔者所批判的一种把休谟研究史学化的解读方式，它关心的只是"休谟的'人性视域'是什么"。知道"什么是什么"固然重要，但对于哲学研究来说，我们起初更应当把休谟的"人性视域"作问题化处理，即首先提出这样的疑问：为什么是"人性视域"？休谟为何从此视域出发来提出他的理性学说呢？只有先行回答了这一疑问，我们才能真正弄明白那些事实层面的问题。于是，我们应当去挖掘休谟"人性视域"背后的决定性因素，而在笔者看来，这一因素紧密勾连于休谟对某一本源性哲学问题的根本倾向与态度，恰如前文（第一部分）所表明的，这个本源性哲学问题就是"天人关系"问题（在西方语境中则为"人与上帝"或"有限主

---

① 参见 J. Passmore, *Hume's Intentions*, London, Duckworth, 1980, p.15。
② 即流行于苏格兰启蒙时代的以科学的人性研究为始点并由此提出各种主张的思想倾向。这里的"人性"主要是指人的心灵世界，它是自然的一部分，与自然的其他部分一样可以作为经验科学研究的对象。参见［英］亚历山大·布迪罗编：《剑桥指南——苏格兰启蒙运动》，贾宁译，杭州，浙江大学出版社，2010，第60～63页。
③ 参见 B. Stroud, *Hume*, London, Routledge & Kegan Paul, 1977, p.4。

体与绝对超越者"的关系问题),而休谟对此问题的回应态度显然是现代性的:人成为绝对的判准或尺度,不承认任何超越人的思想与原则。只有揭示这个根本态度,我们才能切实懂得休谟"人性视域"的密义与要旨,才能哲学地理解与评价休谟的理性观。

在笔者看来,这个根本态度决定了休谟理性观的基本品格与内在目的,休谟的理性观不仅是这一态度直接影响下的产物,同时也是对它的落实与维护,这也更加强化了这一态度。这是本书的核心观点,同时也是笔者所认为的隐藏在休谟理性观背后的基本哲学动机。只有抓住了这一基本哲学动机,我们才能从整体上把握上述休谟理性观中那些看似歧异、矛盾的说法,从而较为圆满与妥当地诠释休谟理性观的怀疑主义与自然主义这两个方面及其相互之间的关系。此外,笔者对休谟理性观的这种把握不仅超出《人性论》(以及其中第一、三卷的改写本《人类理解研究》与《道德原则研究》)的文本视野,将休谟对宗教的批判(尤其涉及休谟的《自然宗教对话录》与《论神迹》《论特殊的天意与来世》等著述)涵括在内,而且在尽可能抱有"理解之同情"的前提下,哲学地审视其限度,评判其后果。当然,这种把握与史学式的条块化平面研究绝不相同,它不是先把休谟哲学割裂为"认识论""道德学""宗教哲学"三大块,然后分别述评其中的理性学说,而是要表明,休谟的理性观是一个有机、辩证的意义整体。这是现代理性概念所栖息的意义世界,现代理性的独特身份与根本困境在相当大的程度上均源于此,并由此而明。

笔者把休谟的这一现代性态度或动机进一步区分为"超越—否定的"[①]与"主体—肯定的"两个不可或缺而又同等重要的因素,前者彻底改变了传统理性概念得以奠基的天人关系构架,"天人"从上至下并以"理性"直贯下来的思想范式遭到拒斥,天道、超越原则不再是人所思所行的目的与范轨,理性也不再是以人合天的中介;后者使得人成为自身的主宰与目的,"人性"成为现代理性概念得以自我展开与形塑的新基石。这里的"人性"不能在古典"人之为人的本质或目的"意义上去理解,它是近代祛魅了的机械自然观的产物——自然人性。理性成为自然人性的("人性化的理性",humanized reason),这意味着,传统理性与人性的纵向关系发生了某种横移甚至倒转,理性由人之为人的超越性本质降格为以自

[①] "超越"本来是中西古典思想中的一个基本概念,笔者这里使用这一概念,是将之看作一种普泛的理论倾向,这种倾向与"(排他性)主体主义"的现代性原则截然不同,它具有一种超出主体之外来看待万事万物的形上维度(诸如上帝视角之类)。所谓"超越—否定的"是对此类视角或维度的彻底拒斥。

然人性为前提的内在心智能力。理性的主体化、内在化虽从笛卡尔、洛克始，但他们的"天赋理性观"多少还残留着超越性的本体—神学因素，休谟的理性观则彻底勾销了这一因素，完全成为人性力量的集中体现。这种力量分为两股，它们分别对应于休谟理性观的怀疑主义方面与自然主义方面；前者主要奠基于哲学性的人性要素与原理（尤其是分离原则与构想原则）之上，而后者则以自然化的人性要素与原理（尤其是复制原则与联想原则）为基础。这四条原则是休谟在《人性论》第一卷第一章中就提出的作为其哲学基础的人性原则。①

从这两种人性要素与原理出发，我们可以区分休谟哲学中的两类推理与两类真理，即哲学推理与自然推理、哲学真理与自然真理。哲学推理是自然人性中主导纯思辨与反省的想象能力，哲学真理则以"哲学性想象中诸观念关系的内在必然性"为判准。这是一种严格的认识论标准，它在理论上可被运用于审查一切；当它运用于审查理性活动本身时，它就表现为自我怀疑或自我否定的理性，以抵制理性的独断运用。由此可见，我们不能把休谟理性观的怀疑主义方面仅仅作否定性的理解，休谟对理性的怀疑式否定恰恰是对"怀疑的理性"的正面锻造与肯定，即这是人类理性在自我审查、自我否定时所体现出来的一种积极的人性力量。自然推理是自然人性中非思辨的、与感性实践密切相关的想象能力，自然真理以"习惯性联想中诸观念对心灵的感性强制力"（如同一个生动印象那般吸引我去同意它）为判准，根据这种感性强制力的强弱差别，自然真理某种意义上也具备规范性维度，即这种强弱差别恰恰标示出各种或然命题的证信程度。这里的"强制力""吸引"等概念以隐喻的方式表明，没有近代自然科学所提供的话语体系（尤其是伽利略—牛顿的机械力学模式），休谟这里的自然真理观是难以设想的。

休谟理性观的怀疑主义方面与自然主义方面作为两种基本的人性力量，它们之间不是毫无交集的平行关系，当然也不是直接冲突的反对关系；在笔者看来，这两种力量既各自保持独立，又在彼此的辩证交互中不断得到提升与演进。经对《人性论》"论知性"向"论情感"转进的整个理路的仔细爬梳，笔者重构出了这两种力量辩证发展的三个阶段：第一阶

---

① 笔者对这些原则的概括借鉴了诺南（H. W. Noonan）的说法。诺南在《劳特里奇哲学指南——休谟论知识》一书的"导言"部分就指出，休谟哲学蕴含四条基本原则，即"复制原则"（copy principle）、"分离原则"（separability principle）、"构想原则"（conceivability principle）与"观念之间的联想原则"（principles of the association of ideas）。（参见 H. W. Noonan, *Routledge Philosophy Guidebook to Hume on Knowledge*, London, New York, Routledge, 2003, pp. 6-9。

段主要集中在"论知性"第三章(T 1.3)，休谟对因果/归纳推理之合理性的否定是休谟理性观怀疑主义方面自我推进的第一步，由此休谟把"理证"与"概然推断"、"确定性知识"与"非确定性意见"区分开来；休谟用"习惯性联想""信念""主观必然性"等术语加以刻画的自然化理性概念是休谟理性观自然主义方面自我推进的第一步，此时的自然化理性虽内含某些自然倾向意义上的知性规则，但它基本还处于动物式的本能反应层次。这两种力量第二阶段的发展主要集中在"论知性"第四章第一节(T 1.4.1)，休谟在怀疑式反省中不仅把知识下降为概然推断，还将概然推断的自反式否定推向极端(只要不蕴含矛盾就可一直否定下去)，以致把我们由概然推断所得来的初始信念消除殆尽，这是休谟理性观怀疑主义方面自我推进的第二步，它把"休谟式理性"(自然化的理性)发展至它在纯理论领域注定要走向的怀疑主义结局；但在实践应用中，因受人类想象之浅薄性质的影响，"休谟式理性"不仅能够规避过度反思推理的危害，还可使后者对自身产生虽有限但积极、有益的影响——怀疑的理性可在对象层面与知性(判断力)层面有效矫正与改进人类的自然化理性。由此，休谟理性观的自然主义方面就被推进到第二个层次，即由动物式的本能理性(instinctive reason)提升为较为精致的健全理性(sound reason)。第三阶段的开展主要涉及休谟"论知性"的结论部分(T 1.4.7)与"论情感"第三章第三节(T 2.3.3)。休谟认为，我们无法同时接受"一切精微细致的推理"与"想象的浅薄性质"，因为它们是直接矛盾的——观点 A；同时，休谟又认为，我们不能放弃"一切精微细致的推理"与"想象的浅薄性质"这两者中的任何一个，放弃前者会陷入最明显的荒谬，即任何大胆、肤浅的想象都可接受(导致"虚妄的理性")，放弃后者又会造成人类理性的自反式消亡(导致"毫无理性")——观点 B；而休谟的"观点 A"与"观点 B"之间，也是彼此矛盾的。由此休谟把其理性观的怀疑主义方面发展到了最为激进的阶段，并最终承认纯粹哲学将使我们成为彻底的皮浪主义者。休谟认为自然再次把他从上述理性困顿与哲学忧郁中拯救出来，自此人类理性不再停留于自身，而是与日常生活中某种具有更大强制力的感性倾向混合，这一倾向就是始源性的"苦乐""趋乐避苦""趋利避害"等人性情感。只有为自然化理性引入这些生存实践意义上的"合意""效用"等情感(价值)指标，它最终才有让我们加以同意的权利。于是，休谟理性观的自然主义方面就被推进到了第三个层次——情感主导下的实践—工具理性。

　　自然人性中的这两种力量经由上述三阶段的交叉式推进分别达到了

较饱满与完善的自身形态("怀疑的理性"与"实践—工具理性")。在此形态的稳实地基上，休谟理性观的怀疑主义方面得以安然转向宗教哲学批判，而不必担心它对人类世俗生活的破坏性影响；休谟理性观的自然主义方面得以作为一种积极的工具性力量服务于人类日常的道德实践，而不必担心人类理性在超自然、超日常生活领域的可能僭妄。由此休谟实现了哲学的两种转向，一是转向宗教—形而上学领域（主要涉及休谟有关宗教问题的哲学文本），以完成"人性化理性"反本体—神学的批判性任务，从而能够维护与加强其现代性动机的"超越—否定"一面；二是转向道德/政治哲学（主要涉及《人性论》第三卷及其改写本《道德原则研究》的文本内容），以凸显"人性化理性"在世俗化道德启蒙中的建构性角色，从而能够落实与开显其现代性动机的"主体—肯定"一面。休谟研究界往往弱化乃至忽视他的这一现代性动机的"超越—否定"一面，而只注意到休谟哲学的上述第二种转向，这导致他们对休谟理性观怀疑主义方面所具有的积极作用与独立价值认识不到位，故而把它仅仅理解为休谟实践哲学转向的某种帮辅与助推器，这种看法是失之偏颇的。笔者主张，休谟现代性动机的那两个核心要素在深层上制约着他无法偏废其理性观的怀疑主义与自然主义的任何一个面向，相反，对于人性化理性的这两种力量，他都是独立地加以承认并同等地给予重视的。由此我们才能较好地理解，为什么在转向实践哲学之后，休谟并没有否弃那种只能以怀疑主义原则为根据的纯粹哲学与理性；恰恰相反，休谟不仅继续向世人大力推荐这种哲学与理性，且凡在休谟做如此推荐处，他往往都着重指出这种哲学与理性在宗教—形而上学批判方面的独特意义。

  总而言之，休谟的理性观是现代性意义上的辩证、有机整体。作为完全属人的两种结构性力量，怀疑的理性有效阻止了人类理性在超验领域的独断运用，而自然的理性（实践—工具理性）则给我们带来了平实而稳健的世俗化实践，它们分别从不同的角度与方面为今日人类依旧消享于其中的现代性世界的构建提供了最为有力的支持。然而"成也萧何，败也萧何"，现代性的根本困境与此理性观也密切相关。自然理性所追求的真理不再是此岸与彼岸、在上者与在下者的相符与相合，而是以人性感觉的强烈程度为标尺，经验实证与实用几近成为现代理性的最高法庭；理性感知化，真理实用化，这使得今日人类逐步陷入相对主义盛行、几无公理可言的生存困局之中。自然理性所追求的道德以人性情感为基础，而情感是原始的存在，人类理性只是其合用工具而不能反过来追究它的合理性依据；"至善"或被取消，或被降格为世人的乐利欲求；理性工具化，道德世俗化，这在某种程度上造成今日人性的普遍平庸与道德的无政府状态。不宁唯是，这种理性观还使得现代性困境难以卒除，因为一切治疗性的形上话语在它的审查之下都变得不再有效；天道、上帝、形而上学，它们既没有知识论意义上的绝对可靠性，也没有人性知觉意义上的感性强制力，所以它们在今人看来便没有任何实在性。虽然休谟本人并没有直接否定上帝的存在（相反他肯定了一个无限孤远的上帝的存在），"天/上帝"等概念也没有在今人的话语体系里消失，但现代理性无疑会大大削弱超越性话语对重建世道人心的吸引力与积极意义。因此，哲学地反思与批判休谟人性视域下的理性观，对于今天生存于现代性条件下的人类来说，也就变得紧迫而具有现实意义。

以上就是本书的核心观点与总体思路，接下来，笔者将依次对之展开详尽的论述。

第一章 "人性视域"与休谟
理性观的哲学动机

在休谟看来,"人性研究是关于人的唯一科学"(T 1.4.7.14),而这门科学也是我们合法探究其他一切问题和概念的基础与前提。休谟有关理性的学说由此前提出发,并只有在此前提所限定的视域范围之内才能得到恰切的理解,故而他的理性学说是笔者所谓"人性视域下的理性观"。于是,在对休谟理性观展开深入分析之前,我们必须先行探讨休谟的"人性视域"。对此前提视域之具体原理内涵的介绍与分析("是什么"),笔者将在本书第二章中进行,而本章关注的核心则是休谟"人性视域"的密义与要旨("为什么"),析言之就是去深入挖掘与体会休谟提出"人性视域"时所欲彰显的并决定其理性观之基本品格与内在目的的深层哲学动机。为全面把握这一动机,笔者将从这样两条相辅相成的致思进路出发:一是从当代回到休谟,通过对现代自然主义理性观的哲学反思寻绎休谟"人性视域"背后的现代性动机,并突出这一动机的"主体—肯定"一面;二是从古典进向休谟,通过与传统理性观的前提视域的对比与反照,凸显休谟"人性视域"在理性思想古今转换中所特有的革命性意义,从而加深对休谟现代性动机的"超越—否定"这一面的理解。笔者认为,经由上述两种进路共同向休谟"人性视域"聚焦,我们方可走上一条直契休谟理性观之哲学堂奥的正道坦途。

第一节 "人性视域"与现代性动机:
从当代"涉身理性"谈起

自20世纪70年代以来,通过交叉、融合多个学科(包括心理科学、计算机科学、神经科学、生物学、语言学与文化人类学等)而异军突起的认知科学研究极为活跃、成果颇丰。"涉身认知"(embodied cognition)作为该领域的前沿理论之一,它不仅把认知科学的关注焦点由人脑扩展到包括人脑在内的整个身体组织及其与世界(包括自然世界与社会世界)的互动关系,同时也对传统的哲学观念提出了严峻的挑战,对传统理性观的冲击便是其中极为典型的一例。美国学者拉考夫(G. Lakoff)与约翰逊

(M. Johnson)在其合著的《肉身中的哲学——涉身心智及其对西方思想的挑战》一书中就大胆断言："理性绝不是宇宙或者非涉身心灵的超越性特征。相反，它决定性地被人类身体的诸种特质、大脑神经结构中那些显著的细节以及我们在世日常活动之个殊条件所形塑。"[1]随着这种新见解而来的是一种越来越强劲地虏获现代人想象力的"涉身理性"（embodied reason）概念：理性不是脱离我们肉身的某种超验而固定的神秘力量，而是深深嵌入我们的身体组织之中，并随着我们的身体感觉及其与世界交互方式的变化而发生相应的改变。祛魅了的"理性"与我们的"身体—主体"紧密嵌合，我们像拥有自己的身体那般可以内在地拥有理性并能对之进行如其所是的体察、分析与掌控。从此，"通过身体思考""心脏记忆""女性思维"等这些以"反逻各斯中心主义"为标志的后现代话题就不纯粹是一种哲学性质的思辨，而多少会带有硬科学的某些气质。

然而，无论"涉身理性观"在当代认知科学家看来多么新颖与先进，它与哲学上的传统理性观又有着多么巨大的差异，在笔者看来，"涉身理性观"依旧根植于从20世纪初正式提出并一直延续至今的某种哲学思潮——自然主义（naturalism）之中。作为这一思潮持续深化的结果，"涉身理性"是一种被精密自然化了（intensively naturalized）的理性概念，而它的理论雏形，我们至少可以在某些早期自然主义者的著述中较为容易地发掘出来。例如，20世纪20—30年代美国哲学家约翰·杜威[2]就在其《哲学的改造》一书中非常突出地批判了具有形而上学特质的传统"理性"概念，他同样认为理性"不是从上被加于经验的东西"[3]，而是内在于我们的生存经验之中，这里的"经验"是杜威结合当时达尔文主义的进化心理学改造了的新概念：经验不是主体对客体的外在静观，而是生命有机体向着周遭环境作用的交互过程。此外，涉身理性等自然理性观之所以对现代心灵有着如此强烈的吸引力在相当大的程度上也与自然主义哲学对我们潜移默化的影响有关，这种哲学倾向抑或理论眼光几乎是被我们理所当然地接受了的，以至于"今日只有极少数活跃的哲学家乐于自称为

---

[1] G. Lakoff & M. Johnson, *Philosophy in the Flesh: The Embodied Mind and its Challenge to Western Thought*, New York, Basic Books, 1999, p. 4.

[2] "自然主义"作为一种哲学思潮最先发生在20世纪上半叶的美国，当时有一大批哲学家自称"自然主义者"，杜威就是其中的杰出代表。参见"Naturalism", in D. Papineau (ed.), *Stanford Encyclopedia of Philosophy*, 2015, https://plato.stanford.edu/entries/naturalism/.

[3] [美]约翰·杜威：《哲学的改造》，许崇清译，北京，商务印书馆，1958，第57页。

'非自然主义者'(non-Naturalist)"①。由此我们才能明白，为什么那些离自然主义哲学越近的理论和观点就愈发能够得到现代人的同情与理解，相反，那些远离自然主义范式的主张就要承担起更多的自我辩护的压力。即便是现代反自然主义的那些少数派估计都得承认这一点。也正因为如此，否认"理性的涉身性"抑或在自然主义范式之外采信有关理性的其他见解，这对今人来说往往要比赞同上述理性观困难得多。

对于对现代意识具有奠基性地位的"自然主义"，学界至今没有一个统一的定义或说法。尽管如此，我们还是可以从各种强的或者弱的，形而上学的抑或方法论的"自然主义"理论中概括出它的这样两个要点：第一，自然穷尽了一切实在的领域（包括人的自然在内），而运用自然科学的方法是我们能够合法地通达这些领域的唯一途径；第二，反对超自然实体或力量的存在，尤其反对通过援引此类存在而把事物导向神秘主义的任何理论解释。自然主义的第一个要点使得它的现代信徒天然倾向于把"理性"看作自然人所具有的某种属性或者能力，而对这种属性和能力我们可以，也应当去进行客观而中立的探究；而它的第二个要点则直接排斥传统的诸如"超越的存在理性""上帝的理性"等具有先验倾向的理性观。加拿大学者查尔斯·泰勒在评论自然主义道德观时曾说过，自然主义"倾向于在根本不提任何本体论主张的情况下只阐述道德反应"②，这种阐释恰如自然科学家检验"肠胃反应"那般；而任何本体论主张，尤其是对道德有着"强势评估"(strong evaluation)③的先天"框架"(framework)④都会被认为是"没有根据的幻想"。⑤ 现代自然主义理性观具有同

---

① 参见"Naturalism", in D. Papineau (ed.), *Stanford Encyclopedia of Philosophy*, 2015, https://plato.stanford.edu/entries/naturalism/.
② [加]查尔斯·泰勒：《自我的根源——现代认同的形成》，韩震等译，南京，译林出版社，2008，第24页。
③ "强势评估"是查尔斯·泰勒提出的专门术语，它涉及"对和错、好和坏、高和低的区别"，"这些区别不仅不会因为我们自身的欲望、癖好和选择而失效，相反，它们独立于我们的欲望、癖好和选择并提供对它们进行评判的标准"。（参见[加]查尔斯·泰勒：《自我的根源——现代认同的形成》，韩震等译，南京，译林出版社，2008，第4～5页。）
④ "框架"也是由查尔斯·泰勒提出的一个专门术语，它是一种"我们能够在其中采取一种立场的视域"，在这种视域内，我们能够决定赞同什么以及反对什么、什么重要什么不重要。因此它必然包含某种先在于我们的"强势评估"。（参见[加]查尔斯·泰勒：《自我的根源——现代认同的形成》，韩震等译，南京，译林出版社，2008，第30～39页。）
⑤ [加]查尔斯·泰勒：《自我的根源——现代认同的形成》，韩震等译，南京，译林出版社，2008，第24页。

样性质的自我理解；它往往被认为是在打破了传统各种先在框架之后而对人类理性本身的如实反映；理性对我们人类来说并不意味着在上或者在外的某种较高级的原则或使命，而仅仅是在我们身上发现的并注定如此这般的一种自然事实。就作为自然事实而言，我们拥有理性就像拥有胳膊或心脏一样。

自然主义理性观果真不需要以某种框架为前提条件吗？笔者认为并非如此。"自然主义"试图打破一切框架而直指事情本身的愿望才是"没有根据的幻想"。恰如麦金太尔批评现代分析伦理学家把休谟"'是'与'应当'的区分"视为永恒的逻辑真理"是当时历史意识极度缺乏的一种标志"[1]，自然主义理性观的上述自我理解与定位同样是缺乏历史意识的肤浅之论。在笔者看来，自然主义理性观对有关理性的人性事实推崇备至恰恰是以某种具有历史特殊性的价值立场为判定前提的。这种价值立场也构成了一个对今人而言近乎集体无意识的先在框架，在此框架中，我们早已作出了某种强势评估意义上的高下区分：推翻、隐没一切超绝者并抹杀它们的存在意义，自觉或不自觉地抬高有限主体（人）的价值与地位。这是本书"导论"部分所提到的今人在回应"天人关系"这一本源性哲学问题时的现代性态度——"屈天尊人"。自然主义理性观对作为自然事实的"理性"的强调表面看起来是中肯而不带偏好的，而背后隐藏的却是对超越原则与视角的本能反感以及对"理性"脱离"人性"的处处提防与担忧。这种对外在超越的拒斥以及对属人性质的极力强调，无疑蕴含着"屈天尊人"这一现代性框架下的强势评估。因此，无论是作为人脑之机能的理性还是内嵌于包括人脑在内的整个身体的理性，它们绝非关于"理性"的所谓价值无涉的纯事实描述，相反是受现代性框架支配、被某种特定价值立场所决定的历史产物。

历史意识的觉醒很自然地就会把我们拉回现代性强势崛起的思想时刻，由此也出现了一个在笔者看来能让我们去深入理解休谟理性观"人性视域"之密义与要旨的绝佳线索。休谟作为彼得·盖伊（Peter Gay）所谓"以最勇敢的姿态追求现代性"[2]的 18 世纪启蒙哲人，他的"人性视域"背后暗含着的恰恰是贯穿于现代理性之生成与发展全过程中的现代性动机：人成为**绝对的**始点与判准，不承认**任何**超越人的思想与原则。现代理性

---

[1] ［美］阿拉斯戴尔·麦金太尔：《追寻美德——道德理论研究》，宋继杰译，南京，译林出版社，2011，第 75 页。

[2] ［美］彼得·盖伊：《启蒙时代（上）——现代异教精神的兴起》，刘北成译，上海，上海人民出版社，2015，第 389 页。

观的自然主义倾向早已暗含于休谟理性思想的现代性动机之中,而在以后的章节中我们也会看到,现代涉身理性观与休谟理性思想的自然主义方面就内容实质而言是一脉相承的。雅各布森(A. J. Jacobson)就明确说过:"休谟主张的那种自然主义看起来正日益被当前认知科学的工作所确证。"① 笔者认为,要正确理解这一动机,我们需要注意:第一,并非每一种突出主体价值的思想都是现代性的,毋宁说现代性是对有限主体(人)的**过分**突出,以致将之推向一个至高无上的绝对势位,因而它是一种强主体性哲学,或者说"主体主义";第二,作为同一枚硬币的正反两面,现代性的另一个显著特征就是对一切超主体视角、原则与思想的拒斥,这种拒斥不是部分的、浅表的、有保留的,而是全面的、深刻的且彻底又坚决的。结合以上两点我们不难推知,现代性的实质是排他性主体主义的(或曰"人类中心论的")。

因此,休谟的理性观之所以具有上述意义上的现代性特质,绝不仅仅是因为它以"人性"为前提视域②,更重要的是因为休谟对"人性"作为我们思想出发点的排他性选择。这种选择使得休谟把"人性(研究)"的地位看得很高,它是我们探讨一切对象(包括"理性")的唯一牢固的基础③,这是"导论"部分笔者所提到的休谟现代性动机的"主体—肯定"一面。对此我们从休谟有关"人性(研究)"与其他学科之关系的论述中可以看得格外分明。在《人性论》"引论"部分,休谟写道:"一切科学对于人性总是或多或少地有些关系,任何学科不论似乎与人性离得多远,它们总是会通过这样或那样的途径回到人性。"(T intro. 4)进而他指出,除逻辑、道德学、批评学和政治学等与人性有密切关系的学科之外,即便是那些看似

---

① [英]斯图亚特·布朗编:《英国哲学和启蒙时代》,高新民等译,北京,中国人民大学出版社,2009,第 199 页。

② 事实上,从人的视角看世界早在西方文艺复兴时期就已普遍存在;休谟同时代或稍前的很多思想家也都把关注的焦点放在了"人性"上,并通过对"人性"的剖析来提出自己的其他主张。但这些思想家的主张并不因此就是现代性的,因为在"世俗人性视角"之外,他们提出观点时还或多或少保留着古典哲学或神学的超越眼光。有关这方面内容的探讨,参见[美]彼得·盖伊:《启蒙时代(上)——现代异教精神的兴起》,刘北成译,上海,上海人民出版社,2015,第 238~239 页; R. Porter, *The Enlightenment*, New York, Macmillan Press, 2001, pp. 11-13.

③ 巴克尔(S. Buckle)因此认为,休谟"确信人的标准是唯一正确的标准";而潘能霍姆(T. Penelhum)则由此指出,休谟呼应了古代哲学家普罗泰戈拉"人是万物尺度"的思想。参见 S. Buckle, *Hume's Enlightenment Tract: The Unity and Purpose of an Enquiry concerning Human Understanding*, Oxford, Clarendon Press, 2001, p. 329; T. Penelhum, *David Hume: An Introduction to His Philosophical System*, West Lafayette, Purdue University Press, 1992, p. 12.

与人性关联甚疏的诸如"数学、自然哲学和自然宗教"等学科，它们"也都在某种程度上依靠人的科学"。(T intro. 4)由此，休谟认为哲学研究应该首先"直捣这些学科的首都与心脏，即人性本身"(T intro. 6)，它是我们一切研究的当然前提："任何重要问题的解决关键，无不包括在关于人的科学中间；在我们没有熟悉这门学科之前，任何问题都不能得到确实的解决。"(T intro. 6)在《人类理解研究》中，休谟论"不同种类的哲学"时就把人性科学作为唯一值得培养的"真正的形而上学"(EHU 1.12)①，而传统中相当大一部分的形而上学都被休谟判为虚妄而有害的，因为后者在他看来不仅是"不确定和错误的不可避免的来源"(EHU 1.11)，同时还具有那种看似智慧却与迷信混合的极易迷惑人的气息。可以说，"人性（研究）"已被休谟推向笛卡尔意义上的作为所有学科之根②的形而上学宝座，而自亚里士多德提出较为完整的学科分类体系以来，这样的对人性研究重要意义的定位不说绝无仅有，也是相当罕见的。

休谟对"人性视域"的排他性选择因此也就意味着对"非（超）人性视域"的彻底否弃。正因为"我们现有状态的规定总是相关于过去的状态，把它们或当作典范，或当作陪衬"③，休谟的"人性视域"往往也具有相对于过去而自我界定的性质。斯宾诺莎的命题"一切规定都是否定"曾得到黑格尔的盛赞④，把这句富含辩证思想的命题反过来说或许同样成立："一切否定也都是规定。"一个事物所否定、所不是的东西恰恰是对其本身之所是的一个反向规定。因此，欲要加深对休谟理性观之人性视域及其现代性特质的理解，我们还需要前休谟的相关思想资源的历史比照与镜鉴，尤其是要去弄清楚休谟"人性视域下的理性观"所直接否定的那些传统理性学说及其视域前提。对此笔者并不打算做到巨细无遗，而是抓住前休谟的那些代表性人物的相关思想展开简要分析，以服务于本章的主旨目的。由此，我们转向全面把握休谟现代性动机的第二条进路：从古典进向休谟。

---

① 受现代逻辑实证主义的影响，我们一般会认为，休谟反对所有的形而上学，其实这种观点是不够准确的。休谟反对的主要是传统的形而上学，他并没有反对形而上学本身。休谟认为我们不能因为传统形而上学错了就抛弃所有的"形而上学"，而是要提出真正的形而上学，这种形而上学是唯一正确且有益的，它就是"人性科学"。
② 在《哲学原理》"序言"中，笛卡尔曾用"大树"来比拟全部哲学，"其中形而上学就是根，物理学就是干，别的一切学科就是干上生出来的枝"。参见[法]笛卡尔：《哲学原理》，关文运译，北京，商务印书馆，1959，第 xvii 页。
③ [加]查尔斯·泰勒：《自我的根源——现代认同的形成》，韩震等译，南京，译林出版社，2008，第137页。
④ 参见[德]黑格尔：《哲学史讲演录》第四卷，贺麟、王太庆等译，上海，上海人民出版社，2013，第104页。

第二节　古典之镜：古希腊哲人理性观的"天道/超越维度"

霍克海默曾经指出，近代具有排他性倾向的主体主义理性概念，它的出现与流行，是西方世界观深刻改变的一种重要象征。而在古典思想世界中，一个与此截然相反的"理性"概念曾经十分普遍，古典理性"作为一种力量不仅仅存在于个体心灵之内，同时也存在于客观世界之中"①。显然，这样的"理性"并不被主体所囿限，它不是主观性的，而是具有一种实在而独立的意义。一般而言，古典理性概念往往用以表诠包括主体在内的整全宇宙的存在秩序与规范；它超越于主体之上但又能把主体与自身勾连在一起，有限主体可与之"合一"但并不"同一"。卡西尔曾正确地分析指出："无论是古典的形而上学，还是中世纪的宗教和神学……两种学说都深信，存在着一个普遍的天道，它统治着世界和人的命运。"②因此可以说，古典理性观的背后也暗含了一个回应本源性哲学问题——"天人关系"的基本价值立场，它大体上确立并维护一种"天/绝对者在上，人/有限者在下，人道效法天道，天人分等但又以理性直贯"的先天框架。这种框架与上述现代性框架迥然不同，它反对"排他性主体主义"，但并不反对"主体"；它承认主体的存在价值与意义，但这种价值与意义往往在于主体与在其之上的某种高级秩序——宇宙理性（天道）相联结。为与休谟理性观的"人性视域"对应，笔者姑且称之为古典理性观的"天道/超越维度"。下文我们将会看到，这种"天道/超越维度"在前休谟哲人的理性观中是颇为常见的。

众所周知，"理性"（reason/rationality）一词来源于古希腊概念"逻各斯"（logos）。在古典语境中，"逻各斯"原指"说话、言语、演说"等，进而引申出包含在这些话语形式中的"法度、道理、思想、理性"等义。前苏格拉底的晦涩哲人赫拉克利特最先把"逻各斯/理性"作为一个重要的哲学概念提出，而赫拉克利特对这一概念的解释一开始就具有一种与近代思路颇为殊异的风格，即它并不具备近代以来的强主体性特征，而是带有一种超越主体之上的客观法度性质：赫拉克利特把"逻各斯"具体看作内在于世界这团活火中的运动尺度（"道"或者说"宇宙理性"），一切都遵循着逻各斯，"因此应当遵从那个共同的东西。可是道虽然是大家共有的，多数人却自以为是地活着，好像有自己的见解似的"③。（赫拉克利

---

① M. Horkheimer, *Eclipse of Reason*, London, New York, Continuum, 2004, p. 4.
② ［德］卡西尔：《人论》，甘阳译，上海，上海译文出版社，2004，第20页。
③ 北京大学哲学系外国哲学史教研室编译：《西方哲学原著选读》上卷，北京，商务印书馆，1981，第22页。

特著作残篇2)由此可见,这里的逻各斯与众人的主观意见(opinions)不同,人的主观意见是狭隘而多样的,而"逻各斯"则意味着那"恒一而共通"的东西。"智慧"在于放弃个人主观的看法而听从"逻各斯":"如果你们不是听从了我的话,而是听了我的道,那么,承认'一切是一'就是智慧。"①(残篇50)总而言之,赫拉克利特的"理性观"内含一种"天道/超越维度":"理性"是宇宙论性质的,它客观而实在,因此不被人之私见所限分;"理性"又是超越于主体之上的,"遵循理性"也就意味着对人的某种先天规范,而对于这种规范,人不可以随意选择。

赫拉克利特对"逻各斯/理性"的上述基本理解经巴门尼德"思有同一"的存在之路一直延续到古希腊盛期哲人的理性观之中,并由此形成一个代表着西方哲学之主流的理性主义传统,柏拉图与亚里士多德是这一传统的古典集大成者。虽然柏拉图与亚里士多德有关"理性"的思想散见于他们著述的方方面面,他们的"理性观"彼此之间亦有相当的不同,但这并不妨碍他们的理性概念某种程度上都是在同一个"天道/超越维度"下展开的。对柏拉图、亚里士多德来说,"理性"虽是人之灵魂的一个部门,但他们对理性的看法并不因此就是主体主义的。实际上,理性既是主体(人)拥有的而一般动植物所缺无的某种高级功能,同时也是指发挥这种功能而可通达的超验存在及其秩序,超验存在及其秩序构成了"理性"所固有的实质性内容。由此可知,他们的理性概念同样不被主体所限分,或用查尔斯·泰勒的话说,"理性"并不在某种强区位的意义上处于主体之"内",而是具有越出主体之外的"实体性逻各斯"(ontic logos)地位。②

于是,理解上述意义上的理性灵魂之功能的发挥,我们首先需要破除一种与现代常识颇为一致却与古典视角相去甚远的偏狭观念,即理性灵魂的活动就像我们大脑或者四肢的活动一样,都可以被我们内在地进行支配。在柏拉图那里,理性灵魂不仅不会像一个现代意义上的中性自然物那样,可被我们现实地占有与任意支使,相反,作为诸多灵魂部门混合者的我们理应受到它的规范与指导。对柏拉图而言,理性灵魂的功能发挥需要我们处于一种正义的灵魂秩序之中,即灵魂的激情(passion)部分协助"理性"统治着灵魂的欲望(appetite)部分。处于这种秩序下的理性活动显然并非仅指有关人性的某种事实状态,而是具有强烈的规范意

---

① 北京大学哲学系外国哲学史教研室编译:《西方哲学原著选读》上卷,北京,商务印书馆,1981,第22~23页。
② 参见[加]查尔斯·泰勒:《自我的根源——现代认同的形成》,韩震等译,南京,译林出版社,2008,第157~164、249~257页。

义，这种规范意义尤其体现在《理想国》第6~7卷柏拉图有关"灵魂/肉体""较高级生活/较低级生活"等一系列著名的"二分"之中。此外，柏拉图的"理性"同时也与某种先在于我们的高级存在秩序密切相关。理性支配着的灵魂意味着对我们有限本性的一种超升，这是一条向上之路，首先需要"灵魂的转向"(《理想国》518d3)，即灵魂之眼从污缺可朽的感性世界转向真实永恒的理念世界："作为整体的灵魂必须转离变化世界，直到它的'眼睛'得以正面观看实在。"(《理想国》518c5)而"通过灵魂的这个部分与事物真实的接近，交合，生出了理性与真理"(《理想国》490b11)。此处的"理性"是当我们与理念世界正确勾连时自行展示的某种秩序状态，不难看出，这种秩序状态绝非主体中心主义的，它无疑具有客观而超越的维度。"只要理性是实质性地被规定，只要正确的秩序图景是理性的标准，那么我们成为理性的，就不应极其明确地被描述为发生在我们之内的某种事情，毋宁更应描述为我们与我们处于其中的更大的秩序的联系。"[1]查尔斯·泰勒对柏拉图理性概念的这句阐发是相当到位的。

"理性"在亚里士多德那里又被进一步区分为"理论理性"与"实践理性"，人的理性灵魂的活动因此也就包含了理论理性的活动部分与实践理性的活动部分。根据亚里士多德形而上学"质料与形式"的划分，这两种"理性"都是指人性中的形式(一物之恒是——本质)而言，因此亚里士多德又把人性定义为"有理性的动物"(或者说"有逻各斯的动物")。我们同样不能把这里的"有理性"看作被人性所现实"占有"的某种自然属性，而应当依据亚里士多德对事物的另一种重要区分——"潜能与实现"来理解："有理性"是潜在地拥有，从潜在到实现还需要一个不断提升的过程。"所有事物都以善为目的"(《尼各马可伦理学》1094a2)，理性达至自身的完善也即处于一种德性状态。亚里士多德对"理性灵魂"的理解因此就不是经验实然的，而是"功能—目的"的；这个"目的"人同样无法任意设定，而是"理性"的本己要求：理论理性的目的在于沉思永恒不变的存在真理，以把握宇宙万有本然的真，以至实现其德性(aretē/virtue)——"理论智慧"(sophia/theoretical wisdom)；实践理性与变动但人意又可考虑的伦常事务相关，以把握遵循着事理的欲求的真为目的，而其德性则为"实践智慧"(phronesis/practical wisdom)。

---

[1] [加]查尔斯·泰勒:《自我的根源——现代认同的形成》，韩震等译，南京，译林出版社，2008，第161页。笔者据原著对此处引文有所改动，参见C. Taylor, *Sources of the Self: The Making of the Modern Identity*, Cambridge, Harvard University Press, 1989, p.123.

亚里士多德认为理论理性合乎完满德性的实现，是与我们混合本性中的最好部分相适合的活动，这个"最好部分"又被他称为"与人的东西不同的神性的东西"(《尼各马可伦理学》1177b29)，它使我们超越自身而趋向神圣，从而把我们置入一个宏大的具有目的等级的宇宙论系统之中。实践理性合乎完满德性的实现在亚里士多德看来虽然只关涉"人的事务"(《尼各马可伦理学》1178a14)，因为"它们都涉及情感，它们必定都与混合的本性相关。而混合本性的德性完全是属人的"(《尼各马可伦理学》1178a17~1178a18)，但亚里士多德的实践理性并不因此就在现代意义上是主体主义的。实践智慧是因时、地、具体情况等不同而能为伦理德性（如"勇敢""慷慨"等）赋予尺度的智慧，这种尺度是一种正确的选择，它虽是"对我们而言的中道"(mesotēs/centrality)(《尼各马可伦理学》1106b7)，但对这里的"中道"的理解，我们恐怕不能像休谟等现代主义者那样，把它仅仅阐释为一种对人而言的"好处"与"效用"（参见 EPM 6.2），事实上，回到文本我们不难发现，亚里士多德反复强调的却是，"中道"对人来说就像射箭"射中目标"那样，是很难达到的一种状态，它是过与不及的中间，而"从最高善的角度来说，它是一个极端"(1107a5~1107a6)。因此笔者认为，亚里士多德的"中道"亦具有较独立而超越的实体性逻各斯地位，诚如《亚里士多德伦理学》的编撰者格兰特所评论的那样，"中道"是亚里士多德"对于德性法则的一种形上学的表达"[1]。

古典理性观的天道/超越维度在希腊化时代斯多葛派哲人那里体现得最为明显。该派哲人的早期代表芝诺(Zero)、克吕西普(Chrisippus)等把赫拉克利特的"逻各斯(火)"明确说成统治着人类生活与宇宙万有的处处皆同的世界理性，这世界理性也就是"宙斯，万物的主宰与主管"[2]。人的理性是与这个世界理性同构的微小部分，按照理性生活不仅是顺应人类本性的良善生活，而且也能把我们提升到与世界整体和谐一致的神性高度，从而使我们成为"世界公民"。超越的世界理性经罗马帝国早期斯多葛派哲人塞涅卡(Seneca)、马可·奥勒留(Marcus Aurelius)等的接受与进一步发挥，变成了一个具有强伦理含义的"天命"概念，"天命"对人来说意味着一种无法逃避的必然性，人在生活中唯一智慧的选择就是克己忍耐，服从"天命"。

---

[1] 转引自[古希腊]亚里士多德：《尼各马可伦理学》，廖申白译注，北京，商务印书馆，2003，第48页。

[2] 北京大学哲学系外国哲学史教研室编译：《西方哲学原著选读》上卷，北京，商务印书馆，1981，第182页。

第三节 "天道/超越维度"在中世纪、近代理性观中的承续

中世纪基督教哲学的兴起是古希腊哲学与上帝信仰彼此相遇、交融与结合的产物。因此，古希腊的很多基本哲学概念就被逐渐吸收到神学教义中来，其中一个显著的例子就是古典理性概念。《约翰福音》首章首句即是"太初有道，道与神同在，道就是神"（《约翰福音》1.1）。这里的"道"（Tao）是神的话语，作为概念它直接来源于古希腊的"逻各斯"。古典理性（逻各斯）在此虽然已被神格化为上帝的理性、道或者逻各斯，但在某种程度上，这并没有改变它的内容实质。换句话说，作为神圣逻各斯的"理性"与古典理性概念一样，它也内含一种反主体主义的"天道/超越维度"："理性"在这里被归属于神的全能智慧，有限主体（人）是神按照自身形象的造物，人的理性只是对神的理性的不完全分有，神的理性在等级上更高，它是人之理性的绝对根基。因此，这里的"理性"同样不是主体主义的，它来源于神；人的理性以神为最后目的与归宿，它的正确运用是把我们引向神学真谛的两条重要途径之一（另一条是上帝的直接启示）。

"中世纪哲学之父"爱留根纳（J. S. Eriugena）就"神与被造物"的关系区分了"四重自然"：①创造而不被创造的自然，它是作为世界创始者的"上帝"；②被创造而能创造的自然，它就是内在于上帝的诸理念；③被创造而不能创造的自然，它是就世上的具体事物（包括具体的人在内）而言的；④既不创造也不被创造的自然，它是作为万事万物之终极目的的"上帝"。可以看出，爱留根纳的上述"第二自然"是柏拉图意义上的古典理性观的翻版，它就是超越的理性理念，在这里作为上帝创世的原型理智，一切被造物（上述"第三自然"）都是这些理念的具体范例；个人的理性是原型理智的摹本，它使得我们超越自身而趋向作为"第四自然"的上帝。

经院哲学作为中世纪调和古希腊哲学与《圣经》信仰最大最全面的神学努力，它通过对亚里士多德主义的柏拉图式阐释，从而把亚里士多德的三段论推理结合于上述意义上的实在论神学之中。作为创世蓝图的神的理性，它根据诸概念之间的相互蕴含关系而规定了作为概念之范例的世间万事万物的实在等级；人的理性是论证神学教义的逻辑工具，它能根据三段论推理正确发现世间诸物的等级秩序并由此拾级而上直至推出上帝的存在及其相关属性。当然，这并不排除有些神学真理是人的理性

所无法通达的。由此我们看到，同样地，在经院哲学中，"理性"不仅具有神圣的实在地位，同时还是沟通神与人的有效工具。虽然这一工具只适用于少部分人，用它来推知的神学信息也比较有限，但理性作为我们自身中的超越性力量，它的正确使用则可把我们导向上帝这一最为真实而无限完满的存在者。经院哲学的早期代表安瑟伦（Anselmus）第一次把理性辩证法引入神学，提出了有关上帝存在的本体论证明（"本体论证明"这一术语是康德所赋），即依据三段论从上帝的概念推出上帝的存在："上帝"是最为完满的概念，最为完满的概念包含"存在性"于自身，因此"上帝"存在。托马斯·阿奎那作为经院哲学的集大成者，则依理性展开了著名的有关上帝存在的"后天五路证明"：①世上任何一物的运动都由他物推动，他物亦由另一物推动，以此类推，直至推出那自身不动的第一推动者，即"上帝"；②世上任何一物的存在都有一个原因，而原因的存在又需要另一个原因，以此类推，直至推出那个以自身为原因的第一因，即"上帝"；③世上任何一物的存在都是偶然或仅仅可能的，若没有一个绝对而必然的存在者作为它们存在的根据，总会有某一时刻世界上任何事物都不存在，而这一点恰恰不符合事实，因此绝对而必然的存在者存在，它就是"上帝"；④根据世间万事万物完善性的等级差异，较不完善的事物以较完善的事物为参照标准，最后必有一最完满的事物，它是"至善"者，即"上帝"；⑤世间一切事物（包括无生物在内）都有一目的，由诸目的彼此联系而构成的世界整体也具有内在的合目的性，这一切必然出自一个最高智慧者的完美设计，这个最高智慧者就是"上帝"。可以说，安瑟伦与托马斯·阿奎那的论证几乎涵盖了后来证明上帝存在的所有思路，这些论证向我们表明，中世纪的"理性"无疑具有丰富的神学价值，它虽不脱离主体（人），能够沟通人与神，但它绝不是主体主义的，而是以"神"（上帝）为本的。

　　以经院实在论为理论基础的"理性"概念受中世纪晚期唯名论神哲学的冲击而逐渐丧失它的实体性逻各斯地位，这为近代理性的主观化开辟了道路。近代哲学的开山鼻祖笛卡尔正式提出"心"（mind）的概念，这一概念为我们重新理解"理性"打开了一个新的思想空间。这里首先需要注意的是，笛卡尔的"心"与古典的"灵魂"概念绝不相同，前者是建立在"主客二分"的基础之上，"心"就是笛卡尔的"我思"主体，作为精神实体，它在强区位的意义上处于人的内部，而与外部客体（人的身体/物质实体）相对立；后者主要是就生命活动的原则与形式而言的，它并没有近代"主/客""心/物""内/外"分裂之下的强主体性意味。"理性"作为坐落于笛卡尔

"心"这一内部思维空间中的某种独立而高级的活动形态,它的主体性特质无疑十分鲜明。然而,笛卡尔的理性观并不因此就是主体主义的,回到文本我们不难发现,笛卡尔对"理性"的理解与阐释并非仅仅立基于主体之上,而是保留着传统的"天道/超越维度",尤其是经院哲学中的"本体—神学"因素,法国学者吉尔松(E. H. Gilson)就曾指出,笛卡尔哲学深受中世纪形而上学的极大影响。①

概括地说,笛卡尔的"理性"是诸天赋观念间的一系列逻辑推演,这一推演并不依照传统三段论那样的形式必然性进行,而是如数学(几何/算术)演算那般,它的每一步骤都是"清楚分明"(clear and distinct)的,但这里的"清楚分明"并不纯粹是一个认识论标准,它同时还具有超越性的神学意涵。笔者认为,我们应当在笛卡尔的理性观中区分两种清楚分明的天赋观念,一种是有关上帝本身(其存在与属性)的明见性观念(上帝的全在、全善、全能等),另一种是由上帝所产生的那些明见性观念(包括"无中不能生有"等形而上学观念以及数学命题)。前者的等级更高,笛卡尔认为它们"在我心里边的一切观念中是最真实、最清楚、最明白"②的,因而具有至高无上的地位,而后者则分享了前者的真实性并以前者(如"上帝的无欺性"观念)为其正确性的终极担保。③ 这里的"正确性"意味着主体与客体的统一,而统一的根据就在于人类理性的神圣来源——上帝,因为由上帝产生的那些明见性观念不仅客观地呈现于我的理性意识之中,而且作为本质它们还形式地存在于物质世界之内,它们是同一个理性并统一于上帝的原型理智。作为笛卡尔理性主义的后继者,荷兰哲学家斯宾诺莎直接把人的理性等同于神思的某一样式,我们通过理性所认识到的就不是事物的偶然性质,而是出于神/上帝之永恒本性的必然真理,这里的"神/上帝"不是人格性的,而是"整全的自然实体"。"天道/超越维度"无疑在斯宾诺莎的"理性观"中表现得更为突出而明朗。对此,卡西尔(E. Cassirer)曾有一段精彩总结,他认为"在17世纪的那几大形而上学体系——笛卡尔、马勒伯朗士、斯宾诺莎和莱布尼茨的体系里,理

---

① 参见车桂:《吉尔松哲学研究》,北京,人民出版社,2012,前言与第一章;刘小枫、陈少明主编:《笛卡尔的精灵》,北京,华夏出版社,2009,"论题"部分。
② [法]笛卡尔:《第一哲学沉思集——反驳和答辩》,庞景仁译,北京,商务印书馆,1986,第50页。
③ 笔者这里的看法受到了余碧平教授于2015年上半年在复旦大学讲授的"笛卡尔哲学专题"课程的启发。余教授认为,笛卡尔哲学深受中世纪思想的影响,他的《第一哲学沉思集》中的前两个沉思是知识论层面的,而后两个沉思(第三、第四沉思)是本体—神学层面的,较前两个沉思而言,后两个沉思的确定性等级更高。余教授继而认为对这两种确定性等级的区分将有助于破解"笛卡尔循环"。

性是'永恒真理'的王国,是人和神的头脑里共有的那些真理的王国。因此,我们通过理性所认识的,就是我们在'上帝'身上直接看到的东西。理性的每一个活动,都使我们确信我们参与了神的本质,并为我们打开了通往心智世界、通往超感觉的绝对世界的大门"①。此外,卡西尔还对17世纪的"理性"概念与18世纪启蒙时代的"理性观"做了一个总体上的对比,他认为后者是内在于人类经验世界中的某种后天力量,而前者则超越人类经验,具有先验性质。由此我们不难理解,为什么笛卡尔等唯理主义者的"理性观"还内含形而上学的确定性要求以及相对于有限人性(主体)的超越性与规范性,而仅仅属人的、经验上可靠有用的概然性判断却不被他们纳入"理性"范畴之中。②

洛克坚持了笛卡尔理性观的主体性方向但又批判了他的"天赋观念"说,因此笔者认为,洛克的理性观恰好构成了近现代理性概念从笛卡尔发展到休谟的重要中介。洛克从经验心理学出发,认为我们的心灵原初只是一张"白板"(tabula rasa),上面并没有天赋的理性观念(包括理论的与实践的),我们所有的观念都是通过后天的方式(感觉与反省)习得的,"理性"作为"人的一种能力"③,它可对这些观念材料进行组合或分解,但不能自行产生它的材料对象。因此,洛克的"理性"并无属己的实体性内容,而是人处理经验材料的一种心理官能。与笛卡尔一样,这种心理官能较人的其他官能(如"感觉""想象""记忆"等)而言依旧具有某种独立而优越的地位,它内含"机敏"(sagacity)与"推论"(illation)这样两个具体的次级官能,而发挥它们的作用则可"扩大我们的知识(knowledge)并且调节我们的同意(assent)"④。洛克进一步指出,"机敏"是人心中发现中介观念的能力,"推论"则是借由这些中介观念而把一系列相关观念正确联系起来的能力。如果这些观念间的联系是确定的(certain),那么我们就能由此得出解证性知识(如数学知识、道德命题的推演之类);如果这些观念间的联系只是概然的(probable),那么我们就能由此获得概然性意见(如有关感觉对象存在的命题)。这里需要注意的是,我们不能把洛克"解证性知识"中的"确定性"简单等同于笛卡尔意义上的具有明见性的

---

① [德]卡西尔:《启蒙哲学》,顾伟铭等译,济南,山东人民出版社,2007,第10~11页。
② 有关笛卡尔这方面的观点,参见[法]笛卡尔:《第一哲学沉思集——反驳和答辩》,庞景仁译,北京,商务印书馆,1986,第88~98页;[法]笛卡尔:《哲学原理》,关文运译,北京,商务印书馆,1959,第61~62页。
③ [英]洛克:《人类理解论》,关文运译,北京,商务印书馆,1959,第718页。
④ [英]洛克:《人类理解论》,关文运译,北京,商务印书馆,1959,第718页。

理性意识，后者无疑具有较浓的神学/形而上学色彩，而前者是指人心对各个观念之间契合或相违与否的一种心理知觉（perception）。此外，我们看到，洛克的"理性"正式把"概然推断"包括进来，"概然推断"虽无法产生必然知识，但它对人类生存却有实用意义。这些内容充分表明，在理性主体化的方向上，洛克比他的前辈哲人要走得更为遥远。

然而，洛克还不是一个现代意义上的主体主义者，据彼得·盖伊对他的评价，洛克"始终是一个调和者，是长长的异教基督徒队伍中的最后一人"①，他的"调和"延续了中世纪的思想风格，某种程度上也是一种哲学与宗教信仰的交叉与融合。细究文本我们也不难发现，洛克的主体性立场并不彻底，他并没有完全拒斥传统理性思想的"天道/超越维度"，"上帝视角"依旧残留在他的理性观之中。洛克虽然认为人类的理性知识与意见不是天赋的，但他同时又承认人类理性这一官能本身却是**天赋**的。与笛卡尔一样，洛克也把"理性"看作上帝赐予人类的"自然之光"，而依循这道"自然之光"，我们同样可以获得有关神圣存在的那些知识。洛克说道："上帝虽然没有给予我们以有关他自己的天赋观念，虽然没有在我们心上印了原始的字迹，使我们一读就知道他的存在，可是他既然给了人心以那些天赋官能，因此，他就不曾使他的存在得不到证明；因为我们既有感觉、知觉和理性，因此，我们只要能自己留神，就能明白地证明他的存在。"②在《人类理解论》第四卷第十章以及第十一章开头部分，洛克经详细论证之后向我们坦言，上帝的存在是"理性明白昭示我们的"③。此外，作为17世纪的自然神论者，洛克认为"理性"某种程度上还具有辨别神学启示之真伪的功效。在洛克看来，神学启示固然可以超乎人类理性之上（如"三位一体"等），但它们绝不能直接违反理性（尤其是其中最为确定的直观知识）："任何东西都不能借启示一名动摇了明白的知识，或者在它与理解的明白证据直接冲突以后，让人来相信它是真的。"④因为上帝既然给了我们理性之光，他就希望我们把它发挥到极致；由此我们不仅能够通达某些神圣真理，而且还可以把迷信与狂热等伪神学排除出去。

"概然推断"因其实用性虽与经验主体有着更为紧密的联系，但洛克

---

① ［美］彼得·盖伊：《启蒙时代（上）——现代异教精神的兴起》，刘北成译，上海，上海人民出版社，2015，第299页。
② ［英］洛克：《人类理解论》，关文运译，北京，商务印书馆，1959，第662页。
③ ［英］洛克：《人类理解论》，关文运译，北京，商务印书馆，1959，第675页。
④ ［英］洛克：《人类理解论》，关文运译，北京，商务印书馆，1959，第744～745页。

对它的阐释依旧带有一种"上帝眼光"。洛克认为上帝赋予人类理性"不独是要供他思辨玄想，而且是要指导他的生活"[1]。在人类极为有限的确定性知识之外，"概然推断"是上帝为补充前者之不足而另外供给我们的一种"概然性的黄昏之光"[2]，施用这种光明，我们在人生大部分的事务中才能及时做出判断取舍并采取合宜的行动。概然推断对人类生活何以会有这样的作用，洛克对此并没有给出详细的解说，他只是认为上帝给人这些才具，就是为了使人"追寻较明白的确实性，遵循较大的概然性"[3]，而一旦这样做了，我们就"一定会接受到它们的报酬"[4]。因此，在洛克看来，"概然推断"之所以合法合用，也许我们只要明白上帝的智慧与善意也就够了，而不必为此寻求其他的解释。某种程度上可以说，正因为洛克对"概然推断"的阐释未能摆脱这种"上帝眼光"，所以他没有立足于经验主体来对"概然推断"的可行性给予更为翔实而有力的理论支撑，而这一点在休谟研究专家欧文看来，恰好直接提醒了休谟，促使他基于"人性视域"这一彻底的主体中心立场，来对"理性"（概然推断）重新进行阐发。[5]

第四节 休谟"人性视域"在理性观古今转换中的革命意义

综上可知，非但古典哲人对理性的看法不是主体主义的，即便在主体性原则逐步抬头的近代，前休谟哲人（以笛卡尔、洛克为代表）的那些主流理性观也还不能算作是主体主义的；在这段漫长的西方思想史进程中，一种超越性的"天道视角"抑或"上帝眼光"曾以其无远弗届的力量深深制约着人们对"理性"的理解与想象。在对"理性"的此类理解与想象的背后，隐而未彰的是前现代哲人对"天人关系"这一本源性哲学问题近乎一致的回应思路，即"天人分等，人道效法天道"。在此，我们绝不能离"天"谈"人"或者销"天"以就"人"：人（有限主体）不是一个可为自我和世界立法的绝对始点，恰恰相反，人对自我与世界的理解以在人之上、之先的绝对超越者（天/上帝）为根基。这里，"天人关系"的重心显然在"天"而不在"人"："在各种以相对超越性或绝对超越性为中心的哲学体系中，

---

[1] [英]洛克：《人类理解论》，关文运译，北京，商务印书馆，1959，第699页。
[2] [英]洛克：《人类理解论》，关文运译，北京，商务印书馆，1959，第700页。
[3] [英]洛克：《人类理解论》，关文运译，北京，商务印书馆，1959，第741页。
[4] [英]洛克：《人类理解论》，关文运译，北京，商务印书馆，1959，第700页。
[5] 参见 D. Owen, *Hume's Reason*, Oxford, Oxford University Press, 2007, pp. 61-63。

人似乎受到了掩饰或遮蔽，人性明显屈从于神性。"[1]以此思路框架来诠释"理性"，"理性"往往具有天道意义上的实体性地位。一方面，作为"天道"，"理性"相对于人（有限主体）来说，它是外在超越的；另一方面，"道不远人"，"理性"虽超乎人性之上但它又与人紧密勾连，它是我们思与行所当遵循、效法的对象，因而对人（有限主体）而言，它又是范导性的。概言之，"理性"是"天道"且又以此道沟通"天人"。由此可见，这种理性观与主体主义思想有着天壤之别。诚然，在前现代哲人的某些具体表述中，我们发现他们在"理性"之前常常也会加上诸如"人类的""我们的"等限制性定语，但这并不表示他们就把"理性"在强区位的意义上置于主体（人）之内。毋宁说，前现代哲人往往是在（只有）人可以"领会""遵从""体现""践行"理性的意义上言说"人类的理性"或者"我们的理性"的。对"理性"与"人（性）"之关系的准确把握，也许我们借鉴一下中国宋儒朱熹论"理气关系"时所提出来的"不离不杂"这个说法，虽不中，亦不远矣。

笔者认为，行文至此我们才能充分理解休谟对"人性视域"的排他性选择在理性观古今转换中所独具的革命性意义。据笔者阅读所及，休谟本人在其著述中固然没有直接挑明此"革命性意义"，但若回到历史的脉络并经与上述理性观的对比我们就会明白，休谟"人性视域"的提出并不纯为我们指明一种诠释"理性"的新视角，它同时还强烈地意味着对传统理性观之"天道/超越维度"的彻底拒斥，因而他的"人性视域"具有相对于此一维度而自我界定的性质。进言之，休谟的"人性视域"不仅含有前述"主体—肯定的"一面，而且还具有"超越—否定"维度，这两者都同等重要地内在于休谟理性观的现代性动机之中。从这一动机（尤其是其中"超越—否定的"因素）出发，休谟完全颠覆了前现代哲人在阐释"理性"时所预设的天人框架。由此天道式微，上帝隐退，"理性"不再具有客观而超越的实体性地位，它也不再是沟通天人的中介；"理性"的依托重心由"天"下降到"人"，"人（性）"成为"理性"之自我理解与形塑的唯一根基。为准确把握休谟这里的"理性"与"人（性）"之关系，我们首先需要注意如下两点：第一，"理性"不是外在超越的，它在某种强区位的意义上被置于"人性"之中；第二，即便在"人性"内部，"理性"也不是一个可支配、驾驭其他官能的较高级官能。对"人性"来说，休谟的"理性"不仅不是外在超越的，它也没有近代笛卡尔、洛克理性观中的那种内在超越特征。可以说，休谟"人性视域下的理性观"是一种彻头彻尾的主体主义思想，

---

[1] 杨大春：《现代性与主体的命运》，北京，中国人民大学出版社，2019，第6页。

他甚至都不承认"理性"在"人性"中作为独立官能的地位,恰恰相反,休谟完全是通过"人性"中更为基本的要素与原理来阐释"理性"的。诚如休谟研究专家欧文所言,在休谟那里"并没有独立的理性官能,理性的'原则与运作'终究可被划归于更为普遍的想象原则之下"①。卡西尔也明确指出,休谟认为"人们通常奉为人的最高官能的理性,在我们的整个精神活动过程中,只起一种颇为从属的作用。理性远不是支配着理智的其他'较低级的'官能,而是始终有赖于它们的帮助"②。因此,我们看到,休谟的"人性视域"不仅为"理性"的自我定位设置了范围,而且也在内容上使"理性"获得了某种新颖而独特的自我理解。

总而言之,休谟的理性观是休谟现代性动机"超越—否定的"与"主体—肯定的"这两个因素共同作用下的产物,前一因素使得"理性"与古典的"本体—神学"脱钩,而后一因素则使"理性"得以彻底委身于"经验—人性"(成为"人性化的理性",humanized reason)。从此我们必须首先通过剖析"人性"来理解"理性",人性研究就成为休谟理性学说的当然前提。

---

① D. Owen, *Hume's Reason*, Oxford, Oxford University Press, 2007, p. 66.
② [德]卡西尔:《启蒙哲学》,顾伟铭等译,济南,山东人民出版社,2007,第 99 页。

第二章 "人性视域"与休谟理性观的奠基原理

本章将详细分析休谟通过解剖"人性"而为其理性观奠定基础的那些要素与原理。第一节涉及休谟人性科学的方法论思想，主要介绍休谟"实验方法"所蕴含的两种解剖人性的视角，笔者称之为"自然化的第三人称视角"与"哲学性的第一人称视角"。第二节重点分析"自然化的人性要素与原理"，这些要素与原理就是休谟在自然化的第三人称视角下对人性的研究所得。第三节重点分析"哲学性的人性要素与原理"，这些要素与原理是休谟在哲学性的第一人称视角下剖析人性的理论成果。第四节基于上述分析简要梳理出休谟人性化理性概念的具体所指。

第一节 休谟有关人性研究的两种方法论视角

"人性"，休谟原文为 human nature，对这两个词我们可以分别加以理解。受笛卡尔主义的影响，休谟基本也是把"人"（human）看作精神与肉体的统一体，其中的"精神"作为一种意识存在是专属于人的；而人的肉体却与一般动植物没有什么实质差别，它们都属于物质范畴。因此，若着眼于 nature 概念在古典语境中的"将一物区别于同类他物"的"本性"义，休谟的"人性"自然指的就是人的精神意识领域（心灵世界），他的人性研究也仅仅围绕着这一领域展开；而有关人的身体部分（尤其是对意识活动所依赖的身体组织方面），休谟与洛克一样，把它当作自然哲学的研究题材，而与这里的人性研究或者休谟所谓的"精神哲学"（科学）无关。[1] 然而，若着眼于 nature 概念在休谟那里"与神迹相对立"（参见 T 3.1.2.7）的"自然"义，human nature 也即人的自然本性，它在某种程度

---

[1] 休谟认为感觉印象"依赖于自然的和物理的原因"（T 2.1.1.1），所以"研究人类感觉应该是解剖学家和自然哲学家的事情，而不是精神哲学家的事情"（T 1.1.2.1）。在这一点上休谟与他的前辈经验论者的看法是一致的。洛克在《人类理解论》第一卷"引论"部分就明确交代他"不愿从物理方面来研究心理"，"不愿研究我们所以借感官得到感觉，而且理解力所以有了观念，是凭借着元精的某些运动，或身体的某些变化"，"亦不愿研究那些观念在形成时是否部分地或全体地依靠于物质"。参见〔英〕洛克：《人类理解论》，关文运译，北京，商务印书馆，1959，第1～2页。

上又与物质自然一样,是非超越的自然世界的组成部分。因此在休谟那里"人性"并没有任何先验的身份(如"上帝的造物""理性主体"之类),人心中的一切意识内容与活动都不是神秘的,我们对这些意识内容与活动的理解只能依靠"经验与观察"(experience and observation),这种方法有时又被休谟称为"实验方法"(experimental method)。休谟认为运用这种方法是我们对人性科学"所能给予的**唯一牢固的基础**"(T intro.7),因为心灵的本质与物质的本质都是"我们所不认识的"(T intro.8),而只有"借助于仔细和精确的实验,并观察心灵在不同的条件和情况下所产生的那些特殊结果"(T intro.8),我们才能对人性能力及其性质有所了解。因受人类经验的限制,所以无论这种实验被推进到何等普遍的程度,休谟认为我们都不能宣称自己发现了"人性终极的原始性质"(the ultimate original qualities of human nature)(T intro.8)。而传统看待人性的所有超越性视角以及有关人性的所有先验叙事与设定都变得不再合法,它们只是一些毫无经验依据的狂妄猜测或臆想而已。

休谟被誉为"道德科学界的牛顿",他的"实验方法"无疑受到以牛顿力学体系为典范的自然科学及其方法论原则的影响,虽然休谟研究界就这种影响的深度与广度还存在着某些争议。① 笔者这里并不打算就此争议再添一议,而是想强调指出,对于这种影响,我们不能仅仅关注那些具体的方法论思想被休谟接受与采纳的程度,关键是要去考察通过这种影响而为休谟审视人性所带来的新视角及其主要特征。笔者认为,这种新视角就是自然化的第三人称视角,在此意义上,他的"实验"也就是"自然化的第三人称实验"(或曰"观察性经验")。这里的"自然化"意味着它在人性的诸种状态中选定一种自然的状态进行考察,这种"自然的状态"就是当心灵处于最正常、最一般、最少人为干扰时的状态,这里涉及休谟对"自然"概念的另一种理解,即在"常见的""非人为的"(参见 T 3.1.2.8~T 3.1.2.9)意义上。"常见"与"稀少"相对,在此,"自然的状态"排除了诸如癫狂、恐惧等少数极端的心灵状态;"非人为"则与"预计"相对,就

---

① 有关这方面内容的详细分析,参见:J. Noxon, *Hume's Philosophical Development: A Study of His Method*, Oxford, Clarendon Press, 1973, pp.27-123; N. Capaldi, *David Hume: The Newtonian Philosopher*, Boston, Twayne, 1975, pp.29-70; M. Barfoot, "Hume and the Culture of Science in the Early Eighteenth Century", in M. A. Stewart (ed.), *Studies in the Philosophy of the Scottish Enlightenment*, Oxford, Clarendon Press, 1990, pp.151-190; G. D. Pierris, *Ideas, Evidence, and Method: Hume's Skepticism and Naturalism concerning Knowledge and Causation*, Oxford, Oxford University Press, 2015, pp.148-196.

此而言"自然的状态"又排除了诸如刻意反省或过度思虑之类的心灵活动。当然,休谟这里对"自然"与"非自然"的区分是带有某种任意性的,这种任意性就好比自然科学家把处于某种光线条件下(如在充足阳光下)的一物之色泽看作是自然的,而把在其他条件下(如在灰暗的光线中)的颜色显现看作是非自然的那样。"第三人称"则意味着它把我们的一切自然意识活动(如感觉、记忆与想象活动)通通摆到一个客体的位置上进行旁观,并敞开自身而被动地接受来自客体方面的所有信息,以期如实并尽可能完备地反映出人性在自然状态下的各种能力及其内容形态,从而完成这门"精神的地理学"(mental geography)。当然,要做到这些并不是不需要研究者的任何主动努力,而是对研究主体提出了较高的要求。休谟认为心灵的对象十分精细,心灵活动也错综复杂,因此"我们必须用源于天性的,被习惯和反省所提高了的卓越洞察力在瞬间把握住它们"(EHU 1.13)。此外,与自然哲学相比,休谟认为我们对精神哲学的研究还需要格外小心与谨慎。它不仅要求研究者在研究之前尽可能抛弃一切先入之见(尤其是假说性质的猜想),还要防止这种思考与研究本身会"搅乱我的自然心理原理的作用"(T intro. 10)。由此可见,这种"自然化的第三人称视角"虽是客观而中立的,但它也依赖于来自研究者方面的某种"去主观"的主观努力。

注意到休谟时代新兴的自然科学思潮对休谟方法论思想的影响固然重要,但并不全面。笔者认为,休谟的"实验方法"既得到牛顿主义的刺激与鼓舞,同时也受到以笛卡尔、培尔(P. Bayle)为突出代表的激进怀疑论思潮的强烈影响,而后一点恰恰易于被休谟研究者弱化乃至忽视。这种影响不仅反映在休谟的主要哲学著述中(尤其是《人类理解研究》的最后一章),而且也反映在休谟创作《人性论》时他所置身的思想环境之中。我们知道,休谟是在法国拉夫莱舍(La Flèche)小镇写作《人性论》的,而这个地方本就是一个传播笛卡尔主义的思想中心。休谟在那里也大量阅读了培尔的著作,并通过培尔而对当时盛行的怀疑主义思潮及其方法相当熟稔。[①] 故在西方怀疑论研究专家波普金(R. H. Popkin)看来,当休谟身边的"其他先锋思想家已经把他们的兴趣与关切转移到更加积极而科学的研究主题的时候,年轻的休谟依旧生活于一个皮浪主义的世界之中"[②]。他同

[①] 参见 R. H. Popkin, *The History of Scepticism: From Savonarola to Bayle*, Oxford, Oxford University Press, 2003, p. 301。

[②] R. H. Popkin, "Scepticism in the Enlightenment", in R. H. Popkin & E. D. Olaso & G. Tonelli (eds), *Scepticism in the Enlightenment*, Dordrecht, Kluwer Academic Publishers, 1997, pp. 1-16.

时拥有两个世界，"一个是培尔的世界，另一个就是把牛顿的方法运用于道德题材的苏格兰自然主义者的世界"①。受激进怀疑论等皮浪主义思潮的影响，休谟的人性研究除具有上述"自然化的第三人称视角"之外，同时还具有一种笔者所谓的"哲学性的第一人称视角"，因而他的"实验方法"不仅包括"自然化的第三人称实验"，而且也包括"哲学性的第一人称实验"（或曰"反思性经验"）在内，休谟广义的"实验（经验）"概念因此也就包含有这两个方面的内容。② 按照现代自然科学的常识，我们往往只注意到休谟"实验"概念前一方面的内容，而对它的后一方面内容，我们要么忽视了，要么仅仅把它看成是休谟为人性科学引入前一种实验方法而作的某种前提性准备，而不把它包含在休谟正面提出的"实验"（经验）概念之中，这是有所偏失的。所谓"哲学性的第一人称实验"，在笔者看来，其中的"哲学性"意味着它不满足于对对象的自然化说明，而是要追求某种严格意义上的理论规范；其中的"第一人称"是指它不是被动地反映对象，而是主动地反思对象。由此可见，这种实验不是自然的（natural）或者轻松的（careless），而是刻意的（deliberate）、反省的（reflective）甚至是非常激进的（radical）。当然，受经验主体的条件限制，休谟不可能像笛卡尔主义者那样通过在自然人性之中安置一个超越性的天赋官能（如"先天理性"）来为他的哲学性的反省实验奠基，而是突出了我们自然人性中的想象能力并把这种哲学性的反省看作是想象的某种自主而纯粹的活动方式，想象在这种活动方式下的原则与权限也就构成了休谟哲学性反省实验的原理基础与限度。

综上可知，休谟的实验方法蕴含了两种解剖人性的视角，即"自然化的第三人称视角"与"哲学性的第一人称视角"。对这两种分析视角，休谟并没有偏废其一，而是给予了同等的坚持与重视。正如毕柔（J. Biro）所指出的那样，休谟对人性的研究始终在两种哲学方法之间寻求平衡，一种是出自观念论"内省传统（the introspective tradition）的主观的（subjec-

---

① R. H. Popkin, "Scepticism in the Enlightenment", in R. H. Popkin & E. D. Olaso & G. Tonelli (eds), *Scepticism in the Enlightenment*, Dordrecht, Kluwer Academic Publishers, 1997, pp.1-16.

② 莫瑞勒（K. R. Merrill）与亚历山大·布罗迪（A. Broadie）等学者都曾指出，在休谟所处的18世纪早期，"实验"与"经验"概念是可以彼此换用的；当时的"实验"并不限指今日科学家在实验室里通过严格控制变量而实施的一系列科学研究活动，而是包含我们对意识内容及其活动的日常观察与反省在内。参见：[英]亚历山大·布罗迪编：《剑桥指南——苏格兰启蒙运动》，贾宁译，杭州，浙江大学出版社，2010，第61页；K. R. Merrill, *Historical Dictionary of Hume's Philosophy*, Lanham, The Scarecrow Press, 2008, pp.135-136.

tive)、现象学的(phenomenological)方法,另一种则是出自标准科学理论的客观的(objective)、第三人称(third-person)的实验方法"①。休谟之所以要同时坚持这两种视角,笔者认为,这在深层上取决于休谟现代性动机的那两个核心因素("超越—否定的"与"主体—肯定的")。其一,只有坚持"哲学性的第一人称视角",充分发展出人性化理性的怀疑主义方面,并在此基础上通过开展彻底的宗教哲学批判,休谟才能加强与维护其现代性动机的"超越—否定"一面;其二,也只有同时坚持"自然化的第三人称视角",充分发展出人性化理性的自然主义方面,休谟才能彰显其理性观在世俗实践领域的启蒙人学价值,从而落实与维护其现代性动机的"主体—肯定"一面。过分强调休谟方法论思想的自然化方面,而对他方法论思想的哲学性方面重视不够,我们就会把休谟哲学(尤其是其理性观)简单解读为自然主义;同理,休谟思想的某些怀疑主义解读者恰恰犯了相反方向的同类错误(无论他们是自觉的还是不自觉的)。这两种解读都是不可取的,应当避免。从这两种视角出发,休谟不仅把人理解为"能够推理的存在者"(T intro. 4),同时也把人性看作"被我们所推理研究的对象之一"(T intro. 4)。前者突出"人"作为反思性的想象主体的地位,这里的想象及其原则是自然人性中的一种哲学性力量;而在后者中,"想象"作为一种自然官能又与"记忆""感觉"等一样可被我们自然化地观察。由此可见,"想象"在休谟那里有着双重含义,而这两种含义对我们全面把握休谟的理性学说无疑十分重要。以后我们将会看到,休谟的这两种"想象"理论分别构成了他的理性观的怀疑主义方面与自然主义方面的原理基础。

第二节 自然化的人性要素与原理

从自然化的第三人称视角解剖人性,人性是被我们客观经验到的自然知觉(perceptions)的世界。出现于这个知觉世界中的要么是彼此离散的诸知觉对象(objects),要么是这些对象之间可被知觉到的诸自然关系(natural relations),除此之外再没有其他的东西存在。本节将围绕这两个方面的内容展开探讨。首先是有关对象及其被知觉方式的要素分析,主要涉及:①休谟有关印象与观念以及简单知觉与复合知觉的区分;

---

① J. Biro, "Hume's New Science of the Mind", in D. F. Norton & J. Taylor (eds), *The Cambridge Companion to Hume*, New York, Cambridge University Press, 2009, pp. 40-69.

②将印象以观念形式复现于心中的两种认知官能(记忆与想象)及其各自的特征。其次是有关知觉对象间自然关系的原理分析,主要涉及:①人性科学的第一原则,即观念与印象之间的复制原则;②自然的联想原则,即观念与观念之间的三种一般性联结方式。在此基础上,笔者想强调指出为休谟理性观自然主义方面奠基的两个要点:第一,自然真理所依据的人性原始性质,即感性的强制效果;第二,自然推理所依据的基本人性原理,即习惯。

一、印象与观念的区分

根据知觉对象强烈(forcefulness)程度与活泼(vivacity)程度的不同,休谟把它们分为两大类:一类是印象(impressions),另一类是观念(ideas)。"印象"是指"进入心灵时最强最猛的那些知觉"(T 1.1.1.1),它包括感觉印象(impressions of sensation)与反省印象(impressions of reflection)。感觉印象是原始的[①]发生于心中的,它包括我们的全部感官印象(色、触、味、声、嗅)和躯体的一切苦乐感觉(bodily pains and pleasures);反省印象是次生的(secondary),它直接地或者间接地(以感觉印象的观念为媒介)由感觉印象而发生,包括我们亲身体验到的一切情感(passions)和情绪(emotions)[②],如一想到美食就产生欲望情感、由某人的某个行为引起的爱与恨,或在欣赏一件艺术品时所感受到的美之情绪。"观念"是指那些不活泼、不强烈的知觉对象,它们是"我们的感觉、情感和情绪在思维和推理中的微弱的意象(images)"(T 1.1.1.1),因此"观念"也相应地包含"感觉观念"与"反省观念"。这里的"意象"不仅限于可视的观念对象,而且也可用来指称其他无法视觉化的观念对象(如味觉意象、痛觉意象等)。通过观念与印象在活泼性与强烈程度上的区分,休谟也把"思维"(thinking)与"感受"(feeling)这两种心灵能力区别开来,前者属于我们知性部分(cognitive part)的活动,后者属于我们感性部分(sensitive part)的活动。

要正确理解观念与印象(或"思维与感受")在活泼性与强烈程度上的上述区分,我们需要注意如下几点:首先,这种区分并不是完全的,休

---

① 这里"原始的"(original)与下文"次生的"(secondary)是休谟哲学中的一对专门术语,不以其他知觉对象为前提而最先出现于心中的一切都是"原始的",相反,须以其他知觉对象为前提才能发生于心中的一切都是"次生的"。

② "情感"与"情绪"这两个概念在休谟那里基本可以换用,区别仅在于前者更生动猛烈一些,后者稍显淡弱与平静。

谟认为在癫狂或者发烧状态中，出现于脑海中的一个单纯观念就可能有接近印象那样的生动程度，而有时我们的印象也会极其微弱（如在视力模糊时），但因为这种区分着眼的是通常情况下的人性状态（最自然的状态），休谟就把这些极少数的例外情况排除了；其次，即便就一般情况而言，休谟认为观念与印象的区分也不是严格固定且泾渭分明的，恰恰相反，正因为这里的活泼性区分只是程度上的，所以它们可以不知不觉地相互转化，印象可以慢慢褪去其活泼性而转化成观念（如当一个印象消逝于记忆中时），观念也可增强其活泼性而转变成印象（如在接受一个情感观念时同情这个情感本身）；最后，活泼性与强烈程度的差别是印象与观念之间的唯一差别，且这种差别只是外在的，而与知觉对象性质上的内在差别绝不相同。例如，某一浅红作为出现于我眼前的一个印象（对象A），当我闭上眼它又作为复现于我脑海中的一个观念（对象B），这两个知觉对象（A和B）在性质上并没有产生差异，而差异仅在活泼程度上；①性质上的差异是一种内在的差异，它使得一物失去其同一性；而活泼程度上的差异是外在的，它并不妨碍一物是它本身。这里可以比较一下某一**浅红**的观念与某一**深红**的观念，同作为观念它们在活泼性上可以没有分别，但在内容性质上却有内在差异，因此可以说这是两个不同的对象；再比较一下某一浅红的**印象**与其相应的**观念**，它们在活泼性上有着显著的不同，而在内容性质上却是极其相似的（a great resemblance），所以在不十分严格的意义上，我们可以把它们当作同一个对象。②

休谟认为我们的知觉对象还可以有另外一种方式的区分，即简单的（simple）与复合的（complex）区分，简单的知觉对象是不能再分割下去的对象，而复合的知觉对象刚好相反，它们可以被继续分割，这种分割可以一直进行下去，直到发现简单的对象为止。将简单与复合的区分与上述印象与观念结合，我们就可以得出简单印象与简单观念以及复合印象与复合观念的进一步区分。借鉴一下20世纪初逻辑实证主义者（如罗素）有关"原子事实"与"分子事实"的说法，简单的印象或观念就可被看作一个个知觉原子，而复合的印象或观念就是由这些知觉原子构成的分子物。前者如广延上不可分的点（印象中的最小色点），单纯的一种颜色（如一特定的

---

① 在《人性论》"附录"部分休谟自改为"同一个对象的两个观念只能因其不同的感觉而互相差异"（T app. 22），这里"不同的感觉"除活泼性与强力外，当然还包括那种稳固、坚定的感觉。

② 在不严格的意义上，我们可以把"同一关系"赋予极其相似的两个对象，但在严格的哲学关系中，同一性只能运用于在时间中持续不变的事物，各别的事物无论如何类似，它们在号数上都是可区别开的两个对象。

红色），某一特殊音调、滋味，等等；后者如我们的一个苹果观念，它是由某一特殊香味、滋味、以某种形式排列的诸色点等共同构成的复合物。

二、记忆、想象及其特征

休谟从经验中发现，"记忆"（memory）与"想象"（imagination）是人心中两种独立而又明显不同的认知官能（cognitive faculties），它们以不同的方式复现（repeat/recall）印象：记忆官能复现印象时产生记忆观念（ideas of the memory），这些观念仍保持着原初印象那样相当大的活泼程度，因而它们介于印象与单纯观念之间，如在脑海中回忆曾去过的某一个公园；想象官能复现印象时产生想象观念（ideas of the imagination），这些观念完全失去了原初印象的生动活泼性，而变成了纯粹的观念（概念），如在脑海中单纯想象一个公园。总而言之，休谟认为"记忆观念要比想象观念生动和强烈得多，而且前一种官能比后一种官能以更鲜明的色彩描绘出它的对象"（T 1.1.3.1）。由此我们可以发现，从（感觉）印象到记忆观念再到想象观念，它们的活泼性与生动程度是趋于减弱的。在 T 1.1.3.2～T 1.1.3.4 中，休谟还指出了记忆与想象的第二种差别，即在复现印象（观念）时是否保持着对象的原初秩序与形式：记忆观念受对象原初形式与秩序的束缚，而想象则不受此约束。但在 T 1.3.5 小节中休谟又指出记忆与想象的第二种差别并不重要，因为"我们不可能将过去的印象召回，以便把它们与我们当前的观念加以比较，并看看它们的秩序是否精确地相似"（T 1.3.5.3），所以他认为第一种差别才是最关键的，即只有从复现印象（观念）时的强烈与活泼程度上，我们才能把这两种官能辨别开来。此外，与"印象和观念的相互转化"类似，记忆观念也可以失去强力和活泼性以致被认为是一个想象观念，如一个久远的回忆就类似于想象的纯粹产物；一个单纯的想象观念也可以逐步获得强力与活泼性而被等同于一个记忆观念，如一个撒谎成性的人也会对谎言产生强烈的记忆。

从官能的能动性上看，与"感觉""记忆"相比，"想象"的自由度无疑是最高的，因此它的能动性也就最强。在感觉中，休谟认为我们只是被动地接受对象（当然也需要某种主动的"注意"，要不然也会视而不见、听而不闻），而对记忆官能来说，虽然发挥这种功能需要某种较为主动的努力（在思维中积极忆想），但恰如上文所示，它对对象的把握却受到某种固定形式与秩序的限制，而我们的"想象官能"不仅不受这种限制，可以随意地唤起任何对象，而且它还能对这些对象进行任意的拆分、组合、改换与调整。休谟认为想象"不仅能从人类的各种权力和权威下逃脱，而且它甚至不受自然与现实的限制"(EHU 2.4),因为它在唤起、搜集观念时可以从"宇宙的一端搜索到宇宙的另一端"(T 1.1.7.15),而通过混合、编排这些观念,它又能制造出大量新鲜甚至奇怪的概念,如"飞马""九头兽""金山"等。为标示想象(imagination)的这种自由特性,休谟有时就用"任想"(fancy)、"虚构"(fiction)、"幻想"(illusion)等词来替换它。当然,想象的这种自由度并不是无限的,它最终受到如下四个方面的限制:首先,它的材料元素超不出经验(简单的感觉与反省印象)的范围;其次,在自然联想活动中,想象也受到某些一般规则的约束;再次,想象只能拆分有差异的对象,而无法拆解无差别或单纯不可分的对象;最后,想象不能思维任何蕴含了绝对矛盾的对象,如"圆的方""无谷的山""三寸长的痛苦"等。对想象前两个限制性条件的进一步说明,笔者将在下文对自然化人性原则的分析中进行;而有关想象后两个限制性条件的内容分析,笔者将在下一节"哲学性的人性要素与原理"中展开。

三、观念与印象之间的复制原则

在休谟看来,"观念与印象之间的复制原则"是人性科学的第一原则,其中"观念与印象"针对的是同一个对象,而"复制"(copy)有两层含义,首先是说这同一个对象的观念与印象除生动程度不同外,在其他方面都极其相似,以致可以认为其中一个是另一个的忠实反映(reflexion),休谟又用"相应的"(correspondent)、"精确的表象"(exact representation)等词语来表示它们性质上的这种高度一致的关系。其次,"复制"一词还意味着这同一个对象的观念与印象在**初出现时**的先后关系,是印象在先,观念在后,观念复制印象,而非相反。我们所有的简单观念都由复制简单印象而来,复合观念均由简单观念构成,它们同样适用于这一原则。对这一原则休谟并没有先天地设定,而是给出了某种经验证明。在《人性论》中这种证明是因果性的。休谟通过恒常的经验发现,同一对象的印象与观念在初次出现时总是彼此相伴的(时空接近),而且"简单印象总是先于它的相应观念出现,而从来不曾以相反的秩序出现"(T 1.1.1.8)。例如,一个生来耳聋的人就会缺乏恰当的声音观念,同理,要让一个从没尝过菠萝的人有一个菠萝滋味的正确观念,我们就让他去亲口尝一尝。休谟认为这无数的经验事实已充分向他表明,印象是观念的原因,观念是印象的结果。当然,观念与印象间的这种因果关系并不是完全没有例外。休谟提到了一个反例,即我们能够通过观察相邻色调的渐变而把中间某种空缺的色调先天地补充起来,但他认为这种反例极其稀少,因而不值得特别加以注意。此外，休谟还附带地谈到观念与观念之间的复制问题，即次生观念可以由复制原始观念而来；但原始观念最初还是来自印象，所以休谟认为"我们的一切简单观念或是间接地或是直接地从它们相应的印象得来的这个说法仍然是正确的"(T 1.1.1.11)。

在《人性论》第一卷的改写本《人类理解研究》中，休谟对复制原则的证明有意回避了上述那种因果性的表达方式，他只是集中陈述了这样两点理由：其一，我们所有的复合观念都可以被区分为简单观念，而简单观念无一不是复制了先前出现的感受或情感；其二，若缺乏某一感官或者某种对象从来没有作用过感官，我们对某些事物就无法形成恰当的观念。休谟避免对这种证明的因果性表述，或许并不单纯出于简化《人性论》以使他的思想更易于被世人接受的考虑，笔者猜测，这还可能与休谟意识到这种证明方式会给他的整个经验论哲学带来某种理论上的麻烦有关：如果他在这里明确用因果关系证明复制原则，那么这和他在 T 1.3.2～T 1.3.3 两小节又用复制原则质疑因果关系的合法性就构成了循环论证。此外，结合休谟在 T 1.3.6.5 中对"自然进程一致性"的质疑，赵敦华教授还指出了休谟在肯定复制原则与否定因果关系的合法性之间的一个内在矛盾：对于前者，休谟肯定了两个知觉对象（观念与印象）在时间上的恒常先后关系；而对于后者，休谟又否定了两个知觉对象（原因与结果）之间可以拥有与前者类似的恒常时间结构。赵敦华教授认为这一内在矛盾对休谟哲学构成了严重的伤害。[①] 那么，这些问题对休谟来说果真是致命的挑战吗？它们能否在休谟哲学内部得到妥善解决呢？

先来看"循环论证问题"。笔者认为，为避免这一问题，休谟并不需要刻意弱化复制原则得以成立的因果性论证结构，而是可以通过在其哲学内部划分开两种方法论视角加以解决，这两种视角就是笔者上文提出的"自然化的第三人称视角"与"哲学性的第一人称视角"。休谟这里用因果关系证明复制原则是在自然化的第三人称视角下对人性原理的分析。在此视角下，休谟谈及的"因果关系"与"复制原则"都是一种自然的关系与原则（对"自然的因果关系"的阐述详见后文），而这里所谓的"证明"也并不意味着对复制原则的严格论证与审察，而只表示复制原则是我们从对人性经验的一般总结与概括中得来的。这里的"人性经验"是自然化的，因此上述极个别的反常现象可以被剔除在外。休谟在 T 1.3.2～T 1.3.3 两小节中用复制原则质疑因果关系是在哲学性的第一人称视角下对人性

---

① 参见赵敦华：《休谟的经验论真的摆脱了矛盾吗?》，《河北学刊》2004 年第 1 期。

原理的分析，这里的"复制原则"并不是一个经验事实，而转变为某种严格的理论规范（详见本章第三节）；这里的"因果关系"也并不具有上述自然化的意义，而是被我们主动反思的一种哲学性关系（对"哲学的因果关系"的阐述详见后文）。故在笔者看来，休谟起先"用因果关系证明复制原则"与他后来"用复制原则质疑因果关系"是两个不同性质的问题，对这两个问题我们应做适当的区分，而不可混为一谈。

再来看赵敦华教授指出的那个"内在矛盾"。笔者认为，赵敦华教授之所以得出这一结论，某种程度上也是他未注意区分休谟哲学的上述两种方法论视角所致。休谟对复制原则的肯定并非表明他对印象与观念间先后关系的恒定性给予了严格的理论认可，他之所以认为复制原则不仅适用于过去、现在的经验，而且还可被我们投向未来，依据的是一种自然化的人性活动机制，这个机制就是习惯（habit/custom）。在此我们可以借鉴休谟对"抽象观念"（abstract ideas）的相关解释来类推"习惯"在这里的作用原理。休谟认为我们的抽象观念在本性上都是具体的，它一次只能表象一个对象；但它在表象作用上又是一般的，即抽象观念不仅能够表象我们当前的一个观念对象以及我们曾经验到的与前一观念类似的多数对象，而且还能把我们未经验的无数其他的同类对象囊括在内。这最后一点靠的就是附着在抽象观念上的那种习惯作用。换句话说，我们在形成抽象观念时并不需要把可归于这一观念下的所有个体都经验一遍，那些未经验的个体是靠着习惯被表象的。这里的"习惯"是我们将已有经验推及、延展至未来的一种自然心理倾向。同理，复制原则之所以能够扩及未经验的对象而被认为具有恒常的有效性，靠的也是我们自然本性中的习惯作用。因此，休谟对观念与印象间恒常关系结构的肯定是在自然化的习惯机制作用下的一般肯定，并不是哲学上的严格承认；而休谟在 T 1.3.6.5 中对因果之恒常关系结构的质疑是在第一人称视角下的严格理论反省，在性质上它与前述肯定绝不能等同，故这两者并不构成直接的矛盾或冲突。

"复制原则"之所以被休谟奉为人性科学的"第一原则"，是因为它直接显明了"出现于理智中的无不首先出现于感性知觉中"这一近代经验论的基本信条。这一原则的发现使得休谟与洛克一样反对笛卡尔等唯理派的"天赋观念说"。在休谟看来，我们所有的观念只有经验的来源，即它们要么来自感觉印象，要么来自反省印象，除此之外再无其他来源途径。至于"印象"的来源问题，休谟认为我们不必再追问，因为这已经超出知觉经验（包括可能经验在内）的范围；而一个真正的哲学家应该"约束那种探求原因的过度欲望"（T 1.1.4.6），因为一旦超出经验，"进一步的探究将会使他陷入模糊的和不确定的臆测之中"(T 1.1.4.6)。当然，印象的来源问题对休谟人性科学来说也并不重要，因为休谟已经把他的探究限定在人的知觉世界，而不涉及知觉以外的、与知觉有种类差异(specifically different)①的存在与对象。因此在休谟那里不会发生洛克哲学中"观念是否符合观念外的实在"这样的问题，如果"观念外的实在"被等同于上述那种存在与对象的话。② 休谟有时也会将观念与对象或事实加以比较并论及它们的一致性问题，但这里的"对象"或"事实"其实就是指印象，而不是指那种在种类上与知觉有别的外界存在与对象。此外，复制原则的发现还使得休谟认为，既然我们的观念都由复制印象而来，印象总是清楚而确切的，因此我们的观念也应当是清楚明白的，它们在性质内容上绝不能"包含任何那样晦暗而繁杂的东西"(T 1.3.1.7)或者"含有任何极大的神秘"(T 1.3.1.7)，虽然与印象相比，观念在生动程度上要暗淡得多。笔者最后要说明的一点是，观念与印象之间的复制原则虽然是对自然化人性经验的一般总结，但在哲学性的第一人称视角中，该原则具有重要的理论规范意义。

四、诸观念之间的自然联结原则

"诸观念之间的自然联结原则"(简称"观念的联结/联想")是休谟哲学中的重要思想，在《人性论》第一卷"论知性"及其改写本《人类理解研究》

---

① 休谟把"差异"分为两种，一种是与"同一"相反的"数目上的差异"，另一种是与"类似"相反的"种类上的差异"。(参见 T 1.1.5.10)种类上的差异是一种绝对的差异，与知觉有种类差异的对象也就是与知觉绝对不同的对象，这些对象是我们所无法理解的，因为人类可理解的对象只能是知觉内部的对象或者是假设为与知觉类似的外知觉对象。

② 赖特(J. Wright)认为休谟温和怀疑主义的一个要义就在于"宣称我们的观念是实在的不充分的表象(inadequate representations of reality)"，因此休谟"接受某种形式的表象主义知觉理论"，即知觉与非知觉的实在之间有着表象与被表象的关系。(参见 J. Wright, *The Sceptical Realism of David Hume*, Minneapolis, University of Minnesota Press, 1983, pp. 4, 40。)笔者认为赖特的这一看法是不能成立的，原因有二。第一，休谟知觉理论中固然存在着表象主义思想，但这里的表象者是观念，被表象者是印象；休谟的表象主义只存在于知觉内部，而不在知觉与非知觉物之间。休谟明言："观念永远表象它们的对象或印象"(T 1.3.14.6)；"一切观念都由印象得来，并且表象印象"(T 1.3.14.11)；"我们的一切观念或比较微弱的知觉是我们的印象或比较生动的知觉的摹本"(EHU 1.5)；"我们的一切观念无非是我们印象的摹本"(EHU 7.4)；等等。第二，休谟的确常用"恰当的/不恰当的""充分的/不充分的""完善的/不完善的""模糊的/精确的"等词形容"观念"，但这并不意味着休谟就是一个表象的实在论者——如赖特所理解的，只有在承认"观念是实在的表象"这一前提下才会出现"观念是否恰当或完善"的问题。休谟说得很明确："除了对知觉外，我们对任何事物都没有一个完善的观念"(T 1.4.5.6)，观念的"完善或不完善"是就"是否有相应知觉(主要指印象)被给予"而言的。

中，休谟都安排专门章节对"观念的联结"(associations of ideas)予以阐发。尽管如此,"观念的联结"这一术语并非休谟的孤明独发,英国早期启蒙思想家如哈特莱(D. Hartley)、哈奇森、特恩布尔等都提出过类似概念,[①] 而洛克在其代表作《人类理解论》中阐述的"观念联结"思想,则直接构成了休谟"观念联结"思想的重要渊源或参照。洛克区分了两种结合观念的方式:一是"奠基于它们的特殊存在(peculiar beings)的结合和契应"[②],二是"完全由机会或习惯(chance or custom)而来的观念结合"[③]。洛克认为"观念的联结"属于第二种,而非第一种结合方式,即"联结"并非基于观念的存在或内容本身(如观念"2+2"与"4"、"奔跑"与"运动"的结合),而是由偶然的机会或人为习惯所造成。洛克举例说,一个儿时食伤了甜蜜的人一听到蜜的名称就会反感而生厌恶,这里"蜜"与"厌恶"的联结显然不是基于观念内在的相互契合,而是出于外在的偶然遭际或性情。洛克将"观念的联结"区别于观念的内在的、必然的结合,是要把"联结"排除于正当的、规范的观念关系之外。可见,"观念的联结"对洛克来说,其意义是消极、负面的。[④] 休谟恰恰在吸收洛克思想的基础上对"观念的联结"给予了一种更积极而正面的解释,正如苏萨托(R. Susato)所指出的:"休谟试图将'观念的联结'与其消极含义分离,并将之确立为人类知性活动的普遍基础,就此而言,休谟的功绩不仅在于对联结主义思想之理论潜力的拓展,还在于对其意义和重要性的一个根本扭转。"[⑤]

休谟认为,虽然我们的想象官能拥有极大的自由,它可以单独唤起任何一个观念而不想到其他观念,它也可以把两个不同的观念结合于任何一种可能的形式之中,故我们想象中的观念及其秩序往往是极不稳固的,但这并不排除在我们的诸观念(无论是简单的还是复合的)之间还可以有一种自然的联结(connection/bond)。这种联结不是任意的,而是具有"某种程度的秩序和规则性"(EHU 3.1)。这种联结也不是刻意的或是在反省中进行的,而就是我们诸观念之间的一种自动"吸引"(attraction):

---

① 参见[英]亚历山大·布罗迪编:《剑桥指南——苏格兰启蒙运动》,贾宁译,杭州,浙江大学出版社,2010,第65~66页。

② [英]洛克:《人类理解论》,关文运译,北京,商务印书馆,1959,第405页。笔者据原著对此处引文有所改动,参见 J. Locke, *An Essay concerning Human Understanding*, P. Nidditch(ed.), Oxford, Oxford University Press, 1975, p.380。

③ [英]洛克:《人类理解论》,关文运译,北京,商务印书馆,1959,第405页。

④ 参见[英]洛克:《人类理解论》,关文运译,北京,商务印书馆,1959,第404~412页。

⑤ R. Susato, *Hume's Sceptical Enlightenment*, Edinburgh, Edinburgh University Press, 2015, p.38.

如同物理空间中的质点互相吸引那样，我们的观念原子之间也有一种引力把它们彼此联结在一起。休谟认为这种"引力"是"经常占优势的一种温和的力量(gentle force)"(T 1.1.4.1)，"经常占优势"表明了这种联结的通常性与多数性，而"温和"表明了这种联结的力度与强度，它只是一般的、习惯性的，而不是必然的、十分坚固的。

观念间的自然联结方式主要有如下三种：①一个观念自然地引起与它类似的观念；②一个观念自然地引起与它时空接近的观念；③一个观念自然地引起作为它的原因或结果的观念。按此三种规则而进行的想象活动就被休谟叫作"自然的联结"(natural associations)。先来看由类似关系引起的联想活动。这里的"类似"可以是观念内容上的相似，如由某人的照片而联想到这个人本身；"类似"也可以是心理感受上的类似，如由失望而联想到绝望。① 再来看由时空接近关系引起的联想活动。休谟认为感官在变更它的对象时往往会按照对象相互接近的秩序逐一经历它的各个部分，因长期**习惯**之故，想象也会以同一方式依次联结它的相关对象。如由"上海"而联想到"苏州"，由2008年"神舟七号"发射升空而想到同一年发生的北京奥运会。最后是由因果关系引起的联想活动。这里的因果关系包括如下三种类型：其一，当一个对象是另一个对象存在的原因时，如火是热的原因；其二，当一个对象是另一个对象活动或运动的原因时，如发动机是汽车行驶的原因；其三，当一个对象具有导致另一个对象活动或运动的能力时，如主人是奴隶的原因。无论两个对象被结合于上述哪一种因果关系中，我们很容易地就会由其中一个对象而联想到另一个对象。休谟认为与前两种关系相比，因果关系不仅适用范围更广，它在想象中也产生更强的联系于我们的观念对象之间，无论这种因果联系是直接的，还是通过插入第三者而间接具有的。作为一种非反省(unreflective)的联想活动，这里的"因果关系"本质上就是一种"自然的关系"。

休谟对自然关系之"自然"(natural)意义的三层规定(参见T 3.1.2.7~T 3.1.2.9)，蕴含了他对观念联结之性质的三个基本理解。第一，与"神迹"对立的自然—经验义。休谟视"联结"为观念原子间的一种吸引(attraction)，这种吸引并非因为我们洞见了观念的内在本质，而是因其广泛的经验效果被人所熟知。由此休谟赋予"观念的联结"一种介于本质

---

① 在T 1.4.2.32中，休谟明确指出，类似关系不仅"引起了观念之间的联系，而且也因为它引起了心理倾向之间的联系，使我们想象一个观念时的心理作用或活动类似于我们想象另一个观念时的心理作用或活动"。可见，在休谟那里，类似关系有两种。

与非本质之间的可普遍效验的性质。第二，与"稀少"对立的自然—通常义。休谟认为"观念的联结"既非"不可破除"（unbreakable）（T 1.1.4.1），也非完全松散或偶然，而是具有上述所谓"经常占优势的一种温和的力量"（T 1.1.4.1）、"某种程度的秩序和规则性"（EHU 3.1）。由休谟赋予"观念的联结"一种介于必然与偶然之间的一般性质。第三，与"人为"对立的自然—自发义。休谟认为"观念的联结"是一种未经反省而自动发生的想象倾向，《人性论》中大量出现的"自然而然""迅速唤起""顺利推移""不可抗拒"等词都表达了这一倾向。在此，休谟又赋予"观念的联结"一种介于有意（反省）与任意（幻想）之间的无意、自发性质。综上，休谟所谓"联结"是可普遍经验的、具有一般性与自发性的观念关系。

休谟对"观念的联结"没有像洛克那样予以全盘否定，反而极力认肯其正向功能与意义。在《人性论》第四章"论近代哲学"一节，休谟区分了想象的"恒常的、不可抗拒的、普遍的"原则和"变化的、脆弱的、不规则的"原则，并明确将"观念的联结"归入前一种想象原则，而非后一种想象原则。休谟直言前一原则是"我们所有思想和行动的基础"（T 1.4.4.1），因此"观念的联结"能"被哲学所接受"（T 1.4.4.1）。休谟与洛克对"观念的联结"之理论态度的迥异，很大程度上源于他们对笛卡尔观念论遗产的不同处理：洛克固然在观念起源问题上拒斥笛卡尔的先天说而代之以经验论，但对观念关系的理解上，洛克基本上又回到了笛卡尔以数学为典范的唯理主义立场，即只承认观念间本质的、必然的、反省的关系的合法地位，而把其他类型的观念关系都判定为不合法；休谟不仅在观念起源问题上与笛卡尔分道扬镳，在观念关系上也抛弃了将笛卡尔唯理主义奉为唯一标准的立场，而从牛顿式的基于"观察和实验"的人性科学出发，将观念间非本质但可普遍经验、非必然但有一般性、非反省而自发的联结关系作为人性科学的原始逻辑予以揭示并纳入哲学。以后我们会看到，基于观念联结的"因果关系"实际上就是休谟提出来的人类诸种理性思维形式中重要一种，而对它的详细解说则构成了休谟理性观自然主义方面的主体内容。

五、"自然真理"与"自然推理"的人性依据

以上就是笔者对自然化的人性要素与原理的简要分析。在此分析的基础上，笔者想强调指出：①自然真理（natural truth）所依据的人性原始性质；②自然推理（natural inference/reasoning）所依据的基本人性原理。

第一个问题涉及休谟在区分印象与观念以及记忆观念与想象观念时

所着重提出的"活泼性""强力"等相关概念。这些概念并不是对对象的内在性质特征的描述，而仅仅关涉对象与（想象）主体的某种外在关系。在这种关系中，主体受到客体（知觉对象）的某种感性强制，这种"强制"在理查德·罗蒂看来就是主体在面对某些知觉表象时所体验到的那种被控制、被掌握、被强迫的感觉，① 着眼于 18 世纪的思想语境，笔者把它类比为"力"的那种作用效果，"活泼性""生动稳固""强力"等都是休谟用以表达这种作用效果的专门术语。感性强制力的这种作用效果并非仅指某种自然事实，而是也具有一定的规范意义。休谟认为，凡在我们感受到了对象的这种强制效果的地方，对象就给予我们一个规范理由让我们同意它或者说它是真实的。例如，当"我只是感到一种强烈的倾向，不得不在对象出现于我面前的那个观点下来强烈地考虑它们"（T 1.4.7.3）时，印象就有了迫使我们"同意它的理由"（T 1.4.7.3）；再如，正因为"这种强力与活泼性在记忆中是最为明显的"（T 1.3.13.19），所以休谟认为"我们对于记忆官能的真实性的信任达到了可设想的最大程度"（T 1.3.13.19）。这里的"同意"(assent to)、"理由"(reason)、"真实性"(veracity)等词明确显示出休谟对认知规范性问题的关注与思考，虽然这种规范不是严格认识论意义上的。由此可见，"活泼性""生动稳固""强力"等概念在休谟那里并非仅是描述性的，它们同时也是规范性的；被这些概念所刻画的对象因此也就具有自然规范意义上的真理性。② 因感性强制力的大小不同，对象的自然真理性也显示出等级差异：知觉对象对（想象）主体的感性强制力越大，我们在对象身上感到的活泼性与强烈程度越高，它们的自然真理性也就越强；同理，知觉对象对主体的感性强制力越小，

---

① 参见［美］理查德·罗蒂：《哲学和自然之镜》，李幼蒸译，北京，商务印书馆，2003，第 141~149 页。
② 欧文与伽略特倾向于认为休谟是在"纯因果性描述"的意义上使用这些概念的。这二位学者固然承认"活泼性""生动性"等概念在休谟经验论中具有使我们同意一个对象的论据（evidence）意义，但他们把 evidence 理解为 evidentness，evidentness 是指某种心理事实意义上的认知状态（cognitive state），这种认知状态会因果性地作用于我（心灵），"同意一个对象"或"说一个对象是真实的"仅仅是这种因果性作用的实际结果，休谟在这里根本不涉及认识论上的规范或评价问题。（参见 D. Owen, *Hume's Reason*, Oxford, Oxford University Press, 2007, pp. 185-188; D. Garrett, *Cognition and Commitment in Hume's Philosophy*, Oxford, Oxford University Press, 1997, pp. 94, 214-215, 228。）笔者认为，若把认知"规范"或"评价"理解为严格（哲学）认识论意义上的，休谟在这里的确不涉及此类问题；但并不能由此就断定休谟对认知问题的处理只有因果意义上的事实考虑，而丝毫不顾及规范性问题。笔者区分了"自然意义上的规范"与"哲学意义上的规范"，并主张休谟对上述诸概念的使用虽不涉"哲学意义上的规范"，但有"自然意义上的规范"方面的明显考虑。

我们在对象身上感到的活泼性与强烈程度越低，它们的自然真理性也就越弱。对"自然真理"的这种理解不仅为休谟自然理性观之信念理论的提出以及他的有关概然推断信据大小的说明等都做了重要的铺垫，同时也为休谟通过给一个对象增添某种**情感上的强制效果**而把与此对象相关的自然推理转变为某种真实可欲的实践性的理性带来了可能。

关于第二个问题，笔者要重点突出上述诸观念之间的自然联结原则。事实上这一原则与复制原则一样，它在休谟的大部分哲学中都得到了落实与应用，对这一原则的重要性休谟也给予了高度肯定。休谟不仅认为只有这一原则的发现才使他配享"发明者"(inventor)这一"如此光荣的称号"，而且还把它赞誉为"宇宙万有的黏合剂"(the cement of the universe)，我们结合观念的思想活动在很大程度上都依赖于它(参见 A 35)。正因为如此，卢伯(L. E. Loeb)干脆称休谟为"联结主义者"(associationist)并视其哲学为"一种联结主义心理学"(an associationist psychology)。① 在诸观念的自然联结背后起支撑作用的是"习惯"(custom/habit)这一人性活动机制，故在笔者看来，休谟对自然联结原则的强调实际上就是在突出"习惯"在其整个哲学体系中的重要地位。从为休谟理性观自然主义方面奠基的角度来看，"习惯"恰好就是我们的自然推理活动所依据的基本人性原理。② 所谓"习惯"，按照休谟的解释，它是指"凡不经新的推理或结论而单由过去的重复(a past repetition)所产生的"(T 1.3.8.10)那种将这种重复作用继续下去的心灵活动。这种"重复"可以是人为的(如在"教育"中那样)，也可以是自然的(如在经验推理中那样)；而依重复作用的效度与频次差异，我们的习惯相应地也就有深浅、强弱与完整程度上的不同。以后我们会看到，习惯的这种不同自然地就会使由这些习惯所支持的诸经验推理发生彼此的协调与互动，这为休谟建立自然化经验知识的层级体系打下了基础。此外，习惯的这种活动虽可被我们事后反省并在反省中得到有限改善，但它的初始发生并不受我们有意识的控制，它是自发的、自然而然的，所以休谟有时又把它称为人性的"某种本能"(some instinct)或者"机械倾向"(mechanical tendency)。"本能"表明"习惯"是我们天性中的一种原始构造(original constitution)，即在经验范围内我们不能以其他原则作为其存在条件的那种原始原则；因此我们对它的终极原因无法也不必再追问，"习惯"只因其所引起的普遍的经验效果

---

① L. E. Loeb, *Stability and Justification in Hume's Treatise*, Oxford, Oxford University Press, 2002, pp. 29-30.
② 这里的"基本"一词可在休谟所谓"原始的"那种意义上加以理解。

而被人所熟知。而这里的"机械倾向"一词，则与上文提到的"吸引""强力"等概念一样，以隐喻的方式表明休谟对人性科学的理解与言说在相当大的程度上受到了牛顿主义思维模式与话语体系的潜在支配。

第三节　哲学性的人性要素与原理

笔者前文所谓"哲学性的第一人称实验"也就是休谟有关人性能力及其内容形态的反思性经验，休谟理性观的怀疑主义方面是这种反思性经验的重要组成部分。对这方面内容的具体解说笔者将在下一章中进行，而本节关注的重心则是那些为休谟反思性经验（尤其是为他的怀疑主义理性观）奠定基础的哲学性人性要素与原理。本节第一部分（要素分析论）主要是对哲学的想象活动及其三大基本原则的绍述，这三大原则就是复制原则、分离原则与构想原则；本节第二、三部分（原理分析论）主要涉及想象的这三大原则在观念及其哲学关系中的特定运用，其一是复制原则在想象观念（数量、时空等观念）之合法性问题中的应用，其二是分离原则与构想原则在观念间七种哲学关系中的应用。在此基础上，笔者想强调指出"哲学真理"与"哲学推理"所依据的基本人性原理，即"哲学性想象中诸观念关系的内在必然性"。

一、哲学的想象及其三大原则

"哲学的想象"（philosophical imagination）是一种独特的想象类型，它是一种纯粹而自主的思维活动。"纯粹"是说这种想象活动只是我们知性部分的活动，而不与我们感性部分的活动相掺杂。因此它只与我们思维中的观念对象打交道，且仅仅关注这些观念对象的内在性质特征，而不涉及这些对象在感性中给予想象的那种外在影响，即它们是否有强力、是否活泼之类。"自主"表明这种想象活动是一种主动态的、**有意**进行的思维活动，因此它既不同于前述自然化想象形态中的那种**随意性**"任想"，也不同于那种**无意性**的自然联结或联想活动。它可对我们"任想"所及范围内的任何对象进行主动的解析、比较、结合和反省，且这种解析、比较、结合和反省活动是按照某些规则严格进行的。这里的"规则"与自然联想活动中的一般性规则不同，它是恒定的、刚性的、极其稳固的。这些规则就是我们想象活动所遵循的三大哲学性原则，即"复制原则"（copy principle）、"分离原则"（separability principle）与"构想原则"（conceivability principle）。这些原则并不是被休谟独断地设定的，而是由对我们自然化任想活动的三个限制性条件进行某种理论上的转化、提升与推演得来。观念与印象之间的复制原则本是对我们自然化人性经验的一般总结与概括，而在哲学的想象活动中，这条原则已直接转化为判定想象观念合法与否的严格理论规范。这意味着，任何被复制原则所证实了的观念都是有意义的、合法的；相反，任何违背复制原则或不被复制原则所支持的观念都是无意义的、不合法的。运用这一原则我们可以消除一切"字词之争"(dispute of words)。"分离原则"与"构想原则"都来自对任想的某一限制性条件的理论提升与推演。首先，"在任想中我们无法拆分简单而无差别的对象"这一限制性条件在理论上可被提升为："凡没有差异的事物都无法区别，无法区别的事物不可以被想象加以分离；凡不可被想象分离的事物都无法区别，而无法区别的事物也是没有差异的。"进一步提炼、推演可得："凡差异的事物都可以被想象加以分离；凡可被想象分离的事物都是有差异的。"①这四条命题共同构成了哲学性想象的分离原则，根据这一原则我们可以区分诸事物关系的外在性与内在性。同理，"在任想中我们无法思维任何蕴含了绝对矛盾的对象"这一限制性条件在理论上可被提升为："凡矛盾的事物都无法被我们清楚地构想；凡无法被我们清楚构想的事物都是矛盾的。"进一步推演可得："凡不矛盾的事物都是可以被我们清楚构想的；凡被我们清楚构想的事物都是不矛盾的。"如果再加上一条"凡我们能够清楚构想的事物都是可能存在的，凡我们无法清楚构想的事物都是不可能存在的"，那么由此可推知："凡不矛盾的事物都是可能存在的，凡矛盾的事物都是不可能存在的。"所有这些命题共同组成了哲学性想象的构想原则。根据这一原则我们可以区分诸事物关系的必然性与非必然性。②

---

① 某些可感性质是有差异的，但想象并不能直接分离它们；想象要分离它们需要借助与其他相关对象的比较而做出某种"理性的区分"(distinction of reason)。休谟举例说，"颜色"与"形状"是有差异的，但我们并不能把它们直接区分开来，从而形成一个不附着于任何形状上的颜色观念或者没有任何色彩的形状观念。要区别"颜色"与"形状"，我们需要着眼于相关事物在颜色或形状上的不同相似关系；区分一块黑色大理石球中的"颜色"与"形状"，我们需要对比这块大理石球与白色大理石球以及这块大理石球与黑色大理石立方体所具有的类似关系的不同方面，即通过暗中**反省**前两者在**形状**方面的类似与后两者在**颜色**方面的类似从而把"颜色"与"形状"区别开来。(参见 T 1.1.7.17~T 1.1.7.18)

② 在此，休谟基于人性原理对"矛盾与不矛盾""可能与不可能""必然与非必然"等传统的逻辑词语给予了独特的心理主义解释，对这些新解释我们需要格外注意，因为我们一不小心就会从传统逻辑的观点来理解这些词在休谟文本中的用法与意义，这是一种想当然的误读。另外，那些独立于人性原理的或者心理主义解释所无法涵盖的自在逻辑领域的问题，休谟并没有涉及，因为在休谟看来这些问题已经超出自然人性所能理解的范围。

二、复制原则与数量、时空观念的合法性问题

哲学的想象所着眼的只是对象的内容性质，因此作为一种哲学原则的"复制原则"也仅仅考虑观念与印象在内容性质上的复制、对应关系，即"我们的观念都由复制印象而来，印象是清楚确定的，那么我们的观念也应当是清楚明白的；不由复制印象而来的观念都是不清楚的、不可理解的，因此也就是无意义的，不合法的"。根据这条原则，当我们考察任何一个被给予我们的观念对象是否清楚、合法时，我们的考察步骤是这样的：先在想象中把这个观念对象解析为它的诸简单部分，再考察它的每一个部分所由得来的那个印象是什么。找到了这些简单观念所由得来的印象，也就证明了这些观念以及由这些观念所复合成的对象的合法性，否则这些观念对象便没有合法性。按照这一步骤，我们重点考察一下有关"数（number）、量（quantity）、空间（space）、时间（time）"这四个观念的合法性问题。这里首先需要说明的是，笔者之所以专门挑出这四个观念进行考察，是因为这些观念是休谟理性学说中的基本概念。休谟认为只有"当我们彻底理解了可能进入我们推理中的那些特殊观念"（T 1.2.7.1），我们才做好了考察知识和概然性问题的准备。以后我们会看到，"数量关系"恰恰是理证的唯一对象，而"时空关系"则是因果推理的要件之一。

首先探讨一下空间观念的合法性问题。在休谟看来，空间观念也就是我们的广延观念（idea of extension）。因我们的想象能力不是无限的（infinite），故我们在想象中对某一特定的广延观念的分割也不会是无限的；换句话说，我们的广延观念可以在想象中被分割至最小、最简单的部分，这些部分不再可分。这里似乎有一个矛盾：因为无论广延被分割为多么细小的部分，这些部分依旧是有广延的，所以它们还可以被继续分割。为化解这一矛盾，我们需要牢记，休谟这里谈论的是我们**想象观念中**的广延的最小部分，而不是独立于我们意识的牛顿绝对时空意义上的广延的最小部分。[①] 休谟举例说，我们虽然可以有一粒沙子的千分之一与万分之一的明晰观念，但想象借以表象这些事物的意象却是没有差别的，我们也只能把它们表象成一粒沙子那么大。因此，一粒沙子的意象差不多就是想象所能表象的最小观念；而当我们进一步反省到还有无限细小的观念时，想象就会得出矛盾：我们对之既有清晰的观念，又没有清晰的观念（无法清晰地表象之）。这种因过度反省而导致自相矛盾的

[①] 有关绝对时空最小部分的问题休谟同样不会涉及，因为这也属于他的人性视域所无法观照到的或自然人性所无法理解的问题。

想象活动就被休谟叫作"虚妄的理性"(false reason)。想象所能表象的最小观念也就是不可分的点(indivisible point)的观念,这一观念代表着我们广延观念的最简单部分。现在的问题是,我们如何找出不可分的点所复制的那个具体印象呢?休谟认为我们的某些触觉与视觉印象可以给予我们一个合法的不可分的点的观念。当我们触知一个坚硬物体的时候,那种十分坚固的感觉可以传给我们一个**不可分**的恰当观念。当我面对着一块颜色逐渐后退直至那块颜色在我眼前缩小到了最小点时(在若我再后退就会完全看不见那块颜色的临界点上),这一印象会报告我们"不可分"与"色点"这样两个恰当的观念。结合这两者可得,不可分的点的观念所由得来的那个印象就是"具有颜色和坚固性的原子或粒子的印象"(T 1.2.3.15)。我们的广延观念是由不可分的点复合而成的观念,这一观念并不是独立于这些点而产生的某种新观念,而是这些不可分的点的排列方式或呈现方式的观念。

证明了不可分的点的观念的合法性将对我们理解一些最基本的数理概念大有裨益。量(连续量)观念的最简单部分、数(间断量)观念的单位概念"1"、时间观念中的"一刹那"(moment)等简单观念都是不可分的点的观念,证明了后者,前三者的合法性也就都得到了证明。概而言之,在我们的想象观念中,"量"就是由诸不可分的点所合成的一般现象(general appearance);"数"就是一个或多个不可分的点的存在;"时间"就是诸不可分的点彼此不共存的接续(succession);"空间"就是诸不可分的点彼此共存着的呈现形态。由此可见,在休谟那里,数学、自然哲学中的最基本概念完全可以通过我们的感官与想象活动而得到解释;① 我们并不需要像笛卡尔主义者那样,认为只有借助于一个高级而独立的理智灵魂部门,我们才能阐明这些概念。这某种程度上也为休谟否认"理性"在人性中作为独立官能的地位提供了支持。

最后,笔者还想附带说明一下"存在"(existent)、"实在"(real)等观念的意义问题。休谟认为并没有一个独立的印象能够报告我们一个存在观念或实在观念。"存在观念和我们想象为存在的事物的观念是同一的"(T 1.2.7.4),因此出现于我们知觉中的或者我们所能想到的一切对象都是一个存在的对象,存在与对象不可分离。它的反面,即"不存在"也仅仅指涉那些无法被构想的对象,如"圆的方""木制的铁"等;休谟有时也在日常意义上理解"存在",即"存在"就是事物在时空中的存在,"不存

---

① 因此在休谟看来,我们所拥有的数学、自然哲学等科学的确定性不超出人性官能所允许的范围;换言之,我们向这些科学提出过高的确定性要求是不合适的。

在"就是把事物排除于一切时空之外(参见 T 1.1.5.8)。实在观念和实在事物的观念是同一的。所谓"实在事物"就是存在事物中一切具有生动活泼性的事物，如印象、记忆观念、因果信念等；它的反面既包括一切可构想的单纯观念，也包括那些无法被构想的不存在的对象。因此，一切实在观念都是存在的观念，但并不是所有的存在观念都是实在观念。

三、分离原则、构想原则与观念间的七种哲学关系

休谟认为，在哲学的想象中，我们一般把诸观念归在七个总目之下进行比较与衡量，这七个总目就是观念间的七种哲学关系(philosophical relations)：相似关系(relations of resemblance)、同一关系(relations of identity)、时空关系(relations of space and time)、数量关系(relations of proportion in quantity or number)、程度关系(relations of degrees in any quality)、相反关系(relations of contrariety)以及因果关系(relations of cause and effect)。对这七种哲学关系可以分别概述如下。"相似关系"是我们在比较两个相似的对象时所产生的那种联系与联结①，这一关系也是所有哲学比较与反省的基本前提，因为与相似相反的、有种类差异的对象无法被我们加以比较。"同一关系"在严格意义上是指应用于恒常(constant)而不变(unchanging)的对象上的那种关系，一切在时间中持续存在的事物都具有这种关系。"时空关系"就是诸对象在空间上远近、上下、前后、左右等方面以及在时间先后、远近方面所具有的关系。"数量关系"是对一切可以度量或计数的对象在数量上或数目上加以比较而产生的比例关系。"程度关系"是指具有某一共同性质的事物在该性质程度上的差别关系。"相反关系"是某一对象的存在与不存在之间彼此不兼容的关系(这里的"存在"与"不存在"是在上述日常意义上讲的)。"因果关系"简单地说就是由一个对象的存在或活动而推出在这之前或之后还有另一个对象存在或活动的那种联系。

---

① 虽然在原则上，两个对象只要有任何一点是相似的，这两个对象就可以被我们赋予相似关系，例如我们可以从"存在"这一点上说任何两个存在的事物都是相似的，但一般而言，我们并不把相似关系赋予在任一方面相似的两个对象，而只将这一关系赋予那些相似点较重大或引人注目的诸对象。休谟在分析"因果关系"时曾指出作为该关系要素之一的"因果恒常结合"，所谓"恒常结合"也即"相似的诸对象处于相似的接近与接续关系中"，这里的"相似"就仅指那种明显而重要的相似，即可将诸对象归入同一类属的显要相似点。

应用"分离原则"对上述七种哲学关系进行深入反省，就是要先天地[①]考察这七种哲学关系中哪些是内在关系(intrinsic relations)、哪些是外在关系(extrinsic relations)。若诸观念与其关系并无真正的差异，那么我们只要一想到这些观念同时就会想到它们之间的关系，这样的关系就是观念间的内在关系；若诸观念与其关系有着真正的差异，那么我们想到这些观念时可以完全想不到它们之间的关系，这样的关系就是观念间的外在关系。因此，辨别哲学关系的内在性与外在性的关键就是要看观念与其哲学关系是否有真正的差异。由"分离原则"可知，可以被（哲学的）想象加以分离的事物都是有差异的，而不可被想象加以分离的事物都是没有差异的。现在问题就进一步转化为观念与其关系是否可被想象加以分离。

休谟认为"相似关系""程度关系""相反关系""数量关系"与其各自比较的观念不可被想象分离，对此可作如下解释：根据休谟彻底的经验主义看法，我们所有的观念都是具体的、特殊的（例如一条线的观念就是具有某一特定长度的线的观念）；哪怕是抽象概念，虽然它在表象作用上可以成为一般的，但在内容上，它一次也只能表象一个特殊对象的意象；所以我们想到的任何一个观念都是一个特殊的对象观念，观念与其特殊内容是直接等同的，两者无法被想象加以分离。休谟举例说，一个三角形的观念一定是有着某种特殊形状的三角形观念，想象无法将三角形与其特殊形状分离而形成一个"既不是等腰，也不是不等边，各边也不限于某种特定长度与比例的三角形观念"(T 1.3.1.7)。同理，我们在想象中比较的任何两个观念，它们与其特定的性状或形象亦不可（被想象）分离；若它们具有度量或数量，那么这些量与其确切的值不可分离；若它们共有某一性质，则该性质与其特殊的程度不可分离。只要诸观念与其各自的特殊内容不可被想象分离，那么完全由这些特殊内容的比较而得来的关系与这些观念也不可被想象加以分离。例如，当我们比较"哈密瓜"与"西瓜"这两个观念时，我们无法把两者的相似关系从这两个观念中分离出去；当我们比较"3米长的竹竿"与"5米长的竹竿"这两个观念时，我们无法把两者长度上的数量关系从这两个观念中分离出去；当我们比较"墨绿色的叶子"与"浅绿色的叶子"这两个观念时，我们无法把两者颜色上的程度关系从这两个观念中分离出去；相反关系都涵摄着同一个对象，我们只能说这同一个对象的存在与不存在是直接相反的，故相反关系亦无

[①] "先天"(a priori)一词在休谟哲学中的核心意思是"不借助于**经验**"，这里的"经验"包括感觉印象与记忆观念。

法与其对象分离。因"同一关系""时空关系""因果关系"这三种关系并不取决于所比较观念的内容特征，所以诸观念与它们的这三种关系可被想象加以分离。以"时空关系"为例：(复旦大学的)"光华楼"在"旦苑餐厅"的右前方，这一位置关系完全可被想象从这两个观念对象中切割、分离出去；因此我们单单想到"光华楼"与"旦苑餐厅"这两个观念而不想到它们之间的位置关系是完全可以的。总而言之，想象无法从诸观念中分离出它们的"相似关系""程度关系""相反关系"和"数量关系"，这些关系与其观念之间并不包含真正的差异，这四种关系就是观念间的内在关系。想象可从诸观念中分离出它们的"同一关系""时空关系"和"因果关系"，这些关系与其观念之间包含真正的差异，这三种关系就是观念间的外在关系。

应用"构想原则"对这七种哲学关系进行深入反省，就是要先天地考察结合于这七种哲学关系中的诸观念是否必然具有这些关系。先来解释一下这里的"必然"(necessity)概念。原则一：由"构想原则"可知，一切无法被构想的事物都是矛盾的，矛盾的事物都不可能存在。原则二：一切可被构想的事物都是不矛盾的，不矛盾的事物都可能存在。依"原则一"，如果非A(事物A的反面)是不可构想的，那么非A就是矛盾的，因此非A不可能存在；非A不可能存在，A就是必然(存在)的。依"原则二"，如果非A(事物A的反面)是可以被构想的，那么非A就是不矛盾的，因此非A可能存在；非A可能存在，A就是不必然(存在)的。由此可得出两条基本原理：若一个事物的反面不可设想，那么该事物就是必然的；若一个事物的反面可设想，那么该事物就是非必然的。

根据这两条原理对七种哲学关系依次分析如下。其一，对处于相似关系中的诸观念而言，我们无法设想它们不相似(相似关系的反面无法被设想)，因此观念间的相似关系就是必然的。例如，我们无法想象"橙子"与"橘子"这两个观念不相似，因此"橙子"与"橘子"必然具有相似关系。其二，对处于某种数量关系中的诸观念而言，我们也无法想象它们的这种关系的任何反面情况，因此观念间的数量关系就是必然的。例如，我们无法设想"1+1=2"的反面("1+1=3""1+1=4""1+1=5"……)，因为观念"1+1"与观念"2"都仅仅指两个单位观念"1"的存在，所以相等关系是"1+1"与"2"这两个观念之间的必然关系。其三，对处于某一程度关系中的诸观念而言，我们也无法设想它们这种程度关系的反面，如无法设想"1吨物体"比"1千克物体"重的反面("1吨物体"比"1千克物体"轻，"1

吨物体"与"1千克物体"一样重……），因此观念间的程度关系就是必然的。其四，对处于相反关系中的诸观念而言，我们同样无法设想它们的相反关系的反面，因为设想一个对象的存在与不存在彼此兼容那是做不到的，因此这两个观念之间的相反关系就是必然的。其五，对处于同一关系中的诸观念而言，我们可以设想它们的同一关系的反面，换句话说，先天地设想这两个观念不具有同一关系是完全可以的。例如，从一个事物的持续存在中任取两个刹那所出现的表象都是同一的；但仅就这两个表象观念来说，它们可以是各别的，我们不把它们设想成某个持存物在不同时间点上所出现的同一表象亦无不可，因此观念间的同一关系是非必然的。其六，对结合于某一时空关系中的诸观念而言，我们可以设想它们的时空关系的反面。例如，（复旦大学的）"光华楼"在"旦苑餐厅"右前方的反面情况（如"光华楼"在"旦苑餐厅"的左前方、右后方、左后方、正前方……）是完全可设想的，因此观念间的时空关系是非必然的。其七，对结合于因果关系中的诸观念而言，我们也可以先天地设想它们的这种关系的反面情况。因此观念间的因果关系也是非必然的。对于最后一点，笔者以后还会详细探讨。

综上可知，"相似关系""数量关系""程度关系"以及"相反关系"是观念间的内在、必然关系，用休谟的话说，这些关系是"观念保持不变时也一直总是不变的那些关系"（T 1.3.3.2）；"同一关系""时空关系"以及"因果关系"是观念间的外在、非必然关系，用休谟的话说，这些关系"可以不经由观念的任何变化而变化"（T 1.3.1.1）。前四种关系是先天推理与确定性知识的恰当对象，后三种关系中的"因果关系"是所有经验推理的哲学基础，有关因果关系确定性问题的深入探究则构成了休谟理性观怀疑主义方面的重要内容之一。

四、"哲学推理"与"哲学真理"的人性依据

在以上分析的基础上，笔者想重点强调一下"哲学推理"（philosophical inference/reasoning）与"哲学真理"（philosophical truth）所依据的基本人性原理，这一原理要而言之就是"哲学性想象中诸观念关系的内在必然性"。对此可作如下解析。

内在性是诸观念与其关系不可分离的那种性质，建立在内在关系上的推理因此也就是分析式的推理，即我们可以先天地把某些观念结合于某种命题形式之中；必然性是观念关系的反面情况不可设想的那种性质，建立在必然关系上的推理因此也就是极具确定性的推理。不能把这里的

"必然性"混同于传统形式逻辑意义上的"必然性"：前者只存在于我们哲学性的想象活动（知性）之中，这种活动并不是纯形式的，它关涉被想象对象的内容；后者仅就某种必然的逻辑推理形式（如三段论）而言，它与被推理对象的内容无关。同理，休谟这里的"确定性"（certainty）也不是在诸事物所必定符合的逻辑形式意义上讲的，而是关联于事物内容的严格认识论标准（epistemic normality）。合乎这一标准的事物都是绝对不可错的（infallible），"绝对不可错"就意味着该事物具有哲学真理性；不符合这一标准的事物原则上都是可错的（fallible），"可错"就意味着该事物不具有哲学真理性。"哲学真理"与"自然真理"不同，自然真理依感性强制力的大小不同而有程度上的强弱差别，哲学真理没有程度区别，它要么完全存在，要么完全不存在。一个事物无论其正确的概率有多高，只要它可错，那么在哲学上，与正确率远远低于它的事物一样，它们的真值都为0。因此，哲学上的真与假是零和游戏，在此意义上我们判断一个事物要么为真，要么为假，除此之外再无其他可能。通过哲学推理判断一个事物为真，这样的推理往往是肯定性的严格论证；通过哲学推理判断一个事物为假，这样的推理往往表现出怀疑或否定的威力。无论是肯定性的论证还是怀疑的推理，归根结底，它们依据同样的人性原理，体现的是同一种人性力量（哲学的想象及其分离原则与构想原则等）。

第四节 休谟人性化理性概念的具体所指

以上就是笔者对休谟理性观"人性视域"的要素与原理的大致介绍与分析。立基于这些要素与原理，休谟分别发展出了人性化理性的怀疑主义方面与自然主义方面：前一方面是通过哲学性人性要素与原理对人性化理性进行深入反思的结果，而后一方面主要是结合自然化人性要素与原理对人性化理性进行深入解读的结果。对这部分内容的详细分析将是本书接下来三章的核心任务。而为了从此章顺利过渡到下面的章节，笔者在这里还需要简略交代一下休谟人性化理性概念的具体所指，对此我们也仅能依靠上述人性要素与原理作出适当说明。

"人性化的理性"（humanized reason）是人的主观思维活动，它是人的知性部分的活动，而与纯粹感受性的感觉活动有别；又因为这种活动是颇为能动的，因此"人性化的理性"不属于人类知性中较为被动的记忆活动，而是隶属于我们的想象官能之下。但并不是所有的想象活动都可被称为"理性",随意性的"任想""幻想"无疑不是理性活动,"理性"只是想象中的推理活动(reasoning activities)。休谟认为"一切推理都只是比较和发现两个或较多对象彼此之间的那些恒常或不恒常的关系"(T 1.3.2.2),显而易见,仅有一个对象并不构成推理,① 在我们的推理活动中至少要出现两个对象。但若这两个对象都是印象,那么只要运用我们的感官就能发现这些对象之间的关系,此时并没有推理活动发生,故休谟不把我们对同一关系或时空关系所作的后天观察看成是推理。由此可见,出现于推理活动中的两个对象至少要有一个是单纯的观念。这里又可以进一步区分出两种情况:其一,两个对象都是纯粹的观念对象,所谓"推理"也就是去发现这些观念间的确定(必然)关系。若这些关系是被心灵(想象)直接发现的,那么此处也没有发生任何推理活动,故在严格意义上,休谟也不把我们有关相似关系、程度关系、相反关系与某些数量关系(如"两点之间直线最短""5 大于 2"等)的先天推理看作是真正的推理活动;恰当地说,此类活动应被称为"直观"(intuition),这四种关系也是仅存的可被我们直观的知识对象。只有观念间的确定(必然)关系是通过插入中介观念(intermediate ideas)而被间接发现的,这样的想象活动才是地道的推理活动,休谟又称它为"理证"(demonstration/demonstrative reasoning),如我们借助于中介观念而对某些无法直观的数量关系(如"三角形三角之和等于两直角之和""3 的平方数加上 4 的平方数等于 5 的平方数"等)所作的论证便是。② 其二,两个对象中的一个是印象(或"记忆观念"),另一个是纯粹观念,所谓"推理"就是去发现这两个对象之间的因果关系,即由一个印象(或"记忆观念")的存在而推出另一个不被我们所直接感知的观念对象的存在,这样的推理活动又被休谟叫作"概然推断"(probable inference or reasoning)。综上可知,休谟的人性化理性

---

① 休谟在 T 1.3.7 的注释部分曾提到一类反例,那就是在有关事物存在(如"上帝存在")的判断中,因为"存在观念"并不是一个独立的对象观念,所以休谟认为我们能够"形成只含有一个观念的一个命题",在此"不需要应用两个观念,不需要求助于第三个观念作为它们之间的中介,就可以运用我们的理性进行推理"。

② "算术"与"几何"之所以都是理证性科学,恰恰是因为"在这两门科学中,我们能够把推理连续地推进到任何复杂程度,而同时还保存着准确性和确定性"(T 1.3.1.5)。在算术中,数的单位概念"1"是确定无误的,那么完全由这些单位概念组成的较多数目之间的关系也应当是确定无误的;几何学中诸连续量之间的"相等、较大、较小"等关系由对象之一般现象的比较而得来,因受人类感官与想象条件的限制,我们并不能指望由对象之一般现象的比较而得来的量关系能够达到数关系那样的精确程度,然而由于连续量的这些基本关系与原理"建立于最简易与最少欺骗性的现象上面"(T 1.3.1.6),因此在不十分严格的意义上,休谟认为几何也能被我们推进到任何复杂程度,且同时还能保持着相当的精确性。

概念具体是指这样两种推理活动，即处理观念关系(relations of ideas)的理证以及处理实际事情(matters of fact)的概然推断。① 休谟的理性学说主要就是针对这两种推理活动而展开的系统研究与反思。

---

① 休谟之所以把处理实际事情的因果性推理称为"**概然推断**"，这是因为，恰如第三章第一节所示，对任一因果关系来说，它的反面总是可设想的，就此而言，因果关系总是概然的，原则上它永远不会达到理证那样的确定性或必然性。此外，把人类理性划分为"理证"与"概然推断"两大类，休谟基本沿用了洛克对人类理性及其知识类型的划分方式，但在 T 1.3.11.2 中，休谟对此传统划分方式又作了进一步调改，他特地把人类理性分为三种，即根据于知识(knowledge)的推理，根据于证明(proofs)的推理以及根据于概然性(probabilities)的推理。根据于知识的推理也即"理证"，根据于证明的推理是由因果关系得来且基本不容怀疑与反对的那些推理，而根据于概然性的推理也是由因果关系得来但仍然伴有不确实性的那些推测(关乎"概率"的推理)。笔者把第三种推理称为"狭义的概然推断"，它与根据于证明的推理一起包含在"广义的概然推断"中。下文凡在狭义上使用"概然推断"一词时，笔者会特别标明"狭义的概然推断"；若没有特别标明其狭义或广义，笔者对"概然推断"一词的使用都是取其广义的，即泛指一切以因果关系为基础的推理活动。

第三章 休谟理性观怀疑主义与自然主义辩证发展的第一阶段

本章以及第四、第五章是本书最为核心的部分，在这三章中，笔者将正式对休谟理性学说的丰富内涵展开详细的分析与探究。经过休谟原文的仔细爬梳，并借鉴休谟研究界在判定休谟哲学之基本立场时所提出的主流看法，笔者认为，总体而言，休谟的理性学说可被区分为这样两个显著而又彼此差异的方面，即怀疑主义方面与自然主义方面。恰如上一章第四节所示，休谟理性观的怀疑主义方面主要是通过哲学性的人性要素与原理对人性化理性进行反省考察的结果，而休谟理性观的自然主义方面主要是结合自然化的人性要素与原理重新解读人性化理性的结果。休谟这里的"反省考察"与"重新解读"都不是一蹴而就的，而是分别展现出了一个动态演进、不断深入的过程，由此笔者又进一步区分出休谟理性观这两个方面各自向纵深推进的三个层次，即休谟理性观的怀疑主义方面从"怀疑主义（一）"发展到"怀疑主义（二）"再发展到"怀疑主义（三）"，休谟理性观的自然主义方面亦依次经历了"自然主义（一）""自然主义（二）"以及"自然主义（三）"诸发展层次。休谟理性观这两个方面各自三层次的展开并不是在两条彼此平行、毫无交集的轨道上进行的，而是呈现出环环相扣、交互递进的三阶段辩证结构，[①] 具体表现为：第一阶段，"怀疑主义（一）"既被独立提出，又助推"自然主义（一）"的产生；第二阶段，"怀疑主义（二）"在"自然主义（一）"的基础上发展出来，同时又助推"自然主义（二）"的产生；第三

[①] 细读《人性论》（尤其是第一卷第三、四两章）我们会发现，休谟的哲学以及休谟表达这种哲学所使用的语言是相当辩证而富含张力的，因此我们在把握休谟哲学的根本观点或终极立场时万不能仅从一词一句乃至一段话一小节出发，而是要顾全休谟哲学辩证发展着的总体过程。休谟哲学的这一特征已得到越来越多的休谟研究者的高度认同，据笔者目前阅读所及，强调休谟哲学的这一特征并对之作出过精彩分析的研究成果有：D. W. Livingston, *Hume's Philosophy of Common Life*, Chicago, The University of Chicago Press, 1984; A. C. Baier, *A Progress of Sentiments: Reflections on Hume's Treatise*, Cambridge, Harvard University Press, 1991; T. Penelhum, *David Hume: An Introduction to His Philosophical System*, West Lafayette, Purdue University Press, 1992; C. M. Schmidt, *David Hume: Reason in History*, University Park, The Pennsylvania State University Press, 2003.

阶段,"怀疑主义(三)"在"自然主义(二)"的基础上发展出来,同时又助推"自然主义(三)"的产生。如果把休谟理性观怀疑主义方面向纵深推进的三个层次用符号"S1""S2""S3"表示,把休谟理性观自然主义方面向纵深推进的三个层次用符号"N1""N2""N3"表示,上述三阶段辩证结构在图3-1中一目了然。

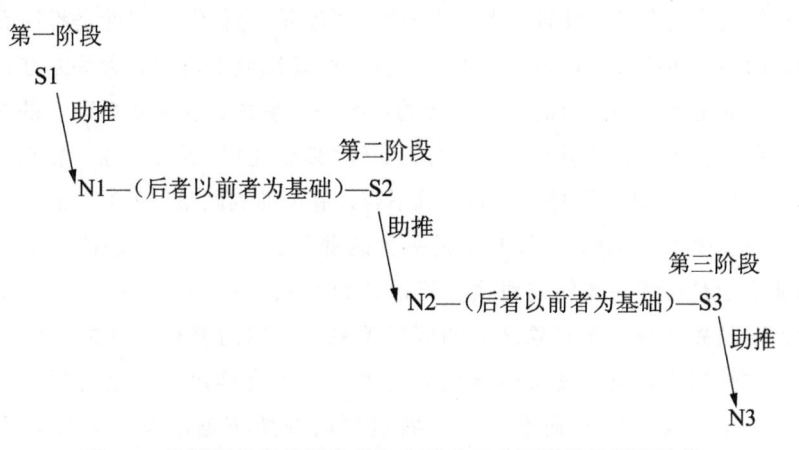

```
第一阶段
   S1
    ↓助推
        第二阶段
      N1—(后者以前者为基础)—S2
                ↓助推
                    第三阶段
                  N2—(后者以前者为基础)—S3
                              ↓助推
                                N3
```

图 3-1　休谟理性观怀疑主义与自然主义交互递进的辩证结构

图 3-1 就是对休谟理性观怀疑主义方面与自然主义方面辩证发展的三个阶段的纲要性说明,同时这也是对本书最为核心的三章内容与结构的总体把握。依照次序,下面笔者将首先对休谟理性观怀疑主义方面与自然主义方面辩证发展的第一阶段进行较详尽的探讨。

众所周知,理性问题往往与真理问题紧密勾连。根据近代认识论的一般看法,人类理性是能够显示或产生真理的那类主观思维活动,休谟也明确说过:"我们的理性必须被视为一个原因,而真理(truth)就是其自然的结果。"(T 1.4.1.1)"理证"与"概然推断"这两种推理活动之所以被我们看作名副其实的理性活动,恰恰也是因为我们认为通过这两种推理活动所得出的结论应当具有真理性。然而,在休谟看来,这两种推理活动的真理性并不都是自明的,尤其是"概然推断",它的真理性的依据到底何在还是悬而未决的问题。笔者认为,"有关概然推断的真理性质问题"是休谟理性观怀疑主义方面与自然主义方面辩证发展的第一阶段所围绕探讨的核心问题。对这一问题的解答也是休谟运用诸人性要素与原理对人性化理性进行初步反省与解读的基本目的。

第一节　对概然推断之哲学真理性的否定

经上一章分析可知，我们在休谟哲学中可以区分两种真理概念，一种是"哲学真理"，另一种是"自然真理"。休谟首先对人性化理性的哲学真理性问题进行考察与反省。人性化理性中"理证"的哲学真理性是毋庸置疑的，因为恰如前文所述，它与直观一样，所发现或推得的观念关系在严格意义上都是确定（必然）的、不可错的，而一个事物具有哲学真理性的标志恰恰在于它在哲学性想象活动中的确定性（必然性）与不可错性。故在休谟看来："一个理证如果是正确的，就不容许有反面的困难"（T 1.2.2.6），若一个理证是不正确的，"那它就是一种诡辩"（T 1.2.2.6），而绝不能算作理证。于是休谟主要转向对概然推断之哲学真理性问题的探究。由于概然推断是去发现两个对象之间的因果关系，所以对概然推断之哲学真理性问题的探究，自然就可以转化为对因果关系之确定性问题的研究。哲学性想象及其三大原则是休谟开展这项研究所依据的基本人性要素与原理。

一、对因果"必然联系"观念的哲学性否定

按照程序，休谟首先依据哲学的复制原则考察因果观念的合法性（意义）问题，因为只有理解了因果观念的本性，我们就此观念作出的后续评判才是可靠而稳妥的。休谟发现因果观念所复制的那个印象一定不能在任何一个对象的可感性质中找到，因为因果观念几乎可被我们运用于一切存在的对象，而没有一种可感性质是所有这些对象共有的。因此我们必须从对象间的某种关系中去寻求因果观念的合法性来源。休谟发现，凡被我们称为原因和结果的诸对象在时空上总是接近的，即便原因与结果彼此远隔，一经考察我们就会看到它们往往是被中间的一连串原因联系起来的。休谟又发现凡被称为原因的对象在时间上总是先于被称为结果的那些对象而出现，结合这两点，休谟得出结论说，"接近关系"（the relation of contiguity）与"接续关系"（the relation of succession）是因果关系的必要条件。然而，只有这两种关系并不能给予我们一个充分而完善的因果观念，休谟认为一个对象可以接近且先在于另一个对象，但这两个对象不一定具有因果关系，这里显然还有一个对因果关系来说极为重要的"必然联系"（necessary connection）观念需要阐明。

在休谟看来，欲要阐明"必然联系"观念，我们同样必须依靠复制原

则去找出这一观念所复制的某一个或一些印象，该印象就是使我们断定原因之后有结果出现或结果之前有原因存在的那种原始联系的印象。笔者认为，这里首先需要注意的是，休谟所谓"找出'必然联系'观念所复制的那种原始联系的印象"，这句话不能被理解为，找到那样一个原始印象，这个原始印象就是一个必然联系的简单印象，"必然联系"观念直接由复制这一印象得来。这种想当然的理解会使休谟面临斯塔德所特别指出的这样一种困境：若我们只有先找到了必然联系的简单印象才能理解必然联系的概念，那么在没有找到这一简单印象之前我们并不能理解必然联系概念；反过来，若我们不首先理解必然联系概念，那么我们就无法肯定某个碰巧找到的原始联系印象就是一个必然联系的印象。① 为避免陷入这一困境，我们需要澄清一下休谟这里的"必然"概念。依据笔者前文对这一概念的哲学解释（参见第二章第三节），"必然"并不是指某种可感的事物性质，它并不能被我们从任何原始印象中实质性地指认出来；因果"必然联系"中的"必然"与直观和理证的"必然性"一样，它们"只存在于我们借以思考并比较这些观念的那个知性作用中"（T 1.3.14.22），这里的"知性作用"也就是哲学性的想象活动。因此，"必然联系"并不是说有某种联系本身就是一个必然的联系，而是指这种联系在我们的知性活动中所能发挥的功能作用，这一作用就是，它使得我们把某些事物判定为必然的。故在笔者看来，休谟所谓"找出'必然联系'观念所由得来的那种原始联系的印象"，这句话的准确意思是，找出因果之间的原始联系的印象，该印象具有这样一种功能，它能使我们从因到果或者从果到因的推理成为必然的，即该推理的任何反面情况都是不可设想的；无论这一联系印象原初可能是什么，只要它具备上述功能，那它就是因果"必然联系"观念的合法性和可理解性所端赖的那种原始印象。

现在的问题是，这一原始联系的印象可能是什么？我们如何把它找出来？既然该原始联系的印象是被假设为存在于一切因果事例中的，那么，若它有意义，它就一定能被我们从任何一个具体的因果例子中清楚地意识到。然而，休谟经考察后发现，没有任何一个因果事例可以向我们显示那样一种原始联系的印象，如在以下典型的因果事例中，A球撞击静止的B球导致B球运动，"A球的撞击"为原因，"B球的运动"为结果，在此我们只观察到"A球向着静止的B球运动，在A球接触B球的

---

① 参见 B. Stroud, *Hume*, London, Routledge & Kegan Paul, 1977, p.88。

一瞬间，A球停止，B球开始运动"这些印象，而观察不到那种可向我们表明原因与结果之间的实在联系的印象。除此之外，休谟还驳斥了当时思想界有关因果"联系"的所有可能证明和推论。首先驳斥洛克的因果"能力"（power）说。洛克认为事物的每一个新变化（如从静止到运动）都涵摄着能够引起这一变化的能力、效能（efficacy）或产生性质（productive quality），根据这一推理我们就能得出因果"联系"的恰当观念。休谟认为洛克的这一证明是无效的，因为我们所有的原始观念都来自印象，而"理性单独并不能产生任何原始观念"（T 1.3.14.5）。事实上，在休谟看来，原因的"能力""效能"或"产生性质"等概念与"必然联系"的观念一样，都是含混不清的，我们同样必须举出至少一个可感知的能力、效能或产生性质的实例才能理解这些概念的意义。其次驳斥通过反省意志行为来证实因果"联系"的主张。这一主张具体为，虽然外部对象没有借任何一个特殊事例直接给予我们合法而有意义的因果"联系"观念，但通过考察内部对象尤其是心灵控制肢体活动的意志行为我们就能够得到一个可被扩展到所有因果对象上去的能力或联系的恰当观念。休谟认为这种主张同样无效，因为作为原因的"意志"与作为结果的"肢体活动"之间并没有可被发现的原始联系，心灵的作用与物质的作用一样，无论我们就各方面如何仔细地检查，我们在这两者中都不能找出那种因果联系观念所由以成立的原始印象。最后驳斥笛卡尔派的这样一种推论：既然物质并不赋有任何效能，而有关物质运动或变化的任何一个结果都蕴含了"原因的效能"，那么这种效能一定存在于上帝或神，因果"联系"或"效能"就是上帝或神的普遍能力和作用。休谟认为这种看法更是无稽之谈，因为我们根本无法想象神或者上帝的那样一种作用或能力，这已经大大超出人类经验的范围。综上分析，休谟总结说："不论是在物质中还是在精神中，不论是在高级事物中或是在低级事物中，他们都不能发现出一个可以表现这种能力的例子。"（T 1.3.14.10）因此我们并没有可用以表象因果"联系"观念的那种原始印象或对象。

　　既然就人性经验所及，我们在任何一个对象中都找不到因果"联系"的原始印象，那么诸如因果"必然联系""能力""效能"等观念的合法性与可理解性就不能得到证实，我们在应用这些语词时也就表达不出任何清晰而确切的意义。休谟"诚然愿意承认，在物质和精神的对象中可能有一些性质是我们完全不知道的"（T 1.3.14.26），我们用"联系"或"效能"观念指称这样的一种性质亦无不可，但在这样指称时，休谟认为我们并没有赋予"联系"或"效能"观念任何清楚而实在的意义，我们更不能把这些未知的性质看作我们原期望因果"联系"或"效能"观念所应具有的那种意义的合法性来源。以赖特(J. Wright)与斯特劳森(G. Strawson)为代表的当代"新休谟派"(New Hume)学者由此断定休谟是一个"怀疑的实在论者"(skeptical realist),所谓"怀疑的实在论"主要是指这样一些观点:①休谟哲学中蕴含了本体论与认识论的区分;②在本体论上,休谟肯定外部世界中存在着独立于心灵的客观因果力量或必然联系;③但从认识论的角度来看,休谟又否认这种因果力量或必然联系能为我们所知。受康普·斯密《大卫·休谟的哲学》一书的启发,赖特为休谟上述因果实在论的立场补充了自然常识意义上的素朴证明,① 而斯特劳森则主要借助休谟哲学内部的观念理论与实在论观点之间的"意义张力"(meaning tension)等论据为此怀疑的实在论解读提供了更为丰富而有力的理论支撑。②

---

① 赖特认为,尽管外界对象中的因果力量或必然联系不为我们所知,但我们相信它是客观存在着的;这是一种奠基于本能之上的信念(instinctually grounded belief),它不需要证明,也不受怀疑主义的攻击。赖特直言:"我们从经验得来的结论的真正根据存在于一个自然本能(a natural instinct)中……这个本能带领我们超越我们的知觉并致使我们把一种真正的必然联结归之于它们的对象。"(相关内容参见 J. Wright, *The Sceptical Realism of David Hume*, Minneapolis, University of Minnesota Press, 1983, pp. 123-176; J. Wright, "Hume's Causal Realism: Recovering a Traditional Interpretation", in R. Read & K. A. Richman (eds), *The New Hume Debate*, London, New York, Routledge, 2000, pp. 88-99.)对赖特的观点笔者这里想指出的一点是,赖特忽视了"信念"(belief)一词在休谟哲学中的特殊含义,它是对一个观念(内知觉对象)的生动想象,当我们把这个词用于外知觉对象时(例如休谟在 T 1.4.2 中就把"物体在知觉外的存在"看作我们的一个自然信念),这些外知觉对象往往是被假设与与内知觉对象相似的,我们在谈论这些外知觉对象时仿佛就在谈论内知觉对象,因此这些外知觉对象某种意义上也能被我们所知;那些绝对无法被我们所知的对象是与知觉有种类差异的外知觉对象,我们根本无法想象这些对象,更不用说我们会对这些对象及其属性的客观存在抱持信念了。

② 斯特劳森所谓"观念理论与实在论观点之间的'意义张力'"是指,休谟的哲学呈现出了一种内在张力,他一方面强调我们所能认识的只是我们的知觉世界,对知觉外的对象与存在我们只能存疑;另一方面他在表述某些具体观点时又肯定了对象及其属性在我们知觉外的客观实在,这些具体观点包括休谟在 T 1.2.7.9 中对外物之"关系观念"的说明,休谟有关"假定"(supposing)与"设想"(conceiving)的区分以及休谟在 T 1.3.14.30 以及 EHU 7.2.4 中对他的两个"原因"定义的不满意等。斯特劳森正是通过对这些具体观点的重新解读把休谟判定为一个因果实在论者的。(有关斯特劳森这一解读的细节,参见 G. Strawson, *The Secret Connection: Causation, Realism, and David Hume*, Oxford, Oxford University Press, 2014; G. Strawson, "David Hume: Objects and Power", in R. Read & K. A. Richman (eds), *The New Hume Debate*, London, New York, Routledge, 2000, pp. 31-51.)在笔者看来,斯特劳森的这些解读同样不能证明休谟相信外部对象中存在着客观的因果力量或必然联系,因为即便休谟认为我们能够"假定"那种毫无内容(non-content-constituted)的外部对象存在,那也只表明休谟没有否认对象在知觉外的实在地位,而不能说休谟正面肯定了外部对象存在且外部对象中存在着某些真实属性(诸如因果联系之类)。

笔者认为,"新休谟派"学者的这些观点虽不无创见,但在很多细节方面甚至在根本上包含对休谟哲学的严重误读。仔细推敲上文所引的休谟原话——"我**诚然愿意承认**,在物质和精神的对象中**可能有**一些性质是我们完全不知道的",不难发现,其中的"诚然愿意承认"仅仅表示一种较弱立场的让步说法,它与强意义上的"肯定"或"相信"无法等同;而其中的"可能有"一词直接表明,休谟根本不确定外物中是否存在这样一些性质,更无从推论说休谟**肯定**外物中存在着独立于心灵的客观因果联系了。此外,"新休谟派"学者所谓休谟哲学内部"本体论与认识论的区分""观念理论与实在论之间的意义张力"都建立在对休谟经验论的根本误解之上,恰如休谟研究专家皮尔瑞斯所批评的那样,怀疑的实在论解读将休谟的经验论与洛克的经验论混为一谈,而没有认识到这两种经验论在理论基础方面的根本差异。① 这一差异在笔者看来就是,洛克的经验论以笛卡尔的"心物二分"为前提,而休谟的经验论并非建立在这一思想前提之上。洛克首先在本体论上预设了世界在心灵之外的客观存在,而后才能提出心灵能否正确反映外部世界的认识论疑问。而上述所谓"本体论与认识论的区分"和"观念理论与实在论之间的意义张力"只有在此"心物二元对立"的理论前提下才能成立。经主观唯心主义者贝克莱对洛克经验论的物质主义残余的批判②,休谟不可能再退回旧的心物二元论立场来提出他的经验理论,因此"新休谟派"学者所谓"本体论与认识论的区分"以及"观念理论与实在论之间的意义张力"等主张根本不适用于阐发休谟哲学。

一个适合刻画休谟认识论的形而上学框架是笔者的"知觉一元论"

---

① 参见 G. D. Pierris, *Ideas, Evidence, and Method: Hume's Skepticism and Naturalism concerning Knowledge and Causation*, Oxford, Oxford University Press, 2015, pp. 14, 174。

② 在《人类知识原理》一书中,贝克莱对哲学上的心物二元论特别是物质存在学说展开过系统批判:第一,存在就是被感知,心灵只感知到观念或知觉,无法感知超知觉的"物体",因此"物体"不存在;第二,将物体的存在与其被感知区分开是做不到的,这种区分发生于一种荒谬的抽象;第三,"物体"不能作为广延、数目、运动等属性的基质而存在,因为这些属性只是可感的观念,而观念不能以不思想的物体作为其实体或基质;第四,"物体"也不能作为观念所模拟的对象而存在,因为观念只能与观念相似,而不能与其他事物相似;第五,即便物体在心外存在并与心内观念相符,我们靠感觉与理性也无法确知这一点;第六,观念的产生,并不必要预设物体的存在,如睡梦中观念的发生;第七,物体的存在也不足以解释观念的产生方式,无论有无物体存在,观念的产生方式均不可解;等等。贝克莱的这一批判对休谟产生了直接的影响,休谟必须从贝克莱式更彻底的观念主义框架出发,来提出他的经验理论,故他的经验论较洛克的经验论来说,非但不是延续,相反表现为一种断裂。

(monism of perceptions)。休谟认为"我们实际上一步也超不出自我以外"(T 1.2.6.8),这个"自我"就是直接且唯一被给予意识的知觉世界:"除了心灵的知觉或印象和观念以外,没有任何东西实际上存在于心中……恨、爱、思、感、视:这一切都只是知觉"(T 1.2.6.7),"除了出现在那个狭窄范围内的那些知觉以外,也不能构想任何一种别的存在"(T 1.2.6.8),"我们所考虑的存在物不是别的,只是心中的知觉"(EHU 12.1.9)。知觉的世界划定了休谟一切言论或思想的合法范围,置身于这一世界内部,休谟无法先行设定心与心外之物的二元对立,就像水中的鱼儿意识不到水内世界与水外世界的分别那样。

有人或许会说,休谟用"知觉"这个词就已经表明他预设了物体的存在以及"心内"与"心外"的明确区分,例如赖特就指出"知觉"含"内在和依赖于心灵"(internal and mind-dependent)之意,休谟承认"知觉"存在同时也就默认了"外在和独立于心灵"(external and independent)的物体的存在。[①] 这种理解是不正确的。休谟文本中固然多次出现"心灵中的知觉""知觉依赖感官而无独立存在"等说法,但这只表示知觉呈现其内容的意识直接性与依赖性,而不是为了凸显"心内存在"与"心外存在(物)"的先天区分以及知觉在心物之间所处的位置。正如皮尔瑞斯所洞见到的,休谟极致化了观念理论的"表象-现象层面"(presentational-phenomenological aspect),而大大弱化了这一理论相关于外部世界的"知觉幕布层面"(the veil of perception aspect),休谟对"'对象/物(object)'和'印象'、'观念'等词的同义互换使用",并非表明"休谟采取了一个比贝克莱更极端的主体主义立场",而是指"对于那些我们在认识上可直接通达之物(知觉)是否属于与物质相对的精神(mental as opposed to physical)或与外在相反的内在(inner as opposed to outer),休谟保持中立(neutral)"。[②] "中立"意即"不置可否""不倾向于任何一面",可引申出"不分别""漠不关心"之义。正因为如此,休谟在讨论印象的原因时指出,无论印象"直接由对象发生,还是被心灵的创造能力所产生"(T 1.3.5.2),"我们的知觉不论是真是伪……不论它们是正确地表象自然事物,或只是感官的幻象"

[①] 参见 J. Wright, *The Sceptical Realism of David Hume*, Minneapolis, University of Minnesota Press, 1983, pp. 40-41。

[②] G. D. Pierris, *Ideas, Evidence, and Method: Hume's Skepticism and Naturalism concerning Knowledge and Causation*, Oxford, Oxford University Press, 2015, pp. 3-4。

(T 1.3.5.2)，这样一些问题对他的研究来说"并不重要"(T 1.3.5.2)。①

休谟没有像贝克莱那样独断地认定"心外无物"，他多次提出"外界存在"或"外界对象"的假设，这是否意味着休谟并非"知觉一元论"者呢？答案也是否定的。首先，休谟有关"外界存在"或"外界对象"的假设是从"知觉一元论"中逐步生发出来的。置身知觉世界内部我们固然不会提出这样的假设，但当我们触及知觉世界的边界（"印象"），我们完全可对知觉外的对象和存在提出假设或猜测，就如同鱼儿触碰到水面时会对水外世界发生合理好奇那样。其次，对这些外知觉的对象和存在，休谟认为我们要么假设它们是与知觉相似的，要么就假设它们与知觉不相似（有种类差异）。按前一种假设，我们谈论这些外知觉对象就如同谈论知觉，实质上并未超出知觉的范围。按后一种假设，我们有关外知觉对象的讨论已超出知觉的范围，但休谟明确表示我们应当放弃这类讨论，因为一旦超越知觉（经验），我们的讨论就会陷入混乱、犹疑与虚妄。休谟直言与知觉有种类差异的那个外界存在概念的"荒谬"(T 1.4.2.2)与"不可思议"(T 1.4.5.19)，以及感官知觉与外界对象之联系（如"引起与被引起""模拟与被模拟"等）的假设"没有任何推理根据"(EHU 12.1.12)。休谟强调要"约束过度探求原因的欲望"(T 1.1.4.6)，把哲学限制于"日常生活"(EHU 12.3.2)、"平常的实践和经验"(T 1.4.7.14)以及"人类理智范围之内的事务"(EHU 1.15)，他的哲学"只要解释我们的知觉，即印象和观念的本性与原因"(T 1.2.5.26)，而不把"探究推进到对象在感官前的现象以外"(T 1.2.5.26)。可见，无论根据上述两种假设中的哪一种，休谟都无法断言"外部实在中存在着'因果力量'或'必然联系'"。由此基本可以判定，"新休谟派"学者对休谟因果"必然联系"的任何实在论解读都是站不住脚的。②

综上可知，因果关系蕴含了诸对象之间的接近、接续关系，至于因果之间的"效能或联系"却无法落实于诸对象的任何可感性质之中。证实

---

① 休谟这里的思想在后世学者詹姆斯、马赫以及罗素等人的"中立一元论"(neutral monism)哲学中得到了积极响应。这一哲学同样反对笛卡尔式的心物二元区分，主张直接知觉(immediate perceptions)就是最基本的事质(basic stuff)，从遵循心理规律的角度看，这些事质属于精神元素，而从遵循物理规律的角度看，这些事质又属于物质元素。
② 此外，有关持准实在论或反实在论立场的休谟解读者对此因果实在论解读的具体批评意见，参见：R. Read & K. A. Richman, *The New Hume Debate*, London, New York, Routledge, 2000；骆长捷：《休谟的因果性理论研究——基于对"新休谟争论"的批判与反思》，北京，商务印书馆，2016，第 83～173 页；铁省林：《实在论、反实在论与准实在论——当代西方解释休谟因果观的三种立场》，《自然辩证法研究》2014 年第 12 期。

不了因果"必然联系",而据"时空关系是诸对象间的外在、非必然关系"这一哲学性人性原理,仅仅蕴含着接近、接续关系(属于时空关系)的因果关系无疑不具有确定性。在得出这一定评之前,休谟还结合哲学性想象的分离原则与构想原则等对涉及"因果必然性"的其他一些问题进行了详细探讨,由此休谟虽然又发现了蕴含于因果关系中的某个新要素("恒常结合"),但这一要素对我们解决因果关系的确定性问题并无实质性帮助。事实上,正是通过这些探讨,休谟最终既否定了因果关系的先天确定性,又否定了因果关系的后天确定性。

二、对因果关系的先天确定性的否定

休谟放弃对因果"必然联系"的直接考察之后转而探讨了这样两个相关问题。①"一切开始存在的东西必然有一个存在的原因"这一传统形而上学原理的根据何在?②我们为什么断言,那样一些特定的原因必然要有那样一些特定的结果?先看休谟对第一个问题的探讨。其一,休谟认为"一切开始存在的东西必然有一个存在的原因"这一原理没有直观的确定性,因为恰如第二章第四节所述,只有相似关系、程度关系、相反关系与数量关系这四种关系才是具有直观确定性的关系,而这一原理显然不涵摄这些关系中的任何一种关系。其二,休谟认为"一切开始存在的东西必然有一个存在的原因"这一原理也没有理证的确定性,这是因为,在休谟看来,除非我们能够证明"没有某种产生原则任何事物绝不能开始存在",否则我们就无法证明"一切开始存在的东西必然有一个存在的原因";而前一个命题不能得到理证,所以后一个命题同样不能得到理证。对于前一命题不能得到理证的理由,休谟的解释如下:根据分离原则"任何有差异的对象都可被想象加以分离",事物存在的观念与产生原则或原因的观念是有差异的(后者并不蕴含于前者的内在性质中),所以任何事物的开始存在与某种产生原则都可被想象加以分离,我们单单想到前者而不想到后者是完全可行的;而根据构想原则"任何可设想的对象都可能存在",一事物在前一刹那不存在,不需要某种原因或产生原则,该事物在后一刹那就突然存在了,这种情况是完全可设想的,因此它就可能存在。这两条理由充分表明,"没有某种产生原则任何事物绝不能开始存在"这一命题是绝对不能得到先天证明的。

在否定了"一切开始存在的东西必然有一个存在的原因"这一传统形而上学原理的直观与理证确定性后,休谟又一一驳斥了当时思想界对这一原理的所有可能证明。先看霍布斯的论证：既然一切对象在任一时空点上开始存在的可能性都相等，那么它选定某个时空点开始存在就需要一个原因，因此一切开始存在的东西必然有一个存在的原因。对此休谟反驳道，设想"一个事物没有原因就可以在某个特定的时间、地点上开始存在"并不比设想"一个事物没有原因就开始存在"更为困难，后一设想是可能的，前一设想自然也是可能的，故霍布斯的上述证明无效。再看克拉克与洛克等人的论证：克拉克认为，若某一事物的开始存在缺乏一个原因，那么它就是它自己产生出来的，这就意味着它在它存在之前就已存在，这里显然蕴含了矛盾，因此一切开始存在的东西必然有一个存在的原因。洛克认为，没有任何原因而开始存在的事物都以虚无作为它的原因，而虚无不可能成为一个原因，因此任何开始存在的事物必然有一个存在的原因。这两种论证在休谟看来同样不能成立，因为当我们说"一个事物没有原因就开始存在"时我们已经排除了一切原因，既然排除了一切原因，又认为"虚无"或"事物自身"是事物开始存在的原因，这就自相矛盾了。此外，休谟认为克拉克与洛克之所以会得出上述结论，恰恰是因为他们的论证中已经预设了"一切开始存在的东西必然有一个存在的原因"，由此我们才能在排除其他原因之后，把"虚无"或"事物自身"作为事物开始存在的原因。而争议的焦点正在于"一切开始存在的东西是否必然有一个原因"，克拉克与洛克正好把休谟要探讨的问题当成了自己的思想前提。最后休谟反驳了这样一种观点：原因观念蕴含于结果观念之中，前者是后者的内在相关项（the correlative），因此任何一个结果都必然有一个原因。休谟认为这种观点并不能证明"任何一个存在都必然有一个原因"，就像我们不能从"每个丈夫都必然有个妻子"推出"每个男人都结了婚"一样。

　　总而言之，休谟否认"一切开始存在的东西必然有一个存在的原因"这一形而上学原理能够得到直观或任何哲学推理的先天证明，上述各家各派对此原理的所谓"理证"细究起来都不过是诡辩而已。事实上，笔者认为，休谟对这一形而上学原理的哲学否定也就是对因果关系之先天确定性的否定，即不借助于经验（感觉与记忆），因果关系先天考察起来就是不具有确定性（必然性）的。排除了因果关系的先天确定性，休谟由此转向了对因果关系的后天考察，即借助经验来考察因果关系的确定性问题。这涉及休谟对上述第二个问题"我们为什么断言，那样一些特定的原因必然要有那样一些特定的结果"的详细探讨。

三、对因果关系的后天确定性的否定

休谟认为，在由某一特定原因推出某一特定结果的经验推理中，我们所应用的是性质混杂而又彼此差异的材料对象：一是实在的或信以为实在的原始印象（感官印象或记忆印象）；二是产生该原始印象的或者被该原始印象所产生的某个存在的观念，如在"从太阳晒（石头）推出石头热"这一经验推理活动中，"太阳晒（石头）"是当下可感的或可被记忆所复现的原始印象，而"石头热"就是由前一原始印象所产生的那个存在着的观念。这里所谓"产生"或"被产生"的意思是，在该原始印象之后或之前有另一个观念对象存在。这另一个观念对象作为一种被推论的存在（inferential being），它不被我们当下感知，也不被我们的记忆所亲切复现，既然如此，那么我们为什么能够断言，在某一原始印象之后或之前必然存在着这样的一种观念对象呢？显然，一如所述，这一断言没有任何直观或理证的先天依据，我们只能借助更广泛的经验与观察对之进行后天分析。由此休谟又发现了蕴含于因果关系中的某种新要素，即因果之间的恒常结合（constant conjunction）。所谓"恒常结合"就是在我们记忆所及的过去经验中，相似的对象总是处于相似的接近与接续关系中。这里需要注意的是，我们不能把因果间的"恒常结合"看作因果"必然联系"观念的合法性依据，因为根据休谟的看法，因果间的"恒常结合"只能加多而不能扩大我们心灵的对象，它并没有向我们显现来自对象方面的任何新的原始印象。换句话说，既然我们从单一对象中发现不了因果之间的实在联系，那么我们从同类的众多对象中亦发现不了这一因果原始联系的印象。在 EHU 7.2.1 中，休谟直接区分了因果恒常结合中的"结合"（conjunction）与因果必然联系中的"联系"（connection）这两个概念。前者只表明类似的因与果总是相互伴随的；而后者表示因果之间可被我们观察到的实在联系。因此，我们不能混淆这两个概念。

当我们经由过去的经验而发现诸对象的恒常结合之后，我们总是会由其中一个对象的存在推论另一个对象的存在。例如，在我们多次亲见并记得"热的感觉"总是伴随着"火焰"而出现以后，我们就会从"热的感觉"的存在推断"火焰"或与"火焰"类似的事物的存在。休谟认为这种推理活动作为一种普遍的人性事实已然成立，对此我们丝毫不能怀疑。但我们可以质疑或追问的是，这种推理活动得以成立的根据何在？休谟首先考察这一推理活动得以成立的哲学理据，即回答这样一个问题：经验是否借着知性或者我们是否被理性所决定来进行这种推理？在对这一问题作出否定性回答之后，休谟转而探讨了这一推理活动得以成立的自然依据，即提出"我们是否被某种自然化的联想原则所决定而作出这种推理"这一疑问，并对此疑问作出肯定性解答。总的来说，休谟通过对前一个问题的全面考察既否定了因果关系的后天确定性或者说经验归纳法的合理性，也助推了休谟理性观之"自然主义（一）"的产生，即休谟由此转向对因果/归纳推理之真理性质问题的自然主义考察，自然化的人性要素与原理也就是这项考察可凭依的唯一准绳。

休谟认为，在经验报告我们诸对象的恒常结合之后，我们若是被理性所决定而作出从其中一个对象到另一个对象的推理，那么我们必须能够证明"未来与过去相似"（the future resembles the past）或者说"自然进程具有一致性"（the uniformity of natural process），析言之就是"我们所没有经验过的例子必然类似于我们所经验过的例子"（T 1.3.6.4），当代休谟研究界往往把这一命题简称为"相似性论题"（Resemblance Thesis）或"一致性论题"（Uniformity Thesis）。① 在具体分析休谟对这一命题的论证之前，我们极有必要把休谟这里的意思作进一步阐明。斯特伍（D. C. Stove）认为，休谟这里所谓"被理性所决定"（determined by reason）中的"理性"（reason）是指传统三段论式的演绎理性（deductive reason），而休谟之所以要提出对"相似性论题"的证明，恰恰是因为这一论题是我们能从大前提"诸对象的恒常结合"形式地推出"因果关系具有后天确定性"或"归纳法具有合理性（reasonableness）"这一结论所必需的小前提。用斯特伍自己的话说，为使"归纳论证"（inductive argument）在逻辑上从无效（invalid）变为有效（valid），我们就必须在已有前提（"恒常结合"）上再添加一个前提，即"未来与过去相似"这一命题。② 然而，斯特伍的这一看法受到了休谟研究专家欧文的尖锐批评，欧文认为我们不能在传统的形式逻辑意义上理解休谟的"理性"概念，休谟提出对"相似性论题"的证明也并不是为了使因果/归纳推理在逻辑形式上有效，相反我们

---

① 有人或许会说，既然我们经验到某个对象总是产生着另一个对象，那么这就表明在那个原因对象中有一种秘密的产生能力或性质；由此我们不需要证明"我们所没有经验过的例子必然类似于我们所经验过的例子"就能合法地进行因果/归纳推理。休谟反驳道，即便过去的产生涵摄着原因对象中的某个秘密能力，也不能证明同一能力**永远**存在于同一对象之中；要证明这一点，我们还是得首先证明"我们所没有经验过的例子必然类似于我们所经验过的例子"。（参见 T 1.3.6.8~T 1.3.6.10）

② 参见 D. C. Stove, *Probability and Hume's Inductive Scepticism*, Oxford, Clarendon Press, 1973, pp. 42-45。

必须基于由笛卡尔与洛克所肇始的独特观念论语境来理解休谟的"理性"概念,休谟这里所谓"被理性所决定"中的"理性"应当是指通过插入中间观念而把首尾观念确切联系起来的"理证",而休谟欲要证明的"相似性命题"就充当那种能够使我们把"诸对象的恒常结合"与"从已知到未知的因果推理"这两组观念加以理证性联结的中介观念。① 笔者完全接受欧文对斯特伍的上述批评意见,也基本赞同欧文在"只与观念关系打交道"的近代所谓"理证"意义上理解休谟这里的"理性"概念,但欧文由此所引申的观点笔者却不敢苟同,这一观点就是,休谟对"理性/理证"的阐释以及他在这里对"我们是否被理性所决定而作因果推理"的探究都丝毫不涉及认识论意义上的规范性考量,而仅旨在正确刻画我们的推理活动具体是如何运作的因果性机制。② 笔者认为,休谟提出考察"我们是否被理性所决定而作因果推理"这一问题当然有认识论规范层面的明显考虑,这种考虑就是,只有因果关系成为理证的恰当对象,因果/归纳推理才是具有确定性(必然性)的哲学推理;而休谟之所以要证明"相似性命题",恰恰是因为,只有证明了这一命题,我们才能从"因果的恒常结合"中理证性地推出"因果关系具有后天确定性"或"经验归纳法具有合理性"。笔者此处用"确定性""必然性"与"合理性"等词,意在表明休谟这里对因果/归纳推理的考量并不像欧文所认为的那样仅仅出于自然主义描述的动机,而是带有哲学认识论上的规范意味。③

由以上分析可知,欲要理证"因果关系具有后天确定性"或"经验归纳法具有合理性",我们就必须首先证明"未来与过去相似"。于是问题的关键就转化为,"未来与过去相似"这一命题能否得到理性的证明。然而,休谟经考察后发现,没有任何可靠的推理(solid reasoning)可以证明这一命题。先来看理证性的论证(demonstrative argument):根据哲学性想象的构想原则,任何可设想的事物都可能存在,自然进程在未来发生变化完全可设想,因此它就可能存在。这表明"未来与过去相似"这一命题绝

---

① 参见 D. Owen, *Hume's Reason*, Oxford, Oxford University Press, 2007, pp. 120-132。
② 参见 D. Owen, *Hume's Reason*, Oxford, Oxford University Press, 2007, pp. 134-146。
③ 伽略特基本也是在自然主义描述意义上理解休谟的"理性"概念的,他把这一概念统一理解为那种与认识论评价无涉的中性意义上的"论证"(arguments),但他同时又认为休谟对"我们是否被理性所决定而作因果/归纳推理"的考察实际上就是在考察"有没有更高级的推理(high level reasoning)能够论证因果/归纳推理的可靠性(reliability)",这里的"更高级""可靠性"等词表明,伽略特似乎又认可了"理性/论证"的认识论评价功能。总而言之,在伽略特对休谟"理性"概念的理解中包含一种微妙的混乱或自相矛盾。(参见 D. Garrett, *Cognition and Commitment in Hume's Philosophy*, Oxford, Oxford University Press, 1997, pp. 91-92。)

不能得到理证性的证明。再来看概然性的论证(probable argument)：既然所有的概然推断都已预设了"未来与过去相似"这一前提，那么再用概然推断证明"未来与过去相似"就陷入了循环论证。由此可见，无论通过人性化理性活动中的哪一种(理证或是概然推断)，我们都无法证明"未来与过去相似"这一论题。对此休谟总结道：

> 不但我们的理性不能帮助我们发现原因和结果的最终联系，而且即便在经验给我们指出它们的恒常结合以后，我们也不能凭自己的理性使自己相信，我们为什么把那种经验扩大到我们所曾观察过的那些特殊事例之外。我们只是假设(suppose)，却永远不能证明(prove)，我们所经验过的那些对象必然类似于我们所未曾发现的那些对象。(T 1.3.6.11)

证明不了"未来与过去相似"，我们自然也就无法理证"因果关系具有后天确定性"或"经验归纳法具有合理性"。[①]

总而言之，休谟在否定因果关系的先天确定性之后，也否定了该关系的后天确定性；而对因果关系后天确定性的否定也就是对经验归纳法的合理性的否定。这里需要请读者注意的是，"后天确定性"与"先天确定性"相比，除前者依赖经验而后者不依赖经验之外，这两种确定性还有严格程度上的差异。笔者认为，"先天确定性"是最严格意义上的确定性，因为先天确定的事物后天一定也是确定的；例如，数量关系是先天确定的，那么我们有关经验事物的数量计算也应当是确定的。而后天确定的事物却不一定具有先天确定性，就此而言，"后天确定性"并不是最严格意义上的确定性；例如，在我们经验到"太阳晒(石头)"与"石头热"的恒常结合以后，即便我们能够证明"未来与过去相似"从而使"太阳晒(石头)导致石头热"这一因果推断成为后天确定的，我们还是可以先天设想这一因果推断的各种反面情况(如"太阳晒，石头变冷""太阳晒，石头温度保持不变"等)。因此，这两种确定性是有实质差异的，我们绝不能把休谟对因果关系的先天确定性的否定简单

---

① 事实上，依据彻底经验论的理论逻辑，休谟是难以给出一个积极而可信的"未来"(future)观念的。"未来"观念内含时间(绵延)的无限性问题，而彻底的经验论无法给出一个积极而可信的"无限时间观念"。如果"未来"观念不能得到落实，那么休谟质疑因果"必然联系"的重要证据"未来与过去一致"在我们理解起来也不会是积极可信的。因此，休谟在其经验论基础上对归纳逻辑的反驳就会缺乏力量。

等同于他对因果关系的后天确定性的否定；同理，休谟所谓的"因果问题"也不能被我们简单划归为"归纳问题"，因为"归纳问题"只是"因果问题"的一个方面（其后天确定性方面），而"因果问题"除包含"归纳问题"之外，还包含了无法与前一问题相混同的有关因果关系先天确定性方面的问题。①

既然无论从先天方面还是从后天方面我们都无法论证因果关系的确定性（必然性），那么由此我们自然就可以推得如下两条定论。①因果关系绝非理证的恰当对象，而在排除了因果关系之后，观念间的七种哲学关系中也只剩下数量关系可以作为理证的恰切对象。简言之，数量关系是理证的唯一对象。我们看到，此后休谟凡谈及"理证"，往往都是在谈论我们有关数量关系的推理活动。②因果关系虽是涵摄着"接近、接续和恒常结合的一种哲学的关系"（T 1.3.6.16）②，但因果/归纳推理却无法成为一种哲学的推理，由它们所推得的结论也不具备哲学真理性。通过对概然推断的哲学真理性的否定，休谟也把人性化理性的这两种具体推理活动绝对区别开来，即在哲学上（或曰"理论上"），我们处理实际事情的概然推断总是不确定的，可错的；而处理数量关系的理证却可以达到绝对的确定性与不可错性。

第二节　对概然推断之自然真理性的肯定

由以上分析可知，在经验向我们指出诸对象的恒常结合之后，我们并非被理性所决定而作出从一个对象到另一个对象的推理。这里的"并非被理性所决定"恰如上文所述，它包含有对因果/归纳推理的规范性考察与评判。这一评判就是，我们的因果/归纳推理在哲学上或者说在严格的理论反省意义上是非理性的（unreasonable）。笔者把这一评判限制在"哲学上"或"严格的理论反省意义上"一方面是想否定因果/归纳推理的哲学

---

① 由此可见，18—19世纪的英国学者（如托马斯·布朗与约翰·穆勒）以及20世纪初的一大批逻辑实证主义者（如罗素、艾耶尔与卡尔纳普）都倾向于把休谟的因果性问题化约为因果之间的规则性接续问题，这种理解错失了休谟因果性理论的丰富性。

② 在 T 1.3.14.30 中，休谟给"原因"概念下了一个哲学定义：它是先行于和接近于另一个对象的一个对象，而且在这里凡与前一个对象类似的一切对象都与后一个对象类似的那些对象处于类似的先行关系和接近关系中。休谟认为这一定义是有缺陷的，因为这一定义未能揭示出"原因的必然性"；而所谓"未能揭示出'原因的必然性'"在笔者看来是指，休谟的这一定义没有向我们指明因果之间的那种原始联系印象，而不是像持实在论立场的"新休谟派"学者所认为的那样，休谟承认因果必然性在外部对象中是客观存在的，只是我们的观念或定义无法把握到它。

真理性，另一方面也是想强调指出，在其他意义上（自然意义上或感性实践意义上），因果/归纳推理并非就一定是非理性的。因此，诚如欧文、伽略特等学者在批评斯特伍把休谟的理性观归结为"因果怀疑主义"（causal skepticism）或"归纳怀疑主义"（inductive skepticism）时所正确指出的那样，这里的"并非被理性所决定"并不表明休谟对因果/归纳推理持彻底否定的态度，或者说，休谟把这种推理完全看作非理性的、不可接受的。① 事实上，休谟结合自然化的人性要素与原理对因果/归纳推理得以成立的自然依据进行考察后表明，除把因果关系理解为一种"哲学的关系"外，我们还可以把这一关系看作一种"自然的关系"；因果/归纳推理也就成为一种自然的推理，由这一推理所得出的结论相应地也就具有自然真理性。

一、概然推断作为自然推理：联想活动及其习惯原理

休谟指出，当心灵由一个对象的观念或印象推出有另一个观念对象存在时，既然这种推理活动不被我们的理性所决定，那么它一定就是被"联结这些对象的观念并在想象中加以结合的某些原则所决定的"(T 1.3.6.12)，这些原则就是笔者在第二章第二节中着重探讨过的诸对象间的自然联结原则，即我们由某一对象（观念或印象）自然而然地就会联想到与之类似、接近或有因果关系的其他对象。按此，休谟把概然推断看作发生于因果对象之间的自然联想活动，而"习惯"就是这一联想活动所奠基于其上的基本人性原理。对此可具体说明如下：当我们经验到任何两个对象总是以某种固定的秩序相伴出现的时候（处于恒常的接近与接续关系中），其中任何一个对象的再次出现自然就会把我们的思想转移到作为它的通常伴随物（usual attendant）的那另一个对象上。用休谟自己的话说："对象由于恒常结合就在想象中得到一种结合。当一个对象的印象呈现于我们的时候，我们立刻形成它的通常伴随物的观念。"(T 1.3.6.15)对象间的结合的发生，不取决于心灵的任何推理或反省，也不是因为我们洞察了诸对象的本质从而发现了它们之间的内在联系（实际上我们对此毫无所知），而是习惯作用于想象上的结果。② 所谓"习惯"，恰如第二章第二节所述，它是那样一种人性活

---

① 参见 D. Owen, *Hume's Reason*, Oxford, Oxford University Press, 2007, pp. 136-138; D. Garrett, *Cognition and Commitment in Hume's Philosophy*, Oxford, Oxford University Press, 1997, pp. 91-93, 214-215。

② 因此，我们之所以预期乃至相信"我们所没有经验过的例子必然类似于我们所经验过的例子"，这不是任何推理或反省的结果，而是习惯的作用效果。

动原理,即"不经新的推理或结论而单由过去的重复所产生的可将这种重复作用继续下去的心理倾向或偏向(psychological inclination or propensity)"。"诸对象在我们记忆经验中的恒常结合"恰好就属于这种"过去了的重复",这种"重复"会使诸对象逐步印刻在我们的心中并形成皮尔斯所谓的"联结轨迹"(associative track)[1],当与其中任何一个对象类似的新对象一经出现,心灵不需要任何努力,它沿着这一轨迹自然就会联想到那个通常相伴随的对象。一般而言,这种心灵(想象)活动在那种情境下是迅速发生的,就像我们一听到某个语词(word)就会想起它的相应观念(idea)那样,其间几乎没有任何迟疑或停顿。此外,这种心灵活动也是在那种情境下的必然行动,它不以人的主观意志为转移,人类"思想和理智的任何推理或过程都不能产生或阻止它"(EHU 5.1.8)。

在各种具体的因果/归纳推理中,习惯对我们想象的影响有着或隐或显、或直接或间接的细微差别。首先,当任何两个对象的结合在过去经验中司空见惯的时候,习惯对我们想象的作用将会达到最大的程度,这时当我们把这种经验投向未来并作出从因到果或者从果到因的推理时,我们不必反省过去的经验,甚至都意识不到这种经验作用背后的习惯原理,例如当"刀割"的观念一经刺激心灵,我们立马就会形成"疼痛"的观念;再如当我们欲要抽去一盆花的支架时,我们立即就会作出"这盆花必将坠落"的判断。用休谟的话说,在这些"最为确定而一致的因果结合中"(T 1.3.8.14),习惯"不但把我们生来的愚蠢掩盖了起来,甚至把它自己也掩盖了起来,它之所以看上去好像没有发生过,只是因为它在最高的程度上"(EHU 4.1.8)。其次,休谟认为在那些较稀少而不常见的对象的结合方面,心灵会借助于反省以促使观念间的习惯性推移。例如在"绝对的权力总是带来绝对的腐败"这一因果推理活动中,我们并不能直接就把这两个观念结合在一起;此时我们会去搜集并反省所有有关独裁者是否贪腐的历史证据,在确知"独裁"与"贪腐"的习惯性结合以后,我们才能从"绝对的权力"观念顺适地推出"绝对的腐败"观念。最后,在严格的实验推理中,我们通过控制变量的方式由一次反省经验就能得出某一特定结论,一次经验虽不能建立起充分的习惯,但这并不表明这样的因果推理不曾受到习惯的间接影响;相反,我们之所以能由一次实验推得一个结论,恰恰是因为在这一次实验中含藏着一条我们通过大量案例所建立起来的更为普遍而有效的习惯性原则:相似的对象在相似的

---

[1] 参见 D. Pears, *Hume's System: An Examination of the First Book of His Treatise*, Oxford, Oxford University Press, 1990, pp. 66-74。

情境下总是会产生相似的结果。这条习惯性原则是所有实验推理得以成立的先决条件，只是这一条件往往在不为我们所知的情况下就已发挥它的作用了。

笔者认为，从以上习惯作用的各种不同方式中我们不难推知，随着诸对象恒常结合的频次差异，习惯及其影响也就有强弱程度上的差别；诸对象恒常结合的频次越高，我们就越能形成有关这些对象的普遍而有效的习惯性原则，即休谟所谓的"通则"（general rules）；而诸对象恒常结合的频次越低，我们也就只能形成有关这些对象的越不完善、越缺乏普遍有效性的习惯性知识[①]或意见。休谟本人也说："任何习惯如果不依靠这些知觉的有规则的接续出现，便不可能养成，不但如此，而且任何习惯也永远不可能超出那种规则性的程度。"（T 1.4.2.21）由无数而一律的知性实践的经验概括得来的那些逻辑（Logic）就是最为普遍且有效的通则，这些通则除包括上述"相似的对象在相似的情境下总是会产生相似的结果"外，还包括休谟在 T 1.3.15 小节论"据以判断因果的规则"中所提到的这样一些原则：①当若干不同对象产生了同样结果时，那么这一结果一定出自这些不同对象的某种共同性质；②两个相似对象的结果中的差异，必定是由它们互相差异的那一点得来的；③当任何对象随着它的原因的增减而增减时，那个对象就是一个复合的结果，它是由原因中的诸不同部分所导致的不同结果联合而产生的；④若一个对象完整存在了一段时期却没有导致任何结果，那么它便不是那个结果的唯一原因，要发挥它的作用还需要其他原因的协助；等等。各门经验科学中的那些基本知识是具有较高普遍有效性的通则，如物理、化学以及地理科学中的那些基本原理：摩擦生热、能量守恒、太阳东升西落等。那些仅根据少数经验而仓促得出的判断和意见则只具有最低程度的普遍有效性，如普通人所持有的一些习见、偏见（"中国北方人高大，南方人矮小""左撇子聪明"等）便是如此。这些不同普遍程度的通则或原则会发生彼此之间的协调与互动，从而在整体上形成自然化经验知识的层级体系：最普遍有效的通则（诸如上述知性逻辑）处于该体系的底层，它们具有最高的权威与稳定性，并在根本上调节与规范着整个经验知识系统；较普遍有效的通则（如那些基本的科学原理）处于该体系的中层，它们具有较高的权威与稳定性，并调节与校正着

---

① 休谟在 T 1.3.11.2 中特意把"知识"（knowledge）界定为"由观念的比较得来的那种信据"，笔者这里所讲的"知识"显然不是指这种意义上的知识，而是指以因果关系为基础的有关事实及其性质存在方面的经验知识。

那些普遍有效性较少的粗疏判断和意见；这些粗疏的判断和意见也就处于该体系的表层，它们既受这些内部原则的制约与规限，同时也受到不断变化着的外部经验的冲击与挑战，因而这些表层知识往往只具有最低的权威与稳定性。①

对于这一"元知识协调中层知识、中层知识协调表层知识的层层互动而又彼此融贯的经验知识系统"，笔者想再次强调指出的是，无论这些知识在何种普泛程度上，也无论这种协调在何种知识层面之间，我们都需要牢记，所有这一切从根源上来说都奠基于习惯对想象的影响之上，而非传统意义上的理性思辨或严密逻辑推演的结果。知识的普泛程度的差异，实质上是强弱习惯对人类想象影响上的自然差异；而不同层面知识的彼此协调实质上也就是大大小小习惯之间的自发较量与协调。由此我们才能理解，在 T 1.3.15.11 中休谟虽然把上述那些知性通则称为"逻辑"，但他又认为这一套逻辑并不十分必需，因为这套逻辑是"人类知性的自然原则"（the natural principles of our understanding），它们在本质上只是一种自然的心理倾向，要发明它们并不一定需要像经院派大师或逻辑学家们那样的卓绝的理性反省能力。

在这里或许有人会问：通则的确立也好，诸通则的协调也罢，既然所有这一切都可归结为一种习惯性倾向，而与严密的反省与推理无关，那么它们又如何能称为"逻辑"或能具有较严格的推演结构呢？这是因为，诸通则的确立及其协调虽然在**终极成因或内在根据**上，绝非严密反省与推理的结果，但在**表达方式**上，我们一旦把它们诉诸语言与文字，它们就在理知意义上获得了可被我们公共学习与传用的形式结构；依照这种结构，我们不仅能够在反省中直接把握这些通则及其相互关系，而且还能像使用逻辑规则那般把这些通则形式地应用于论证，改进并完善我们的经验知识。当然，这种应用要得当、精确，休谟认为只有具备较高理智能力（如机敏、专注等）的人才能胜任，而一般人往往是难以做到的。②

---

① 据休谟有关人类理性三种具体形态的划分（参见本书第二章第四节页下注），此处前两类知识应当属于因果证明性知识，而最后一类知识应属于狭义的概然性知识（意见）。

② 休谟在 T 1.3.15.11 中交代，"所有这类性质的规则（知性逻辑——引者按）都很容易发明，但是应用起来，却极感困惑；甚至似乎最自然、最简单的实验哲学，也需要人类判断的极大努力"，自然界的那些现象都是错综复杂的，因此在自然哲学研究中，"我们需要极其恒久不懈，坚持探索，并且需要极大的机敏，在呈现出的那样多的路线中选择最正确的路线"。而精神界的对象更是"隐晦而模糊"，我们要做好精神哲学的研究，自然也就更加需要心灵的专注、机敏与持久钻研了。笔者在下一章中会谈到俗人与智者在理性程度上的区分，在那里我们也会看到，无论何种领域的研究，我们要做好它都需要智者那样的健全理性能力。

总而言之，对所有经验性的原则与推理来说，追根溯源，它们都奠基于习惯及其对想象的自然影响之上，而没有任何可靠论证或反省的基础；然而，这些基本的原则与推理规则一旦成文并由此获得某种客观形式，它们就可被我们反思性地把握到并被有意地运用于指导和提升我们的自然理性，这一点恰恰为休谟理性观之"自然主义（二）"的展开埋下了伏笔（详见后文）。

作为奠基于习惯原理之上的联想活动，就此而言，我们的"概然推断"又可被称为"自然推理/理性"（natural reasoning/reason），它虽内含某些"逻辑规则"，但笔者认为，在休谟自然主义理性观的初始阶段，此时人类的自然理性主要还停留于与动物式本能反应相一致的低级层次。当休谟在 T 1.3.15 小节论述完"据以判断因果的规则"之后，他紧接着在 T 1.3.16 小节就转向对"动物的理性"（the reason of animals）的探讨，他认为"考察一下畜类的推理能力，也如我们考察人类的推理能力那样"（T 1.3.15.12），而通过这种考察，休谟明确提出"畜类也和人类一样禀有思想和理性"（T 1.3.16.1）；当动物熟悉了某一对象与另一对象的恒常结合之后，它们也能从与其中一个对象类似的当前[1]对象推断出与此对象通常相伴随的那另一个对象；且这一推断依据的是同样的习惯性联想原理，而不是也不可能是任何繁复的论证或推理，有关这方面的著名例子要数苏联生理心理学家巴普洛夫在狗身上进行的"条件反射"实验了。由此休谟认为自然理性虽是发生于我们灵魂中的某种独特能力，但它又是与动物式"刺激—反应"活动极其相似的一种"神奇而不可理解的本能"（T 1.3.16.9）。我们往往惊羡动物的本能，殊不知我们人类拥有的所谓"高级理智"某种意义上也是一种本能。

在传统的主流看法中，人是有理性的动物，这里的"有理性"是能把人与一般动物绝对区隔开来的人之为人的高级属性，而当休谟揭示人的自然理性在本质上与动物理性一样都是某种"本能"或"机械能力"时，恰如休谟哲学的激进怀疑主义解读者弗格林所指出的那样，我们对人性能力与尊严又该感到如何的悲观与失望呢?![2] 然而，出乎我们意料的是，休谟对此非但没有感到那么悲观与失望，相反感到一丝庆幸与赞赏。当休谟发现"动物在这些推断中不受推理的指导，而且我们的儿童是如此，

---

[1] Present，也译为"现前"。
[2] 参见 R. J. Fogelin，"Hume's Skepticism"，in D. F. Norton & J. Taylor（eds），*The Cambridge Companion to Hume*，New York，Cambridge University Press，2009，pp. 209-237。

大部分人类在他们平常的活动和论断中是如此,哲学家自己也是如此。哲学家在他们全部能动的生活方面,与普通人基本一样,并受同样准则(习惯性联想——引者按)的支配"(EHU 9.5)时,他反而认为这是一种巧妙而可喜的自然安排,因为"习惯原理"是比较便利而通用的,而"推理活动"往往繁杂、缓慢又不确定:

> 我们从相似的原因推断相似的结果,从相似的结果推断相似的原因,这些推断所依赖的心灵活动对于全人类的生存是非常必要的,所以,我们不能将它托付给靠不住的理性推演;理性推演活动是缓慢的,在婴儿早期的几年根本不会出现,在人生的其他各个年龄和时期,即使在它的最佳情况下,也极易出错。对于这样一个重要的心灵活动,如果我们用某种本能或机械倾向确保其可靠,那是比较符合通常的自然智慧的;这种本能或机械倾向在活动时可以是无误的,可以在生活与思想一开始时就表现出来,可以独立于一切费力的理智推演。(EHU 5.2.13)

从休谟的上述态度与看法中我们不难发现,休谟在阐释与评估人类理性(自然理性)时早已放弃了传统的理论/形而上学旨趣,而逐步转向了感性的生活实践立场。这为我们重新理解"休谟问题"提供了新视野。

众所周知,"休谟问题"(因果/归纳问题)是学界长期争论的问题。学界往往将这一问题看作规范的认识论哲学问题,这其实蕴含了休谟通过怀疑主义所揭示的理论/形而上学旨趣。从感性的生活实践立场看,又该如何理解休谟问题的实质呢?休谟的自然主义恰恰表明,"休谟问题"的提出,其用意并非仅在于引起我们对因果/归纳怀疑主义的理论回应(所谓 anti-skepticism),而是在理论上陷入彻底怀疑论时,我们如何还能在实践上有效地运用因果/归纳推理。休谟研究专家诺顿以"后怀疑主义"(post-skepticism)而不是"怀疑主义"来定位休谟哲学的基本立场确有洞见,他说:

> 休谟已经表明如下三点:①早期哲学家,尤其是马勒伯朗士、培尔、洛克和贝克莱,已经把传统形而上学与认识论发展到它们的怀疑论结局;②这些怀疑论观点已被合理而有效地建立起来;③在此早已确立和明显的怀疑论面前,哲学所剩下的最重要的任务,就是表明在没有前人所探求的有关终极原因和原则的知识的条件下,

我们如何安顿好我们的生活，尤其是我们的理智生活。①

在后怀疑的实践论意义上看待休谟问题，他的自然主义方案恰恰为其解决提供了某种依据。休谟的自然主义突出强调了习惯、情绪、本能等人性非理性因素在因果/归纳推理中的重要作用，从而在实践上为休谟问题的解答找到了一条可规避皮浪主义风险的道路。换句话说，在皮浪主义的挑战下，因果/归纳推理的有效奠基只能是感性—实践的，而不能是理性—认识的。据后面第四章第二节的分析我们会看到，当休谟说"关于原因和结果的一切推理都只是由习惯得来的，而且恰当地说信念是我们天性中感性部分的活动，而不是知性部分的活动"(T 1.4.1.8)时，自然主义的因果/归纳推理固然没有必然为真的理性根据，但它不仅能使我们"照常继续相信、思维和推理"(T 1.4.1.8)，而且皮浪主义作为一种单纯的理性与反省活动与之无涉："所有这些活动（情感、情绪等感性活动——引者按）都是一种自然的本能，思想和理智的任何推理或过程都不能产生或阻止它。"(EHU 5.1.8)休谟认为人不仅是理性的存在，也是行动的存在（参见 EHU 1.6），且我们的行动只能受到情感、情绪等感性因素的推动，而理性（知性）却无法直接影响它。

此外，把因果/归纳问题看作后怀疑主义的感性—实践问题，而不仅仅是理性—认识问题，上述休谟对他的自然主义的积极肯定甚至赞美才是可以理解的。在休谟看来，自然主义原则更能体现造物主造人的善意与智慧。休谟认为因果/归纳推理对人类的生存与实践是绝对必要的："我们关于事实或存在的一切推理都是建立在这个关系上"，而"各门科学的唯一直接的效用，就是教导我们如何根据将来事件的原因来控制和管理那些事件"。(EHU 7.2.4)如果我们仅仅被理性决定才能使用这一推理的话，那么在怀疑主义的攻击下，我们必然要被剥夺正当使用因果/归纳推理的权利；相反，休谟认为习惯这一自然原则不仅能使人类避免皮浪主义的恶果，而且还是人生的伟大指南(the great guide of human life)：

只有这条原则使我们的经验对我们有用，使我们期待将来有与过去出现的事件相似的一系列事件出现。如果没有习惯的影响，我们对超出直接记忆和感觉之外的一切事实就会毫无所知。我们就会

---

① D. F. Norton, "An Introduction to Hume's Thought", in D. F. Norton & J. Taylor (eds), *The Cambridge Companion to Hume*, New York, Cambridge University Press, 2009, pp. 1-39.

不知道如何使手段适合于目的，不知道如何用我们天生的能力来产生任何效用。我们思辨的主要部分就会立即停止，我们的一切活动也会立即停止。(EHU 5.1.5)

二、概然推断所得结论的自然真理性：信念理论

由前文(第二章第二节)分析可知，自然真理往往与对象在我们心灵上造成的某种影响息息相关：对象对心灵的感性强制力越大，我们在对象身上感到的活泼性与强烈程度越高，该对象的自然真理性也就越强；同理，对象对心灵的感性强制力越小，我们在对象身上感到的活泼性与强烈程度越低，该对象的自然真理性也就越弱。这条原理为休谟信念理论的提出奠定了基础。休谟认为，诸对象的恒常结合不仅使得我们由其中一个对象的当前存在而联想到作为该对象通常伴随物的另一个对象的观念，而且还使得我们相信了这一观念对象的真实(truth)①。用休谟的专门术语来说，由概然推断所推出的对象在我们心中不仅表现为**观念**，而且还表现为"**信念**"(belief)。现在的问题是，对一个对象的"信念"与对该对象的"单纯观念"或者说"虚构"(fiction)到底有何区别呢？休谟结合"印象"与"观念"的区分原理发现，既然同一个对象在其内在的本性或内容方面不能包含差异(否则就是不同的对象了)，那么差异一定在对象对想象的外在影响方面，即在对象的活泼与生动程度上。因此，有关同一个对象的"信念"与"虚构"的差异也不在诸对象的一些部分或构成中，而在于我们想象它们的不同方式(manner)，在于它们给心灵造成的不同感觉或情绪。信念就其本质而言是接近印象(或记忆观念)的生动观念，我们在它们身上会感到"一种较强的力量(a superior force)、活泼性(vivacity)、坚定性(solidity)、稳固性(firmness)或稳定性(steadiness)"(T app. 12)；而虚构的观念只是出现于我们想象中的纯粹观念，这些观念在感觉起来时总是散漫、淡弱而不强固的。而据自然真理所依托的人性原始性质，信念的那种感觉会使我们把某些事物判定为实在的或真实的，而虚构的那种感受自然就会使我们把某些事物判定为虚幻而不真实的。这里的感觉或判断与上述"习惯作用"一样，都是心灵在那种情境下的必然活

---

① 此处的"真实"一词是在笔者所谓"自然真理"意义上加以使用的。

动，它们的发生与不发生都不受人的主观意志的掌控。①

阐明了"因果信念"的本性之后，休谟转而探讨了一种特殊的心灵活动得以发生的理由。概言之，这一理由就是，一个当前印象（或记忆观念）不仅把我们的思想转移到与它恒常结合着的另一个对象的观念，而且还把它的一部分强力和活泼性传给那个观念。为证明这一点，休谟首先举了一些平行的例子。休谟总结日常经验发现，相似关系、接近关系与一个当前印象结合起来都会产生与因果作用类似的那种活跃某个观念（enliven an idea）的效果：一个不在场的朋友的当前相片（由于相似关系）就会把它的某些生动活泼性传给我们对该朋友的观念；在我离家只有数英里时的一个当前印象就比离家六百英里时的一个当前印象（由于接近关系）更能激发我对家乡事物的热烈想象。此外，虚构观念（如鬼怪、神仙等）的人为重复（发生在休谟所谓的"教育"中）也会使得这些观念对我们的心灵发生一种较强烈而有力

---

① 越来越多的学者开始重新审视休谟对信念的心理主义解释，认为休谟恰恰是从非认识事实（non-epistemic facts）中引出认识的规范理论——规范的认识即得到辩护的信念（justified belief），而信念的辩护地位（justificatory status）则与信念的心理成因或性质相关。但这些学者往往并不满足于用"强力""活泼"等感受直接说明信念的辩护地位，而是进一步给出了更丰富而精致的解释。笔者择其要概述如下：①不可抗拒性解释（irresistibility interpretation）：以康普·斯密与斯塔德等学者为代表，主张信念的辩护地位在于信念发生的不可抵抗性或不可避免性，换言之，我们应当接受那些我们无法阻止其发生的信念。（参见 N. K. Smith, *The Philosophy of David Hume*, New York, Palgrave Macmillan, 1941, pp. 87, 388, 486；B. Stroud, *Hume*, London, Routledge & Kegan Paul, 1977, pp. 10-16, 76, 247。）②规则性解释（regularity interpretation）：以帕斯莫尔为代表，主张信念的辩护地位在于信念所出自的原则或系统的规则性或有序性，换言之，我们应当接受那些出于规则体系或受它调节的信念。（参见 J. Passmore, *Hume's Intentions*, London, Duckworth, 1980, pp. 54-55, 63, 101。）③稳定性解释（stability interpretation）：以卢伯为代表，主张信念的辩护地位在于信念形成机制（belief-forming mechanism）的稳定，稳定的信念形成机制产生了信念的稳定性。这些机制除包括感觉官能、记忆官能以及因果推理外，还涵括直观与理证在内。（参见 L. E. Loeb, *Stability and Justification in Hume's Treatise*, Oxford, Oxford University Press, 2002, pp. viii, 12-19, 28-29, 32-33。）④可靠性解释（reliability interpretation）：以施密特（F. F. Schmitt）为代表，主张信念的辩护地位在于信念产生自可靠的心理活动（psychological operation），可靠的心理活动产生了信念的可靠性；因果推理与理证等都属于可靠的心理活动，这里"可靠"特指心理活动的"可废止性辩护能力"（the defeasibly justifying power），正因为如此，因果信念与理证具有同等的辩护地位。（参见 F. F. Schmitt, *Hume's Epitemology in the Treatise: A Veritistic Interpretation*, Oxford, Oxford University Press, 2014, pp. 24-25, 28-29, 36, 395。）以上四种解释尽管不尽相同，但有家族相似性：不可抗拒性解释虽比较消极（接受信念只因我们不得不接受它），也不够周全（休谟承认某些正当信念须辅以反省才能发生），但这一解释的确抓住了休谟"信念"感觉的那种强迫性或必然性特征，是对这一特征的提炼与升华；规则性、稳定性与可靠性解释虽然也有各自的问题，但这些解释某种程度上都是基于休谟"信念"之稳固性、坚定性感觉的不同方向上的合理延展或创造性转化，彰显了休谟信念理论巨大的解释空间与解读潜力。

的影响，就像从小就听某个谎言长大的人最终会对该谎言产生盲目的信从那样。其次，休谟还借助实验推理对"信念的发生理由"作了更为充分而精细的考察。既然"信念"只是我们由当前印象（present impression）而发生的某种内心现象（internal phenomenon），那么休谟这里要考察的问题自然可以表述为：当前印象到底是借着何种性质或原理产生这种内心现象的呢？休谟发现，第一，当一个当前印象借其本身的性质和能力，且只限于当前一刹那的单一知觉而被考虑时，我们不能由此推得任何观念，更无从谈起只能附加在观念上的那种信念现象了；只有当我们经验到该印象在过去是与其他某个印象经常结合在一起的，这一当前印象才能成为信念的基础。第二，即便我们经验到诸对象的恒常结合，若缺乏习惯的转移作用，我们也不能由其中任何一个对象的当前印象而发生对另一个对象（观念）的信念。第三，若把当前印象换成某个纯粹观念，即便我们能由习惯的作用而联想到另一个观念，我们对此观念也不会发生信念；与纯粹观念相比，当前印象所具有的那种生动活泼性对信念现象的产生是十分必要的。① 综上所述可知，为产生信念，一个当前印象、该印象与其他印象恒常结合的经验以及习惯的那种转移作用，所有这些条件都不可或缺。

从信念所赖以产生的这些必要条件来看，上述"相似关系""接近关系"与"教育中的人为重复"虽都有加强一个观念的功效，但由于这些关系或习惯缺乏以上诸种必要条件中的一种或两种，因此它们各自在强化观念方面远远不能达到让我们产生信念的程度，休谟举这些关系或习惯的例子也只是为用素朴的"类比"（analogy）这种虽不严格却便利的方式向我们证实信念的发生理由罢了。一个当前印象虽然也可以借着习惯性的转移而把印象的某些活力传给某个虚构的类似对象或接近对象，但若缺乏"该印象与此对象恒常结合的过去经验"，那么我们也完全可以虚构其他的类似对象或接近对象，因而这些对象在我们心中的出现终归是任意而不定的，对这样一些对象我们根本不可能发生信念。② 教育中某些观念（一般都是指那些现实中不存在的虚幻观念）的人为重复之所以不能带来信念，是因为这种重复总是刻意进行的，它并不像"诸对象在经验中恒常结合"的重复来得那么自然而实

---

① 当然，有时候一个其相应印象已被我们忘记的观念甚至一个观念的观念也会导致信念现象的发生，但休谟认为这些观念并不纯系想象（虚构）的产物，而是能向我们表象某些存在着的对象的实在知觉，所以这些观念也能够以心灵反省它们时所带有的那种强力与坚定性赋予与它们关联着的另一些对象。（参见 T 1.3.8.15～T 1.3.8.17）

② 事实上，在休谟看来，一个当前印象与相似关系或接近关系结合起来会产生活跃某个观念的效果，恰恰是以我们对该观念对象（如上述例子中的"朋友"与"家乡事物"）的（曾经）真实存在的信念为基础的。

在，而且我们不可能为这些观念中的任何一个观念指认一个当前印象，而一旦缺乏当前印象，无论我们在这些观念间进行怎样的推移，我们都不可能赋予它们信念所需的那种活力和强力。休谟说得很清楚，"任何观念的一再重复，就把它固定在想象中；但是这种重复本身决不能产生任何信念"（T 1.3.9.17）；除不能带来信念外，休谟认为教育还是我们许多错误意见的根源，"由于教育是一种人为的、而不是自然的原因，且教育的准则又往往违反理性，甚至在异时异地也会自相矛盾"（T 1.3.9.19），所以由教育得来的意见往往得不到哲学家们的支持与信任。要言之，在休谟看来，信念也就是观念的生动活泼性，① 但并不是观念的任何一种生动活泼性都可称为信念；信念的那种生动活泼性是在较高程度上的（接近于一个印象或记忆观念那样的生动程度），单由相似关系、接近关系或者人为重复而给予某个观念的活力与强力远远低于信念所要求的那种强烈程度；一个当前印象只有与因果关系结合起来才能给我们带来对某个新观念的信念，因为因果关系以记忆经验为基础，而记忆中的观念总是相当精确而强固的，那么由当前印象而联想到的某个与记忆观念类似的新观念自然也就会带有较高程度的强力与稳固性。② 当然，从另一个角度来说，信念固然"只起于因果关系"（T 1.3.9.2），而不起于单纯的相似关系或接近关系，但后两种关系某种程度上也会对信念产生一定的反作用：在因果关系之上附加一种相似关系或接近关系可以增强一个信念；而在某些情况下，由于缺乏相似关系或接近关系，我们对某物的信念也会大大地减弱。③

---

① 休谟曾直言："我们还不该只满足于说观念的活泼性产生了信念，我们还必须主张它们两者是同一的。"（T 1.3.9.17）又说："信念与观念的活泼性原是一回事。"（T 1.3.11.13）
② 欧文认为，既然"同样性质的活力与生动性，也即同意（assent），可以通过其他途径而产生，例如通过谎言的不断重复"，那么"附加在由教育所加强的观念上的活力与生动性也就与我们给予因果信念的那种同意是一回事"。（参见 D. Owen, *Hume's Reason*, Oxford, Oxford University Press, 2007, pp. 207-208.）笔者不同意欧文的这一看法，因为即便我们对教育观念的同意以及对因果观念的同意从性质上来看都来自那种活力与生动性感受（或者用笔者的话说，它们在质上都属于自然真理的范畴），我们还是能从量的方面（那种活力与生动性感受的强弱程度）把因果信念与其他信念现象很容易地区别开来（或者用笔者的话说，在程度量上，各种同意或信念的自然真理性有相当明显的差异）。
③ 因果关系中已经包含了相似关系（如当前印象与因果性经验中某一类对象的类似）与接近关系（因果之间的时空接近），在因果关系之上附加或减少一种类似关系或接近关系，笔者认为，休谟这里的意思应当这样理解：附加或减少作为原因的对象与作为结果的对象的相似关系；附加或减少当前印象与因果性经验中某一类对象的接近关系。以"附加一种相似关系"为例，在"当 A 球运动并撞向静止的 B 球时，在撞击的一刹那 B 球定会运动"这一因果关系中，我们对"B 球运动"的信念不仅由因果恒常结合的过去经验而得来，而且还会因这里的原因（A 球的运动）与结果（B 球的运动）之间的极其相似而加强。

既然信念可以使一个观念具有接近印象的生动活泼性，那么它对我们想象与情感的影响也就会类似于印象对心灵的影响。一般说来，当下印象对心灵的刺激总是最强、最猛烈的，那么与对某个对象的纯粹观念相比，对该对象的信念也就更能激发我们的情感，活跃我们的想象。比如说，厨房里传出的香味由于与因果关系的结合往往会给予我们一顿美餐的信念，这个信念比我们虚构的任何一种豪华筵席的观念更能引发我们的欲望情感；一部小说的作者会在书中添加一些真实的人名与地名（对此我们拥有信念），以便整个故事情节更能被我们的想象所接受。信念能够激发情感，活跃想象；反过来，激烈的情感与生动的想象也会导致信念的发生。休谟举例说，一个懦夫只要一听人们讲到危险，他就会立马表示同意；而以鲜明色彩向我们描绘的任何东西往往都易于得到我们的赞同。结合上文分析我们会发现，这里存在着一个问题：休谟既认为信念只起于因果关系，又认为激烈的情感与生动的想象也能导致信念的产生，这两种观点是明显矛盾的。写完《人性论》之后，当休谟回过头来对整部作品进行修订时，他似乎已经意识到了这个问题，于是他又区分了"诗意热情"（poetical enthusiasm）与"真正的信念或确信"（genuine belief/serious conviction），并主张仅由"激烈情感"或"生动想象"所带来的信念现象很大程度上是一种"诗意热情"，而不是"真正的信念"。这是因为，"诗意热情给予观念的活泼性，并不是由这些观念的对象的特殊情况或联系得来的，而是由其人的当下性情和心情得来的"（T app. 14），由"人的当下性情和心情"得来的那种活泼性只是一种偶然而表面的激动感觉，这种感觉远远没有由"当前印象与因果关系结合时"所发生的那种活泼性感觉来得稳沉、实在而有力，因此"诗意热情"只是休谟所谓的"信念或信服的假象"（the mere phantom of belief or persuasion）而已。

在结束对休谟信念理论的论述之前，笔者还想简要探讨一下有关信念程度大小等方面的问题。既然从实质上来说，信念只是一种较高程度的生动活泼性感觉，那么随着这种感觉的增强或减弱，我们对某个观念的信念也就会发生或强或弱的变化，而有这种变化或程度差异恰恰是一切自然真理的特性。又由于信念从产生机制上来看是当前印象与因果关系相结合的产物，且结果的任何一种变化既然都从原因中变化的那一点来，那么信念感觉的强弱变化一定也就发生于当前印象或因果关系的某种改变。休谟发现，一个当前印象与因果性经验中的某一类对象越相似，该当前印象越活跃有力，转移这种活力的那种习惯作用越完善，我们对某个被推出观念的信念也就越强；相反，一个当前印象与因果性经验中的某一类对象越不相似,该当前印象越微弱无力,转移这种活力的那种习惯作用越不完善,我们对某个被推出观念的信念也就越弱。休谟举例说:"一个新近做过的并在记忆中仍然新鲜的实验,比一个已有几分忘却了的实验更能打动我们,而且对于判断也如对于情感一样有较大的影响。"(T 1.3.13.2)再如,在其他条件不变的情况下,由较强习惯原则转移得来的信念往往比由较弱习惯原则转移得来的信念要完整、强大得多;此时信念的强弱差别取决于习惯对想象的影响差异,而上文所谓的那些"大大小小习惯之间的自发协调与互动"实际上也就是强弱信念之间的彼此较量,所以休谟会说:"当我相信任何原则时,那只是以较强力量刺激我的一个观念。当我舍弃一套论证而接受另外一套时,我只不过是由于我感觉到后者的优势影响而作出决定罢了。"(T 1.3.8.12)休谟这里提到的"原则"与"论证"其实都是指"概然推断"(自然理性)。从**过程机制**看,概然推断就是习惯性联想;而从**结果效应**来看,概然推断也就是信念。就此休谟曾说:"一切概然推断都不过是一种感觉"(T 1.3.8.12),而在 T 1.3.7.5 的注释部分,他甚至把我们有关事实及其性质存在方面的所有知性作用(包括"概念""判断"与"推理")都还原为我们想象一个或多个对象时所发生的那种特殊感觉,即信念。因此,当我舍弃一套概然推断而接受另一套概然推断时,若着眼于**过程**,那么这一推理活动就表现为不同程度的习惯对想象的不同作用;若着眼于**结果**,那么这一推理活动就表现为较强信念对较弱信念的优势影响。于是我们看到,休谟提出的"习惯性联想原理"也好,"信念理论"也罢,它们针对和说明的是同一件事物(自然化的"概然推断"),只是在各自的说明与解读中,它们选取了看待事物的不同角度,关注的是事物的不同方面。

三、对因果"必然联系"观念的自然化肯定

休谟认为,诸对象的恒常结合虽然不能在对象中显现或产生任何原始联系的印象,但是在观察到这种结合的心灵(思想)方面,却产生了某种新的印象,这个印象就是心灵被习惯所推动而从一个对象向其通常伴随物的观念转移的决定或倾向(determination)。这种决定或倾向是"在内心被人感觉到的,而不是被人知觉到存在于外界物体中的"(T 1.3.14.23),因此它是某种内心现象或反省印象。休谟继而认为我们要么根本没有因果之间的"必然联系"观念,要么就把这一印象看成因果"必然联系"观念的原型或范本(model)。对此可进一步解释如下:在哲学意义上,因果"必然联系"观念要成立,这种"联系"应当能被我们从因果对象方面发掘

出来，因而它是一种客观而实在的事物性质（印象）；此外，要使这种"联系"成为**必然**的联系，那么按照哲学性想象的构想原则，这种联系应当使因果关系的任何反面情况都无法设想。显然，恰如前文所证明的那样，我们无从发现因果之间的这样一种联系，因此严格说来，我们根本没有因果"必然联系"观念。然而，从另一个角度来看，心灵的上述决定或倾向固然没有向我们表象因果对象方面的任何实在联系，但它却可使因果对象在任何一个观察者的心灵中发生联结；这种决定或倾向固然也没有使因果关系的任何反面情况都变得不可设想，但它对我们心灵活动所施加的限制（constraint）却类似于构想原则对我们的想象所施加的影响，这种限制就是，它使我们对因果关系任何反面情况的想象都变得勉强而不自然；① 因此在不严格的意义上，我们可以认为这种心灵决定或思想倾向就是因果"必然联系"观念的真实范本（real model）。也唯有诉诸这一范本，我们的因果必然性概念才会变得清楚而有确切意义，而从外物性质中，休谟认为"我们永远也不可能对它（因果必然性——引者按）形成任何哪怕是极其渺茫的观念"（T 1.3.14.21）。

　　既然因果"必然联系"只是一种内心现象，那么我们为什么还会偏执地认为这种必然联系存在于因果对象之中呢？休谟并不满足于指出后一种观点的错误，他对心灵的这种偏执（bias）也给予了令人信服的自然化阐明。在 T 1.4.5.12 中休谟指出了我们自然人性中的这样一种倾向：一个对象如果被任何关系结合起来，我们便有在其中添加一种新关系的强烈倾向，以便补足那种结合，即便添加的这种新关系是不可能存在的。休谟举例说，一种气味或滋味如果常常被我们经验到伴随着某种有形的水果而来，那么除了在因果关系与时间上的接近关系之外，我们还会在"气味/滋味"与"有形水果"之间虚构一种场所上的结合关系，以便加强那种联系。由此我们会认为这种"气味/滋味"就在"有形水果"之中，而事实上，"气味/滋味"不占空间，它们与"有形事物"在场所上是无法得到真正结合的。同理，在自然的因果关系中，如果那种内心现象（必然联系）总是伴随着因果对象的出现而出现，那么我们便有将这一内心现象与外界对象加以紧密结合的强烈冲动，哪怕这两类事物的本性并不容许那样一种结合。由此可见，存在于因果对象中的那种必然联系实则是我们把内

---

① 例如在"太阳晒，石头热"这一因果关系中，我们对"石头热"的任何反面情况（诸如石头变冷、石头温度不变、石头爆炸、石头跳动起来等）的想象在理论上固然是可能的，但这些想象实际上是非常勉强而不自然的，此处只有"石头热"的观念在被我们想到时才是自然而又带有强力的。

心现象投射到外界对象上的结果。然而值得注意的是,我们并不能据此就把休谟看作一个积极的因果投射主义者(causal projectionist),因为休谟认为这种投射只是出自我们自然本性的一种"根深蒂固的偏见"(inveterate prejudice)(T 1.3.14.23),这种偏见虽然有它的存在缘由,也难以根治,但它毕竟属于理应得到纠正的幻觉与谬误。故对休谟来说,"因果投射主义"只能是一种麦基(J. Mackie)所谓的"错误理论"(error theory),① 而不太可能是他要正面提出的思想主张。

经由这种内心决定或思想倾向的发现,休谟把一种可理解的必然性或能力观念引入原因概念之中并对此概念进行了重新定义:一个原因是先行于、接近于另一个对象的一个对象,它和另一个对象那样地结合起来,以致一个对象的观念就**决定**心灵去形成另一个对象的观念,一个对象的印象就**决定**心灵去形成另一个对象的较为生动的观念。(T 1.3.14.30)这一定义也是有缺陷的,因为它并没有向我们指出"原因中使原因与其结果联系起来的那种情节"(EHU 7.2.4),且该定义中的"决定"也只是笔者所谓的"主观必然性"或"自然必然性",而非标准的"客观必然性"或"哲学必然性",但与前述哲学定义相比,这一新定义在休谟看来毕竟是更加完善、更为可取的。因为在"规则性接续"之外,它还发现了蕴含于因果关系中的某个自然化要素,即由习惯所推动的心灵决定或倾向。这一要素对因果关系来说并不是可有可无的,而是有着重要意义与用途的。笔者认为,这一自然化要素不仅是因果"必然联系"观念能够在其中得到落实的唯一印象经验,而且还是"我们在因果之间进行**推断**(infer)的基础"(T 1.3.14.20)。休谟说,我们有关实际事情的一切推断都建立在因果关系之上,而因果关系只有建立在这一要素之上,它才能成为一切经验推断的基础。除此之外,休谟研究专家皮尔斯还特别指出,唯有这一自然化要素才能让我们意识到我们是在做因果**推断**(causal inference)而不是在因果之间作简单的**猜测**(guessing),由此我们会说"原因之后**定**(must)有某个结果出现",而不是说"原因之后**将**(will)有某个结果出现"。也正因为如此,我们才能注意到因果推断是紧密关联于证据的(be sensitive to evidence),这一点将使我们对因果推断的进一步检验(reviewing)与评估(assessing)成为可能。②

---

① 参见 J. Mackie, *Ethics: Inventing Right and Wrong*, New York, Penguin Books, 1977, pp.42-49。
② 参见 D. Pears, *Hume's System: An Examination of the First Book of His Treatise*, Oxford, Oxford University Press, 1990, pp.67, 103-104。

综而言之，经休谟理性观从"怀疑主义（一）"到"自然主义（一）"的辩证发展，休谟在人性化理性中最终区分出了两类推理活动及其各自具有的不同真理性质："理证"是我们纯知性部分的活动，它只与想象（思维）中的纯粹观念对象打交道，即它是通过插入中介观念而把首尾观念联结起来的推理活动；这里每一步的观念联结都是确定的，不可错的，即它的任何反面情况都是不可设想的，因此"理证"具有哲学真理性，它与直观一样，能给我们带来**知识**，这里的"知识"专指休谟在 T 1.3.11.2 中所提出的"由观念的比较得来的那种信据（assurance）"。七种哲学关系中能够带来这类知识的有四种——相似关系、程度关系、数量关系、相反关系，这四种关系都可以成为直观的对象，其中的数量关系则除此之外还可以作为理证的对象，而事实上，数量关系也是理证的唯一对象。"概然推断"牵涉对象对我们（心灵）的外在影响与刺激，因此它并不纯是我们知性部分的活动，而是也与我们感性部分的活动紧密勾连。"概然推断"是从一个印象或记忆观念推出与它通常相伴随的另一个观念对象的推理活动，这另一个观念对象与前一对象的关系原则上总是不确定的、可错的，因为我们设想这一因果关系的任何反面情况总不会蕴含矛盾，故而这类判断与推理并不具备哲学真理性，这也是休谟把此类推理活动称作"**概然推断**"的缘故。然而，由概然推断所推出的观念对象具有由转移印象或记忆观念所得来的较高程度的生动活泼性（信念），这种生动活泼性虽无法使我们对该因果关系任何反面情况的想象都变得不再可能，但至少可以使此类想象变得勉强而不自然，这表明由"概然推断"所推出的观念对象对我们的想象（心灵）具有较大的感性强制力，并让我们以一种弱意义上的"自然或主观必然性"赋予这些对象。总而言之，概然推断具有（较高程度的）自然真理性，它能给我们带来**信念**，它的对象涉及一切实际事物及其属性的存在或不存在。这里的"存在或不存在"都是取其日常意义，而不是在"是否可设想"那种意义上使用的（相关内容参见第二章第三节）。

第四章　休谟理性观怀疑主义与自然主义辩证发展的第二阶段

笔者认为，休谟理性观怀疑主义与自然主义辩证发展的第二阶段主要围绕着"对人性化理性的进一步反思与优化"这一任务展开。这种反思与优化之所以是"进一步"的，其实是因为这种反思与优化主要是在休谟理性观之"自然主义（一）"的基础上[①]继续向前推进的：休谟理性观之"怀疑主义（二）"恰恰是休谟把怀疑主义原则（怀疑的推理/理性）运用于反思考察"自然主义（一）"的理论结果；而在"怀疑主义（二）"的刺激与助推下，休谟理性观之"自然主义（一）"也被提升为更优版本的"自然主义（二）"。具言之则为：休谟在 T 1.3 中区分并肯定"理证的哲学真理性"与"概然推断的自然真理性"之后，他在紧接着的 T 1.4.1 小节就对这两种人性化理性的真理性再次进行了彻底的哲学反省，作为这一反省考察的直接后果，休谟既否定了理证的哲学真理性，又把概然推断的自然真理性消除殆尽，由此休谟理性观之"怀疑主义（一）"就被推进到了更为激进的"怀疑主义（二）"。然而，从自然主义的角度来看，"怀疑主义（二）"对人性化理性（主要是"概然推断"）之真理性的彻底否定不仅因自然化想象的某种浅薄性质而受阻滞，而且这一否定性考察还能带来某种积极肯定的成果，即它在某种程度上能够引导我们去优化与改进我们的自然理性，并使之从较低级的本能层次提升为较高级的健全层次。因此可以说，"怀疑主义（二）"促推了休谟理性观自然主义方面的优化升级，即休谟理性观的"自然主义（一）"被推进至"自然主义（二）"。

第一节　人性化理性之真理性的再度消解

从 T 1.4.1 小节的文本内容中我们不难看出，休谟对人性化理性之真理性的哲学反省同时也是人性化理性不断运用于自我审查、自我否定的思想进程。这里所谓"自我审查""自我否定"是指，人性化理性不断从自身退出，并将自身当前达到的判断或结论（作为对象）不断置入自己的

[①] 当然，更准确地说，这一基础也包括休谟理性观之"怀疑主义（一）"认肯理证的哲学真理性的那部分内容。

严格检审之下；在这种持续不断的检审中，人性化理性的初始权威（原初判断或结论的真理性）就不断降低，以至于彻底丧失，归于无。按其形式，弗格林就把休谟这里的审查与否定形象地称为"回归论证"（regression argument）与"递减论证"（diminution argument）。[①] 而从思想效果言，笔者更愿意遵从传统的说法，把休谟这里的审查与否定称作"怀疑式论证"（skeptical argument）。怀疑式论证贯穿于上述思想进程的每一环节，而在所有这些环节的怀疑式论证中，也同样贯穿着一条基本的认识论原则。这条原则主要奠基于哲学性想象的构想原则之上，它的内容是：只要我们设想一个事物的反面（其否定）是不蕴含任何矛盾的，那么该事物的确定性或其真理性至少可被我们从理论上加以质疑或削弱。如若一个事物的反面不仅在思想上可能，而且在现实经验中类似的情况也曾多次发生，那么该事物的确定性或真理性自然也就更趋减弱了。以上就是对休谟理性观之"怀疑主义（二）"的总体说明，下面笔者将对此展开具体的分析。笔者把休谟对人性化理性之真理性的哲学反省分为两个阶段，它们分别是："将'理证'降格为'概然推断'，以取消其哲学真理性""推极'概然推断'的自反式否定，以消除其自然真理性"。

一、将"理证"降格为"概然推断"，以取消其哲学真理性

按照上一章的分析，"理证"与"概然推断"是两种不同类型的推理活动，它们具有相当迥异的真理性质，按理说，这两种推理活动及其真理应当是无法相互转化的。休谟自己也承认：

> 知识与概然性拥有如此相反而分歧的（such contrary and disagreeing）本性，它们不能在不知不觉中互相渗透，这是因为它们是完整而不能分割的，而必定是完全存在，或是完全不存在的。（T 1.4.1.3）

既然这样，那么休谟把"知识"降格为"概然性"又是如何可能的呢？笔者认为，问题的关键在于，休谟这里对"理证"的哲学反省并不是针对理证本身，而是针对理证这一心灵活动的"实施"（performance）或者说"运用"（application）。任何一个理证的反面固然是不可设想的，但是任一理证活动之实施的反面却是可以设想的。我们可以把知识或者哲学真理

[①] 参见 R. J. Fogelin, "Hume's Skepticism", in D. F. Norton & J. Taylor (eds), *The Cambridge Companion to Hume*, New York, Cambridge University Press, 2009, pp. 209-237。

看作是我们实施理证活动而得到的一个自然结果,这样"理证的实施或运用"与"哲学真理(知识)"就可被我们纳入某种因果关系中加以考量,即"理证的实施或运用"是原因,"哲学真理(知识)"是其结果。既然是因果关系,那么我们完全可以想象该关系的这样一种反面情况,即我们的心灵在实施理证活动时发生了错误,而错误的推理给我们带来的只能是知识或哲学真理的反面;就此而言,理证的实施或运用并不必然导致哲学真理或知识的产生。如若理证之实施或运用中的错误不仅可被我们先天设想,而且还被发现为是在我们的知性实践经验中真实发生过的,那么我们就更有理由去质疑我们的理证性推理活动的可靠性与准确性了。

休谟说,"一切理证性科学中的规则都是确定和无误的(certain and infallible)"(T 1.4.1.1),但是心灵在实施或应用这些规则的时候却有可能偏离(depart from)它们;而从人类心灵活动的实际情况来看,由于我们那些官能的易误与不准确(fallibility and uncertainty)以及"我们心理能力的漂浮不定(inconstancy)"(T 1.4.1.1),这种偏离与错误的发生也就不仅仅是一种理论上的可能,而且也成为一种现实的可能了。此外,发生这种偏离与错误的可能性还会因理证性推理之复杂程度的提高而增大。例如,我们在推算"2+2=4"时固然不易发生错误,但若提高问题的难度而去推算诸如"9127+5758=14885"时,我们就比较容易陷入错误之中了。这是因为后一种推算比前一种推算包含了太多的中间环节(中介观念),即"7+8=15""20+50=70""100+700=800""9000+5000=14000""15+70=85""85+800=885""885+14000=14885"等,其中任何一个环节的推算失误都会导致结果的错误,而对有限而脆弱的人类心灵来说,它在进行较多环节的推算时是很难保证自己不发生一丁点失误的。简单的数量推算固然比复杂的数量推算少了很多中间步骤,但它们在性质上还是属于同一类推理活动。既然后一种推算无法免除发生错误的可能性,那么不论前一种推算看起来多么简便(哪怕其结果可被一眼看出),它在绝对意义上也无法免除这种可能性。诚如弗格林所言,"复杂计算所染涉的错误可能性(没有人会否认这一点)必定在某种程度上会影响到我们对最简单的数学命题的信念"[1];同理,我们对理证性推理的质疑必定也会在某种程度上激发我们对直观判断的质疑。虽然直观判断的错误可能性极小,但只要这种可能性存在,那么直观判断就可被我们加以质疑。由此我们才能理解,休谟把"知识"降格为"概然性",他这里所谓的"知识"

---

[1] R. J. Fogelin, *Hume's Skepticism in the Treatise of Human Nature*, London, Routledge & Kegan Paul, 1985, p. 15.

是就"全部知识"而言的：除理证知识外，也包括直观知识在内。①

正因为理证的实施或运用并不等于"理证本身"，它与"哲学真理（知识）"的关系不是等价关系，而是因果关系，所以理证的实施或运用并不必然带来"哲学真理（知识）"，而只能给我们带来关于"哲学真理（知识）"的信念。这样一来，休谟就从实际应用方面取消了理证的哲学真理性，而把它降格为"概然性"了。不仅如此，休谟认为对这种"概然性"我们还"必须形成一个新的判断"以"作为最初判断或信念的检查（check）或审制（control）"（T 1.4.1.1）。这个新的判断也就是狭义的概然推断，在知性层面，它以过去经验中知性实践之正确案例数与总案例数（正确案例与错误案例的总和数）的量比来重新调整我们由初始判断（我们最初的理证性推理）而得到的"概然性"；这是因为，在涉及反例的狭义概然推断中，我们对某一结果的信念是按其反例所占比例的大小而相应地减弱的（参见 T 1.3.12.13～T 1.3.12.19）。在对象层面，这个新的判断还会按与推理对象之复杂程度同等比例的程度再一次调整与减弱原有的"概然性"或"信念"；这是因为，在涉及较复杂、较多推理环节的狭义概然推断中，我们由当下判断而传给某个结果观念的生动活泼性（信念）是会随着中间推理环节的一次次阻断而逐渐减低的（参见 T 1.3.13.3）。② "新判断"在这两个层面上调整"初始判断或信念"的具体过程可明示如下。

1. 初始判断

理证（应用中的推理活动）$\xrightarrow{\text{因果关系}}$ 关于"哲学真理（知识）"的信念（P）③

---

① 欧文也认为，对休谟来说，"'所有的知识都将自身分解为概然性'，并没有迹象表明他试图把这一点仅限于理证性知识"，恰恰相反，休谟的怀疑式论证不仅针对复杂的理证性推理，它也"扩及简单的理证性推理与直观活动"。（参见 D. Owen, *Hume's Reason*, Oxford, Oxford University Press, 2007, p.180。）

② 这就解释了休谟在 T 1.3.7.5 的注释部分为什么说"我们从一个结果直接推断出的它的原因；这种推理不但是一种真正的推理，而且是一切推理中最强有力的一种，比我们用另一个观念联结两端时所作的推理具有更大的说服力"。理证性推理理应比概然推断更加确定而可靠，但由于前一种推理往往包含了太多复杂的中间环节，除非一个人的想象能力十分强固，否则他在把握这些环节时是很难把最初的信据保持到底的。而后一种推理往往来得简短而直接，我们很容易就能把最初的信念在较高程度上坚持下来。

③ 按第三章第二节的分析，信念的本质就是观念的那种生动活泼性，它属于自然真理范畴，因此有强弱程度的差异；我们可按信念之生动活泼性的程度而赋予它一定的量值。又因为信念的那种生动活泼性是介于纯粹观念与印象之间的，若我们把纯粹观念之生动程度的量值定为 0，把印象之生动程度的量值定为 1，那么信念 P 的量值自然就在 0～1 之间。

2. 有关初始判断的新判断

(1) 知性层面

$$\frac{正确运用的案例数}{正确与错误运用的总案例数} = N\% \, (0 < N < 100) \longrightarrow P \times N\% = P'$$

(2) 对象层面

推理对象的复杂程度：$M\%$①$(0 < M < 100) \longrightarrow P' \times (1 - M\%) = P''$

从以上两个层面的反省与调整中我们不难发现，随着知性的正确运用比率的增大或减小以及对象复杂程度的提高或降低，我们对"理证之哲学真理性"的最终信念(P'')也会发生相应的大小变化。由此，休谟曾总结道：

> 我们的理性必须被视为一个原因(cause)，而真理就是其自然的结果(effect)；但是理性是那样一个原因，它可以由于其他原因的侵入，由于我们心理能力的漂浮不定，而往往可以遭到阻碍。这样，全部知识就降格为概然性。随着我们所经验到的知性的真实(veracity)或虚妄(deceitfulness)，随着问题的简单(simplicity)或复杂(intricacy)，这种概然性也就有大有小。(T 1.4.1.1)

然而，最终的概然性(P'')即便有这种大小变化，它与最初的概然性(P)相比，还是趋于降低的。因为在以上两个层面的反省与调整中同样显见的是，我们对"理证之哲学真理性"的信念从 P 到 P' 再到 P'' 一定是逐渐减弱的，P''的大小变化也仅仅表示这种减弱幅度的大小变化而已。总而言之，经对理证性推理活动的一次次怀疑式反省，休谟已将"理证"降格为"概然推断"（这里的"概然推断"甚至是包含较大不确实性的狭义概然推断），把"知识"降低为"信念"（这里的"信念"甚至是在较弱程度上的），由此休谟完全取消了理证的哲学真理性。当然，需要再次请读者注意的是，休谟这里的"理证"并不取它的本来意义，而是指这种推理活动在我们心灵中的实施或运用。

二、推极"概然推断"的自反式否定，以消除其自然真理性

与对"理证"的哲学反省一样，休谟这里对"概然推断"的考察与反思主要也是针对这种推理活动在我们有限心灵中的具体施用。从上文可知，在本来或理型意义上，概然推断具有自然真理性质，我们对由此类推理活动所得出的结论抱有信念。但在概然推断的具体施用中，同样由于我们发生误推的先天可能性始终存在，而且当这种可能性还会因我们心灵的弱点、推理对象的复杂而转变为一种现实的可能性时，概然推断及其信念自然也

---

① 这里的"复杂程度"涉及：每一步推理的精神紧张程度，精神在诸推理环节间转移的顺畅程度，推理环节的多与少，等等。我们也可参照这些指标为推理的复杂程度赋值，即 $M\%$。

应受到新判断的检查与审制,正如理证受到狭义概然推断的审核与调整一样。休谟认为,最初的概然推断是由对象本性得来的初始判断与信念,即我们由某个感官印象或记忆印象转到另一个与之通常相伴随的观念对象并对此对象发生一种生动而强烈的想象。由于研究对象所固有的复杂或原始不确定性以及我们在判断这些对象时的可能失误,初始判断与信念(作为对象)就理应受到由知性本性得来的第二次概然推断的审核与调整,第二次概然推断是有关我们判断力之真实可靠性(可信度)的狭义概然推断,即在由发挥判断力而作出的过去各种判断中,我们观察到它们有时是正确的,有时是错误的,这表明我们的判断力是被两种相反的原因所调节的,通过比较这两种原因并将它们各自对我们想象的影响相互抵消之后,我们对我们判断力的可靠程度就会作出一次狭义的概然推断。借着这一狭义的概然推断我们必然会相应地减少我们对初始判断所拥有的信心或信念。更甚的是,第二次狭义概然推断本身也会成为一个有待核查与审制的对象,这是因为,不仅知性官能或判断力的真实可靠性值得质疑,而且我们对我们知性官能或判断力之真实可靠性的评估也同样值得质疑(我们完全可以合理地设想"这一评估出错了");由此我们就被怀疑的理性所逼迫而就这第二次狭义概然推断再次造成一个新的判断(第三次狭义概然推断),出于相似的理由,第三次狭义概然推断必然也会在某种程度上进一步减弱原始的概然性或信念。第三次狭义概然推断会成为我们第四次判断的对象,因为我们对上述评估的评估也有可能出错,由此造成的第四次的狭义概然推断同样会继续减弱我们原有的概然性或信念。以此方式把怀疑的推理无限地进行下去,我们原有的概然性或信念就会被无数次地减弱,以至于荡然无存,归于无。为简明起见,笔者把休谟上述怀疑式论证的整体结构用符号展示,如图4-1所示。

$$概然推断(PR) \to \to \to 信念(B)$$
$$PR1 \to \to \to B1$$
$$PR(PR1)即 PR2 \to \to \to B(B1)即 B2$$
$$PR(PR2)即 PR3 \to \to \to B(B2)即 B3$$
$$PR(PR3)即 PR4 \to \to \to B(B3)即 B4$$
$$PR(PR4)即 PR5 \to \to \to B(B4)即 B5$$
$$\cdots, \cdots$$
$$PR(PRn)即 PRn+1 \to \to \to B(Bn)即 Bn+1 \text{①}$$
$$\cdots, \cdots$$

图 4-1 概然推断自反式消亡的怀疑式论证

---

① 这里的 PR(PRn) 是指"对第 n 次的狭义概然推断的新判断",即"第 $n+1$ 次的狭义概然推断",用符号表示为"PRn+1";B(Bn) 是指"减弱第 n 次的信念后而剩余的信念",即"第 $n+1$ 次的信念",用符号表示为"Bn+1"。

有人或许会对休谟这里的怀疑式论证提出异议。他们会说，既然第二次狭义概然推断(PR2)直接针对最初的概然推断(PR1)而来，那么受PR2影响的只能是我们对PR1的真实可靠性所拥有的信念，而不能是由PR1所产生的有关某个观念对象的初始信念(B1)。同理，从第二次往后的所有这些同质但不同层级的狭义概然推断也都只是针对它们各自的前一层级的狭义概然推断而来，因此它们只能相应地减弱我们对那些前一层级判断本身的真实可靠性所拥有的信念，而无法影响到那个对象层面的初始信念。例如，卢伯就认为，在 T 1.4.1 中，"为得出结论说这一系列校正(the series of corrections)会把概然性化归为无(nothing)，休谟混淆了概然性的不同次序(orders)，并将'对第一次概然推断的评估(estimate)'这一概然性误用作减少那原初的评估(original estimate)"①，这里"原初的评估"也就是指对象层面的原初概然性或信念。按照卢伯的观点，对上述一系列怀疑式论证的恰切理解应当是，由初始判断得来的概然性是对事物之发生可能性的评估(estimate of likelihood)，针对初始判断而进行的狭义概然推断(第二次判断)所减少的只是我们对这一可能性评估的信心程度(the degree of confidence in our estimate of likelihood)，而不是最初的可能性之评估本身(the estimate itself)。卢伯举例说，假设经初始判断，某事件发生的可能性为70%，再假设我们经第二次判断后得知我们判断失误的可能性为15%，那么后一种可能性只会相应地减少我们对初始判断可靠性的信心，而绝不会减少初始判断的结论本身。由此我们会说，我们对"某事件发生的可能性为70%"这一判断为真实可靠的信心减少了15%，而不会说，某事件发生的可能性从70%减少了15%。同理，针对第二次判断进行的第三次判断所减少的自然也就是我们对原初可能性评估之信心程度的信心程度，后续判断的影响可按此类推，它们都与原初的可能性评估(原初概然性或信念)不相干。卢伯继而把"有关对象存在的原初可能性评估"看作"命题内容"(propositional content)，把对这一可能性评估的信心程度乃至对信心程度的信心程度都仅仅看作"命题态度"(propositional attitude)，显然，休谟的上述怀疑式论证所影响或侵扰的只是我们的"命题态度"，原初概然性或信念作为"命题内容"自然也就不受上述怀疑式论证的干扰或攻击。② 这样一来，休谟也不必担心

---

① L. E. Loeb, *Stability and Justification in Hume's Treatise*, Oxford, Oxford University Press, 2002, pp. 223-224.
② 参见 L. E. Loeb, *Stability and Justification in Hume's Treatise*, Oxford, Oxford University Press, 2002, pp. 224-229。

人性化理性在一次次的自反式反省之后会走向彻底的自我毁灭（self-destruction）了。

为有效解除以上异议，笔者认为，我们还是应紧扣文本去准确理解休谟的信念理论，并对休谟上述怀疑式论证的本来面目进行更为全面而精细的揭示。据前文分析可知，休谟所谓的"信念"并非纯粹出自主体（心灵）内部，它被人所拥有但又不是人之主观意志的产物；信念也不纯是客体（外部对象）的某一内在性质，而是客体对主体（心灵/想象）的那种外在感性影响；综合这两条可知，信念具有某种主客间性。将信念的本质等同于观念的生动活泼性，这其实是从客体一极来说；而从主体一极来看，信念就是心灵内部的某种信心状态。由此可见，卢伯上述有关"原初可能性评估/命题内容"与"后续信心程度/命题态度"的明确区分在休谟那里是找不到根据的，这是因为，作为原初信念的"可能性评估"即笔者前文（第四章第一节页下注）所提及的那种生动活泼性的量值（如上例中的70%），也就是主体内在所拥有的有关客体的某一信心程度，只是这里的客体是一个观念对象，而"后续信心程度"所关乎的客体是不断被我们对象化的判断力而已。既然同属信念范畴，同具主客间结构，那么被卢伯所刻意区分的"原初可能性评估/命题内容"与"后续信心程度/命题态度"也就只是从不同角度看待同质的事物而得出的不同说法而已，因而这两者并没有什么实质性的区别。事实上，卢伯本人也承认，他的上述区分并不能得到休谟文本的直接支持，而是包含对休谟信念理论的必要修正（amendment），即区分"活泼性"（vivacity）与"稳定性"（steadiness）这两个概念。他把前者看作在事发状态（occurrent state）上的对信念的显性规定，而把后者看作在性情状态（dispositional state）上的对信念的更为基源性的规定，由此，卢伯才能将上述"可能性评估"与"信心程度"区分开来，即"可能性评估"仅仅涉及信念的前一种规定，而"信心程度"只与信念的后一种规定相关。[1] 既然对"活泼性"与"稳定性"这两个概念的区分是对休谟哲学的一种修改，那么显见的是，这种区分同样不会符合休谟的原意。紧扣休谟文本我们不难发现，"活泼性"与"稳定性"这两个概念都仅仅指信念的那种感觉，这种感觉使较实在的事物比虚构的事物对我们的想象和情感有一种较强、较大的影响，休谟认为我们只要充分体会这一感觉也就够了，而不必刻意去区分仅用以指引和描述这一感觉的两个概念，因为"我们

---

[1] 参见 L. E. Loeb, *Stability and Justification in Hume's Treatise*, Oxford, Oxford University Press, 2002, pp. viii, 65-74, 224-229。

只要同意事情本身,那么关于语词便不必争论"(T app. 12)。①

---

① 当然,卢伯之所以要违背休谟原意,在"可能性评估"与"信心程度"之间以及在"活泼性"与"稳定性"之间作出明确区分,这也有着他的独特用意。卢伯作出前一种区分的用意不仅在于使人性化理性免除自反式消亡的恶果,而且也在于使休谟的信念理论更富有解释力从而能够帮助我们明辨这样一些更复杂的命题——"我们对某个较高可能性拥有较低的信心"以及"我们对某个较低可能性拥有较高的信心"等。若我们把"可能性评估"也理解为某种"信心程度",那么上述两个命题就会转化为"我们对某个较低的信心有较高的信心"以及"我们对某个较高的信心有较低的信心",这样一来我们非但无法区分上述两种命题,而且也使得这些本来有意义的命题变得荒谬而难以理解了。卢伯有关后一种区分的用意也不仅在于为他的前一种区分提供支持,而且也在于使休谟的信念理论能够适用于解释那些更复杂的信念现象。这些信念现象几乎都是休谟本人提到过的,例如由偶然性情引起的那种"诗意热情",休谟把这些信念现象看作他的标准信念理论的例外;而卢伯则认为,只要按照他的方式把"活泼性"与"稳定性"这两个概念区分开来,休谟完全可以把这些例外现象兼容于他的信念理论之中。卢伯进一步解释说,我们的信念并不会永远随着观念活泼性的每一次增大而增大,这一点休谟本人也是承认的(参见 T app. 16),这是因为我们的信念还密切勾连于那种信念形成机制(belief-forming mechanism)。如果某一信念形成机制在性情状态上是不稳定的(如那种偶然的性情或心情),那么由这一机制所导致的信念现象在事发状态上无论多么生动活泼(如那种"诗意热情"),它们也不能被算作真正的信念。同样,我们的信念也不会永远随着观念活泼性的每一次减小而减小,因为只要那种信念形成机制是稳定的(如在教育或因果性经验中的那种不断重复),那么即便由此类机制所带来的信念现象的活泼性减弱了,我们还是会将此类信念现象当作真正的信念。休谟把观念的"活泼性"与"稳定性"混为一谈,因而未能给予"稳定性"概念以足够的重视与恰当的诠释,这某种程度上直接导致了他的信念理论的粗疏、有缺陷乃至贫乏。(参见 L. E. Loeb, *Stability and Justification in Hume's Treatise*, Oxford, Oxford University Press, 2002, Chapter III, VII。)笔者认为,公允地说,卢伯的这些看法还是相当有道理的,他对休谟哲学的改动虽有违休谟原意,但也是尽可能站在休谟哲学立场并使休谟的整个理论体系更趋完善的必要修正,而不是那种生硬而无益的暴力篡改。上文中笔者对休谟原意的恪守与强调并非要一概抹杀卢伯这些修正背后的良苦用心与理论贡献,而是想指出,休谟本人的理论系统即便有瑕疵,它基本还是前后融贯而自成一体的。继而笔者认为,为尊重作者及其原著,除非我们能够证明休谟 T 1.4.1 中的怀疑式论证与其本人所持有的信念理论确实是相互抵牾的,否则我们就不必急于去修正他的哲学理论,哪怕这种修正会使休谟的某些观点在今人的某些研究视角(如语言哲学视角)下显得更加完满。我们更不能为避免休谟的某些极端结论而去刻意修改他的这些结论所由得来的那些前提理论。实际上,在笔者看来,对大哲学家原著的刻意修改再怎么谨慎,也难以完全免除发生误读的风险。卢伯在休谟的信念理论中刻意抬高信念形成机制之稳定性的地位,降低信念本身之"活泼性"的价值与意义,这虽然在卢伯所注意到的那些方面有利于休谟哲学的内部完善,但也在其他方面为休谟哲学造成了极大的不便。休谟之所以重视信念本身的"活泼性"并把这一感觉看作信念的本质,这与休谟要明确区分由"教育"所带来的那种信念现象与由因果性经验所发生的那种信念现象密切相关。若"信念形成机制的稳定与否"决定性地影响到信念的发生与否,且教育中的人为重复与因果性经验中的重复都是稳定的信念形成机制,有时候前者比后者甚至还要稳定(参见 T 1.3.9.17),那么一个自然而然的结论就应该是,信念不仅由因果关系而起,它也能通过单纯的人为说教而得来。由此休谟就无法把由"教育"所带来的那种信念现象与由因果性经验所发生的那种信念现象明确区别开来了。要作出这一区分,且把真正的信念归于因果性经验的作用,而把它排除于人为教育的影响之外,休谟自然要突出强调信念本身的活泼性特质,因为只有观念的活泼性可由因果关系传来,而不能由单纯的教育重复传来(相关内容参见第三章第二节)。当然,休谟之所以重视信念的活泼性特质并强调因果性经验在产生信念时的决定作用,而相对弱化信念形成机制的意义从而否认教育作为信念之合法性来源的地位,这在根本上也与休谟理性观的世俗化启蒙和反宗教目的有关。

此外，经对休谟 T 1.4.1 小节内容的仔细推敲，笔者发现，在上述怀疑式论证中，第二次狭义概然推断固然是由我们对初始判断之可信度的质疑而引发，但它所影响或调整的却不局限于我们的知性或判断力层面，而是在某种程度上也会牵涉到我们对初始结论所拥有的信念。休谟明确交代，既然在每一个初始判断中，"除了那个研究对象所固有的原始不确定性以外，已经发现了由判断官能的弱点发生的一种新的不确定性"（T 1.4.1.6），那么针对初始判断造成的第二次狭义概然推断就会"把这两者一起调整"（T 1.4.1.6），而不是只对其中的一个方面（如单单的"判断力层面"）进行调整。事实上，当我们减少对自身判断力之真实可靠性的信心的时候，我们自然也会减少我们对由我们的判断而得来的任何结果的信心或信念，即使后一种减少可能并不会按与前一种减少同样的比例而发生。例如，假设我们经初次判断得知上海在伏夏出现 39 度以上高温天气的概率为 75%，而经第二次判断得知我们第一次判断失误的概率为 10%，后一种可能性固然只意味着我对初次判断之可靠性的信心相应地减少了 10%，而不意味着那最初的可能性由 75% 减少到 65%，但初次判断之可信度的减低必定会在某种程度上减弱我们对由初始判断所得出结论的信心或信念。哪怕这一减弱的程度极其细微，我们由此还是可以很肯定地说，"39 度以上高温天气"的那个观念对象在被我们推想时已不会像原初那么生动活泼了，我们对该对象所拥有信念的量值自然也就达不到 75% 了。后续的一系列判断固然也只是直接针对前一次判断的可信度而来，但它们同样会借助于对我们知性作用之可信度的减低而再次减弱在前面已被多次减弱的初始信念。无论每一次减弱有多么微不足道，只要像这样一直减弱下去，初始信念或概然性终究会被消除殆尽，因为"任何有限的对象在无数次一再减少之后，都不能继续存在；即使是人类想象所能设想的最大的数量，照此下去也必然会归于无"（T 1.4.1.6）。

第二节 从本能的自然理性到健全的自然理性

一方面，从哲学/理论上来说，人性化理性在连续的怀疑式论证中必将毁灭自己，在此情况下，我们对任何判断或推理结果所具有的信心或信念都会被完全消解掉，笔者在上文中已经阐明了休谟的这一观点。另一方面，休谟又认为无论是他本人还是任何其他人"都不曾真心并恒常地抱持这个观点"（T 1.4.1.7），因为从自然或感性实践的立场来看，人并非纯粹理性的存在者（purely rational being），同时也是感性生存物（sensitive creature)，自然化想象的某一浅薄性质（trivial property）会阻滞精微或细致推理（refined or elaborate reasoning）如上述怀疑式论证那样对我们的判断与推理的深入侵扰与攻击，从而使我们保留足以在哲学或日常生活中加以应用的信念程度。① 休谟说道："自然借着一种绝对而不可控制的必然性，不但决定我们要呼吸和感觉，而且也决定我们要进行判断。"（T 1.4.1.7）此时我们的判断与信念不会被一次又一次的哲学反省所消灭，这是因为"在第一次和第二次的断定以后（在上述"由对象本性得来的初始判断"与"由知性本性得来的第二次判断"之后——引者按），心灵的活动就变得勉强而不自然，观念就变得模糊而微弱；判断力的原则和各个相反原则的抵消，虽然仍和起初一样，可是它们加于想象上的影响和它们加于思想（thought）上或由思想上减去的力量，就和以前完全不相等了。当心灵不能从容而便捷地达到它的对象时，同样的原则就不像在较自然地想象各个观念时那样发生同样的效果"（T 1.4.1.10）。② 就人性

---

① 如何统一解释休谟的这两种不同观点，当今休谟研究界有许多争议。弗格林认为休谟更倾向于持第一种观点，即纯粹的理性必将走向自我毁灭；他的第二种观点只为从反面验证或强化他的第一种观点而已，即仅仅由于人类的理性实际上并不足够强大与纯粹，心灵的弱点才阻止了人类理性走向它注定要达到的怀疑主义结局。（参见 R. J. Fogelin, "Hume's Skepticism", in D. F. Norton & J. Taylor (eds), *The Cambridge Companion to Hume*, New York, Cambridge University Press, 2009, pp. 209-237.）相反，欧文认为休谟更倾向于持第二种观点，而不是第一种观点。他认为休谟在 T 1.4.1 小节关心的核心问题是，我们的判断或信念（人性化理性）为什么能够在强大的怀疑式论证面前不走向自我毁灭而是保留了下来。由此问题可见，休谟提出第一种观点仅仅是为引出他要正面提倡的第二种观点而已。（参见 D. Owen, *Hume's Reason*, Oxford, Oxford University Press, 2007, p. 177.）笔者认为，以上两种解释虽说都不无道理，但对我们全面把握休谟的思想与立场还是极有误导性的。弗格林怀疑主义解读的问题在于，他把休谟的关注重心完全押在了纯粹理性（怀疑式论证）一边，而没有注意到休谟对我们的心灵弱点及其作用也是持接受乃至赞赏态度的，如休谟就明确说过："自然能够及时摧毁一切怀疑式论证的力量，使其不至对人的知性发生重大影响，这是一件幸事。"（T 1.4.1.12）欧文自然主义解读的问题在于，与弗格林的解读相比，他的解读又走向了另一个极端，即把休谟的关注重心完全押在了心灵弱点及其作用那一边，而没有注意到休谟同时也是在某种程度上表现出对怀疑式论证（纯粹理性）的接受与肯定。细读 T 1.4.1 小节我们不难发现，休谟既从理论上肯定我们在怀疑式论证中"不能发现错误"（T 1.4.1.8），又从现实方面指出怀疑式论证是会随着我们心情的偏向时而变得有力量的，因而能够发挥其威力（参见 T 1.4.1.12）。综上可知，对这两种不同观点，休谟都有某种程度的认同与支持，他并没有偏废其一；至于如何处理这两种观点的关系，如何在纯粹理性与心灵弱点之间达到一种较好的平衡，笔者将在下一章深入探讨。

② 这里的"思想"其实也是一种想象。当休谟把"思想/理性"与"想象"加以对比时，它们都指同样的官能，但前者主要指涉想象中那些比较一般、稳固、不可抗拒的能力方面，如理性与概然推断等；而后者主要指涉想象中那些较不规则、较浅薄易误的能力方面，如受制于感性的那些自然化想象倾向或偏向等。有关休谟对这两种想象能力的明确区分，参见 T 1.3.9.19 的注释以及 T 1.4.4.1。

的一般情况而言，由于我们想象能力的薄弱与不强固，我们在进行一系列抽象而深奥的推理时心灵就会变得高度紧张而难以为继，这必定会扰乱信念①所赖以发生的情绪作用，并使过于精细复杂的判断与推理对我们的信念几乎不产生任何实际影响。这是自然化想象的浅薄性质，也正因为这一性质，上述后续的那些怀疑式论证从反面抵消掉的信念量值才可以忽略不计，原有信念与概然性大体上才能得以保存。由此休谟再次证明："信念是我们天性中感性部分的活动，而不是知性部分的活动"(T 1.4.1.8)；信念是一种生动而活泼的想象，而非一种纯粹的思想活动；完善的信念只"建立在一种自然而顺畅的东西之上"(T 1.4.1.11)，单纯的观念与思想努力既不能从正面产生它，也不能从反面销毁它。就像我们醒时无法阻止自己思维，在阳光下无法阻止眼球看到四周的事物那样。

自然化想象的上述浅薄性质固然使怀疑式论证对人性化理性的毁灭式打击失效，但它并没有完全剥夺怀疑式论证可对人性化理性产生实质性影响的权利；事实上，在精微细致的推理面前，人性化理性非但不会走向自我瓦解，而且还会借助前者提升自己。从上述引文(T 1.4.1.10)中我们可以看到，除由对象本性得来的第一次断定之外，由知性本性得来的第二次断定也是被休谟所接受并认可的；在所有的怀疑式论证中，休谟认为也只有第二次断定(第一次哲学反省)可对我们的概然推断产生积极而有益的影响。既然第一次哲学反省所影响与调整的既包括研究对象所固有的原始不确定性，也包括我们判断官能的薄弱、偏狭与易误，那么我们就可以着眼于这两个方面来改进、提优我们的自然理性，并使之从较素朴、粗率的本能层次上升为较科学、精致的健全层次。在休谟看来，自然理性的这种层次等级恰恰划分开了哲学家/智者(philosopher/the Wise)与俗人(the Vulgar)在理性程度上的差异。休谟说："人类之所以高出畜类，主要是因为他们的理性优越；人与人之间之所以有无限的差别，也是由于理性官能的程度千差万别。"(T 3.3.4.5)当然，笔者这里要强调指出的是，自然理性之程度上的差异并非实质上的差异，智者的理性能力与俗人的理性能力相比，无论前者有多么卓越与强大，它们在根本上都同样奠立于习惯对想象的作用原理之上。

一、从对象层面提升概然推断

休谟认为，智者与俗人在行概然推断时都是首先被习惯所推动而给

---

① 这里的"信念"指我们关乎这些深奥抽象推理所具有的信念或信心。

予想象以一个偏向（propensity），但不同的是，对这一偏向，俗人一般只会盲从，而智者却会对它加以事后反省与调整。既然概然推断是从一个当前印象或记忆观念的存在而推出与它恒常结合着的另一个观念对象的存在，那么我们自然就可以从因果对象是否有恒常的结合，当前观念或印象与过去经验中作为原因或作为结果的那一类对象是否精确地相似等方面来反省与调整我们习惯性联想的初始偏向。

先从因果对象恒常结合的程度方面来看。当某一因果关系非由恒常而一致的经验得来而只是被过去的极少数例子所支持时，心灵在该因果对象之间进行推移的习惯实际上很不完善，那么根据习惯的不完善程度我们应当相应地减少我们对该因果关系所拥有的信念，甚至把这一关系排除于真正的因果关系之外。由此我们可以从经验判断与推理中剔除某些似是而非的"偶然律则"（accidental regularities）。例如，我们对"有人死，乌鸦叫"这一案例也许只有三五次经验，但俗人据此很可能就会断定在这两者之间有一种因果关系，即相信"只要有人死去，乌鸦就会鸣叫"。相反，智者会通过反省而意识到这种结合经验的极其零散与稀缺，并把上述因果关系归入偶然律则的范畴，而不把它认作合法的经验判断与意见。[①]

当某些因果对象的恒常结合中夹杂着反例（contrary instances）时，此处有这样两种具体情况需要加以考虑。第一，某一因果关系的确由恒常一致的经验得来，但我们突然碰到了该关系的一则反例，此时俗人往往会根据这一反例的表面现象就轻率地把结果方面的变化不定归之于原

---

① 对精确性有高度要求的读者也许会问，两个对象要结合多少次，我们才能在它们之间建立因果联系呢？对这个问题休谟本人并没有直接回应，但我们可从休谟有关其他问题的一些说法中推知他对这一问题很可能会作出怎样的回答。休谟在 T 3.2.11 小节论如何确定我们有关国际法的道德义务与有关人际正义法则的道德义务之间的强弱比例时指出："这是我们永远不能精确回答的一个问题；我们也不可能把我们在两者之间所应确立的比例归约为数字。我们可以妥当地说，不需要通过任何技术和研究，这种比例就会自行出现的……世人的实践比人类所发明的最精微的哲学更能够把我们义务的程度教给我们。"（T 3.2.11.5）同理，休谟很可能也会认为，两个对象要结合多少次才具有因果关系，这也是一个无法从理论上加以精确回答的问题；区分真假因果关系的那种结合标准或许也只能在日常经验实践中自行显现。当然，笔者认为，这一标准虽然不能被量化，但这并不意味着它不能被识别。当两个对象的恒常结合在我们的想象中产生了笔者前文所论及的那种**主观或自然必然性**（心灵决定或倾向）时，我们会认为这两个对象之间具有真正的因果关系，否则它们之间的因果联系就是贫弱的（只具有极低的概然性），甚至是虚假的。由此也表明，恰如皮尔斯所言，休谟对因果"必然联系"观念的自然化肯定不是无足轻重的，恰恰相反，必然性的那种内在感受（the inner feeling of necessity）在我们对因果关系之强弱、真假的评估方面功不可没。关于这一点的详细论述，参见 D. Pears, *Hume's System*: *An Examination of the First Book of His Treatise*, Oxford, Oxford University Press, 1990, pp. 63-119。

因方面的不确定性，而智者会通过反省"结果中的相反总是发生于相反原因的秘密反对"这一通则来排除这一反例对该因果关系的错误干扰。休谟举例说，一般人一看到表停了就会倾向于断定"这只表通常走得就不准"，而一个钟表匠会认为发条之所以不能发挥它对齿轮的通常影响很可能是由于一粒微尘阻止了全部运动的正常进行；此处只有钟表匠（智者）的理性才是健全的理性，我们只有按照他们的做法（破除反例的伪攻）才能在突然碰到反例时尽可能地维护、保障我们已有经验知识的确实性与稳定性。第二，在诸对象的过去结合中包含了真正的反例（这些反例及其影响并不能通过上述通则加以排除），即一个原因通常伴有两个或多个互相反对的结果，当其中的原因对象再度出现时，这些相反结果中到底哪一个结果将会跟着出现，俗人对此往往犹豫不定，难以决断。而智者总是会"有意识地考虑过去结果的相反情况"，"比较这种相反情况的两方面，并仔细衡量我们在每一方面所有的那些实验"（T 1.3.12.7），由此造成一个狭义的概然推断，以测算出最有可能发生的那个单一结果的概率。休谟认为在此类狭义概然推断中，我们也是根据将过去转移到未来的完善习惯进行推理，但此时出现于我们心中的那个推理结果并不是唯一且稳固的，而是包含了互不调和的各种意象（images）。这些意象中的每个个体都是一次同质而全等的机会（chance），它们一起均分了由转移当前原因对象而传来的生动活泼性。这些意象中较多数的相似意象就集中起来给我们呈现一个总心象（one general view），这个总心象由于集合了多个意象的活力与强力而给予想象以一定程度的偏向，该偏向程度的量值是由总心象较反面少数心象所占优势影响的比例决定的（至于如何确定这一比例，读者可参照上文计算知性实践之正确案例数与总案例数之量比的那个具体方法）。这个总心象就是诸相反结果中最有可能发生的那个单一结果，而上述偏向程度的量值自然也就是那个单一结果的发生概率。此处已涉及休谟对古典概率思想的心理主义解释。[①]

再从当前印象（观念）与原因对象或结果对象的相似程度方面来看。

---

① 国内休谟研究专家周晓亮教授曾正确地指出："休谟关于机会概率的描述提供了对概率的一种解释。这种解释实际上是概率的古典解释和主观解释的结合。古典解释可以简单表达为：概率是等可能事件中出现事件与全部等可能事件的比率。主观的解释则把概率看成是一个人对事件发生的置信度的测度（a measure of degree of belief）。休谟的解释不但大致提到了作为古典解释核心的'等可能性'概念，而且还将概率理解为根据事件的算术比例来分配信念度。将这两种解释结合在一起则是休谟特有的信念心理描述。"周教授的这些解读有利于加深我们对休谟概率理论的理解。参见周晓亮：《休谟哲学研究》，北京，人民出版社，1999，第 170~175 页。

俗人一般从当前印象(观念)与原因对象或结果对象的粗略相似中就匆忙推得一个结论，并对此结论深信不疑；而智者会通过衡量与反省这种相似程度的比例而相应地调整我们对初始结论所拥有的信念，并重新赋予它一个恰当的量值。例如，在对蛇毒致命有过多次经验之后，俗人无论被什么蛇咬伤，几乎都会感到极度恐惧，而智者却能够通过反省不同蛇在有无毒性以及毒性强弱方面的差异来调节自己的恐惧心理；再如，俗人往往粗率地认为我们从任何一种动物身上所获得的实验结果都同等地适用于人类，而智者却会根据不同动物与人类的不同相似程度而赋予每种实验结果大小不等的人类适用值。此处智者所进行的推理活动也就是休谟在 T 1.3.12 小节"论原因的概然性"中所郑重提出的由**类比**引发的狭义概然推断。休谟在那里说道，既然当前印象(观念)与原因对象或结果对象的相似关系"允许有许多不同的程度"(T 1.3.12.25)，那么我们由当前印象(观念)而推出的某个新观念"也就依着比例而有或大或小的稳固与确实程度"(T 1.3.12.25)；而在 T 1.3.13 小节"论非哲学的概然推断"中，休谟也直言："相似关系越是减低，概然性也越为减少；不过只要相似关系的任何痕迹还保留着，概然性就仍然有几分力量。"(T 1.3.13.8)

就这里的相似关系而言，我们还需要特别注意区分那些虽显著常见但无关紧要的相似与那些虽隐微难察却又十分重要的相似。休谟说，当某个结果在没有作为原因的对象中某一特殊条件的参与下也能被产生出来时，那个特殊条件并不构成有效原因的一部分，因此它就是无关紧要的，无论它与原因对象的结合有多么显著而常见。同样，当某个结果在没有作为原因的对象中某一特殊条件的参与下就不能被产生出来时，这一特殊条件就是有效原因的一部分，因此它很重要，哪怕它本身是多么细微，且与原因对象的结合又是多么隐秘。若当前印象(观念)与原因对象或结果对象的相似是在前一种特殊条件方面，那么我们并不能随着它们的相似程度的提高而同等比例地提高那个新被推论对象的可信度；恰恰相反，在此情况下我们会大大减低我们对那个新被推论对象所抱持的信念，甚至会把信念或概然性完全消灭。只有两个对象的相似是在后一种条件方面，适用于其中一个对象的因果法则才会在较大程度上也适用于另一个对象。在实际的类比推理活动中，俗人往往被诸事物之间显著却不重要的相似关系所吸引而仓促得出各种结论，而智者总是先去分辨相似关系中那些重要的因素与不重要的因素，以使自己的判断更为可靠而精确。例如，俗人在看到太空中的宇航员失去物体的支撑时就会很自然地判断说"宇航员将会摔落下来"，相反，智者却能够明察，此情此景虽然与我们在日常生活中屡次见到的会导致事物失坠的原因对象极为相似，但在"是否受地心引力作用"这一极为隐秘而关键的条件方面，这两者却十分不同，因此我们不能把它们归入同一条重力法则之下。

以上针对初始概然推断的反省与调整基本都是着眼于推理对象内部所涵摄的各种可能情况而进行的，除此之外，我们还可以通过援引更普遍有效的经验原则或通则从**外部**规范与校正我们的那些不成熟的初始概然推断。笔者在第三章第二节曾提到，在休谟所建构的经验知识体系中，最普遍有效的知性逻辑处于该体系的底层，它们在根本上协调着整个经验知识系统；那些较普遍有效的各门科学原理处于该体系的中层，它们调节并校正着那些普遍有效性较少的粗疏判断与意见。虽然所有这些调节在根本上都没有什么理性可言，而是习惯性联想的自然倾向，但这些基本的推理规则与知识原理一旦成文并获得某种客观形式，它们就可被我们反思性地运用于改进与优化我们的初始概然推断。例如，俗人在零散的经验现象中发现"美貌""财富""才能""名誉"等事物都能激发我们的"骄傲"情感时，他们很可能会在这些事物与骄傲情感之间直接建立起因果联系，即美貌是骄傲情感的原因，财富是骄傲情感的原因，才能是骄傲情感的原因，名誉是骄傲情感的原因，等等。这种直接的推理不仅会让我们错误地以为所有这些原因是各自借着自身的某种特殊性质原始地产生那个共同结果的，而且还会使我们的经验知识变得零碎且繁多，这非常不利于经验科学的收敛与统一。而智者会援引"当不同对象产生相同结果时，那么这一结果一定出自这些对象的共同性质"这条知性逻辑去反省与考察"美貌""财富""才能""名誉"等所共有的某一或某些性质（"能给我们带来快乐的"那种性质），从而把"骄傲"情感的原因归于该共同性质；这种方式的推理不仅更贴近事物（知觉对象）的本来面目，而且还有利于我们把杂多的经验现象导入少数较普遍而集中的知识原理。再如，当我们了解到迄今为止所有的美国总统都是男性时，若我们据此断言"美国总统一定是男性"，这在俗人看起来似乎没有任何问题，而智者却能辨别出这一断言是不合法的偶然律则。智者的判断更为健全而可靠，这是因为，这一断言固然不是由少数历史事实概括得来，但它却与某个早已确立的且几近被毫无例外地践行着的民主政治原则相冲突，这条原则就是"在民主国家，政治选举与公民的性别身份无关"。因此，"迄今为止所有的美国总统都是男性"这一经验事实只是某种历史偶然或巧合罢了，我们并不能从中推得任何可靠的结论。进而笔者认为，经验知识中那些基本的原则与原理共同构成了一个考文垂（A. Coventry）所谓的"因果网络"（causal network),① 这个"因果网络"具有某种奠基性的引导与规范作用：只有与此"因果网络"融贯一致的经验判断与推理才有可能成为真正的因果法则(genuine causal laws)；相反，那些与此"因果网络"龃龉不合的判断与意见无论已得到多少经验证据的直接支持，它们都属于必须被修正或否弃的偶然律则(accidental regularities)。

综上，我们可把就对象层面提升概然推断的主要方式总结如下：①据诸对象恒常结合的程度，区分"不充分的归纳推理"和"充分的归纳推理"；②据诸对象的恒常结合中是否夹杂反例，形成根据概率的推理；③聚焦当前对象与作为因或果之对象的相似程度，据相似的不同程度调整概然性或信念的比例，区分相似关系中"显著却不紧要的相似"与"隐微却重要的相似"；④运用长期实践所形成的一般知性规则指导具体的推理活动；⑤参照更基本、无疑的经验通则，区分根据偶然律则的概括和真正的因果法则；等等。

二、从知性层面提升概然推断

笔者认为，智者与俗人在行概然推断时的上述诸种差异很大程度上源自两者在自身判断官能或者说知性禀赋方面的优劣差别，因此，为使概然推断更健全可靠，我们还需要从主体一极的知性或判断力层面来提升与改善我们的自然理性。休谟在 EHU 9.5 的注释部分集中谈了俗人与智者在理智禀赋上的巨大差异，并列举了这些差异在我们实际判断与推理中的九种具体表现，对此可分别说明如下。①当我们习惯了自然的一律性而把过去经验转移到未来时，我们总是期待相似的事物发生。此时对过去经验的记忆以及对预期结果的明察就变得非常重要，而智者在记忆力(memory)与观察力(observation)方面远胜于俗人，这就造成了他们在判断与推理上的优劣之别。②当任何结果被复合原因所产生时，智者的心灵比俗人的心灵更博大(large)，更具有综括力(comprehensive)，因此智者更能理解事物的整个链环或体系，从而使自己的推断更为周全、精当。③智者能够比俗人进行更长一串的推理。④几乎没有人在长时间思考之后不陷入观念混淆与彼此错认的，但智者与俗人相比，他们理智上的这一弱点(infirmity)只具有较低的程度。⑤结果所依赖的那个必要条件常常包含在一些无关而繁杂的情节之中，要把这个条件从那些情节中剥离出来，这往往需要智者那样的较强注意力(attention)、精确性(ac-

---

① 参见 A. Coventry, *Hume's Theory of Causation: A Quasi-Realist Interpretation*, London, New York, Continuum, 2006, pp. 142-146。

curacy)与敏锐力(subtilty)。⑥在由特殊观察(particular observation)形成普遍准则(general maxims)时，智者的心灵往往更细密，更能兼顾事物的方方面面，相反，俗人由于粗率或心灵的狭隘(haste or a narrowness of mind)而常常犯错误。⑦在类比推理中，智者比俗人往往具有更多经验，也更能迅速地想到相似情形。⑧智者的心灵比俗人的心灵更能够从由教育、成见、爱好与党派等所带来的偏见中解放出来。⑨与俗人相比，智者更能由高效地阅读与交流而扩大自己的思想与经验。结合这九种具体表现，笔者将智者与俗人的理智禀赋差异进一步提炼如下。

(1)记忆力的差别：对过去经验是否记得牢固、全面而精准；在进行较长推理时能否把已经进行过的推理环节及时回想起来；等等。

(2)专注力的差别：能否专注于当下的判断与推理而排除其他各种因素的干扰；能否持久专注于思考而不陷入分心、困顿或难以为继的疲态中；等等。

(3)鉴察力的差别：能否从差异的事物中发现相似点或从相似的事物中发现差异点；能否从不相关的事物中区分出相关物或从相关事物中清理出不相关物；等等。

(4)敏断力的差别：能否从一致却分散的经验中敏锐地概括出普遍法则；能否敏捷地援引合适的普遍法则推断当下或未来发生的事物。

(5)经验丰富与全面程度的差别：是否能从横向空间上扩大自己的经验；是否能从纵向时间上拓展自己的经验；能否兼顾可归于同一观念或法则下的大多数各别事物；能否兼顾我们有关各别事物之经验的方方面面；等等。

(6)态度公允与客观程度的差别：是否以及在多大程度上能够摆脱自身的偏私而做一个客观而公正的旁观者(a standard and disinterested observer)。

智者与俗人在理智禀赋上的上述诸种差异恰恰为我们从判断力层面提升与改善自身的自然理性(概然推断)提供了具体的方向与着力点，现在我们还需要掌握一些切实可行的方法以促成人类理智在这些方向上的提升与完善。休谟在《论趣味的标准》与《怀疑论者》等随笔中都谈到了一些能用以调节与纠正人类性情或品味之偏颇的有效方法，如通过科学与自由艺术(sciences and liberal arts)的教养，通过哲学思维的严格训练，通过对心灵官能勤加运用，通过对良好习惯的后天培育和对事物的全面观察与细致比较等(参见 E-ST 17-23；E-Sc 30-32)，笔者认为，这些方法或手段同样适用于去改善我们薄弱而偏狭的天赋理智能力。尤其是哲学思辨或反省(philosophical speculation or reflection)，虽然其过度会让我们成为无所忌惮的皮浪主义者，但在其适度的时候，休谟认为它能"使我们在判断中保持恰当的公正，使我们的思想抛弃了我们可能从教育或轻率之见中得到的一切偏见"(EHU 12.1.4)，从而让我们像正确的推理者(just reasoner)那样，形成良好的理智德性，在作各种考察与决定时"永远带有一定程度的疑虑、谨慎与谦虚(a degree of doubt, and caution, and modesty)"(EHU 12.3.1)。

然而，哲学思辨或反省对改善我们的先天理智禀赋到底能起多大的作用，在此问题上休谟有时候又表现出悲观或怀疑的态度与倾向。这种倾向休谟固然没有直接表达，但我们从他在《怀疑论者》一文有关哲学对情感影响的论述中可以很容易地将它发掘出来。在那里，休谟认为哲学对我们性情的影响是相当间接(indirect)而隐秘(secret and insensible)的，要看出其成效往往需要相当长时间的坚持与努力，即便如此它也很难根治我们的很多自然偏向与先天脾性。休谟直言："我们心灵的构造与我们身体的构造一样，它们都不取决于我们的选择"，不仅"愚昧无知的那部分人类受他们的自然偏向的激动"，而且"对聪明有思想的人来说，自然也有异常强大的影响(prodigious influence)"。故在自然的权威面前，哲学的权能往往是"非常弱小而有限的"(very weak and limited)(参见 E-Sc 28)。休谟认为"一个人并不总能通过高度的技艺与勤奋来矫正自己的脾气"(E-Sc 28)，同理，休谟也会认为俗人亦并不总能通过哲学思辨与反省来提高自己的先天理性能力。换句话说，从实际情况来看，人与人之间的理智禀赋差别在某种程度上是先天固定的，后天的努力很少能对它产生直接而重大的影响。因此，我们在为俗人难以被教化成智者或专家而感到遗憾惋惜的同时，让俗人多多听取智者与专家的意见也许才是较可行且明智的选择。

但从另一个角度来说，若我们的理智禀赋能够借助哲学思辨与反省等后天努力而得到提升，且这种提升还能达到极高的程度，那么一个很自然的后果就是，我们的理性将会变得十分强大而专断，这时非但自然倾向的那些不可欲影响(如判断时的粗率、迟钝、狭隘等)会被消除殆尽，而且自然倾向的那些可欲作用(如自然化想象的浅薄性质使过于精细的推理对我们的信念几乎不产生影响)也会被涤除殆尽，这就好比每当我们的心情变得静若止水时，我们既会对邪恶的举动无动于衷，同时也会对良善的行为漠不关心一样。去除了那些感性或浅薄因素对心灵活动的可欲影响，恰如上一节所述，我们的理性必将随之走向自反式消亡。这提醒我们，哲学思辨与反省不会对我们的有限理性产生直接而重大的影响，这恰恰是一件值得庆幸的自然安排。就此而言，智者与专家亦不必沾沾自喜于自己的卓绝理性能力，要让他们的理性产生实效而不是走向自我瓦解，他们反而需要俗人身上的那种"粗泥土混合物"(gross earthy mixture)以"缓和构成他们的那些烈焰般的分子"(T 1.4.7.14)。

那么，现在的问题是，面对哲学思辨在改造我们自然倾向上的艰难与乏力，我们是该为俗人感到遗憾与惋惜，还是该为智者感到欢欣与庆幸呢？进言之，在哲学思辨与自然倾向之间，我们应该如何取舍？抑或这两者都不能放弃？若这两者都不能放弃，我们又该如何处理哲学思辨与自然倾向之间的关系？这两者又该被我们分别坚持到什么样的程度？等等。有关这些问题的深入反省与切实回应是休谟理性观的"怀疑主义（三）"与"自然主义（三）"的核心任务，我们将在下一章分析与探讨。

第五章　休谟理性观怀疑主义与自然主义辩证发展的第三阶段

根据上一章的分析，一方面，健全的自然理性较本能的自然理性而言，更纯粹、更精致、更能摆脱心灵弱点或自然倾向的影响；另一方面，要使我们的健全理性不至于走向自反式消亡，它又不能太纯粹、太精致，以致完全不受心灵弱点或自然倾向的影响。由此可见，健全的自然理性应当处于纯粹的自然倾向与纯粹的哲学理性这两个极端之间，它既不能滑向这两端中的任何一端，同时又得分别向这两端吸取某些有益因素。现在的问题是，这些极端因素是明显分歧而相互抵牾的，它们如何能够在我们的健全理性之中兼容呢？换句话说，我们如何才能在这两个互竞而充满张力的因素之间达到一种较好的平衡呢？本章第二节就是对这一问题的切实回应。正是通过这一回应，休谟把健全的自然理性转变成了更加真实稳妥的实践—工具理性，由此休谟理性观之"自然主义（二）"也就被推进至"自然主义（三）"。然而，"自然主义（三）"对此问题的切实回应并不是一蹴而就的，恰恰相反，在作出这一回应之前，休谟首先必须就此问题展开艰深、透彻的哲学反省。回到休谟《人性论》卷一的结论部分（T 1.4.7）我们发现，休谟从理论上深入反省我们在自然倾向与纯粹理性之间进行选择的各种可能方案及其各自的问题之后，他才顺理成章地找到了解答上述问题的较佳方案。经对这些可能选项的理论反省，休谟最终把怀疑主义原则（怀疑的理性）发展到了最为激进、彻底的皮浪主义阶段（pyrrhonian phase），由此休谟理性观之"怀疑主义（二）"就被推进至"怀疑主义（三）"；而只有在"怀疑主义（三）"的刺激与助推下，休谟理性观之"自然主义（三）"才得以产生。

第一节　有关"精微推理"与"想象之浅薄性质"的重重矛盾

据上一章分析可知，休谟所谓的"精微推理"其实就是指那种较稳固坚实、较规则一致的想象活动，很显然，这种想象活动与想象的那些浅薄易误性质是直接相反对的。因此，乍一看，我们不能既接受精微的推理，又接受想象的浅薄性质。换言之，我们不能同时接受这两者。

若我们接受精微的推理而不接受想象的浅薄性质，休谟认为这也会带来极其可怕的后果。休谟说得很清楚，"若我们决心排斥想象的一切浅薄的提示，而牢牢地守住知性，即想象的一般、比较稳固的那些特性；那么，即使这个决心能够坚定地贯彻下去，那也是危险的，并且会带来十分有害的结果"（T 1.4.7.7），因为休谟理性观之"怀疑主义（二）"已经表明，"知性在依照它的最一般的原则单独活动时，就完全颠覆了自己，不论在哲学或日常生活的任何命题中都不留下最低程度的信据"（T 1.4.7.7）。由此可见，我们的理性不能完全停留于自身，停留于其纯粹而自主的形态，否则人类理性在严格的自我审查之下终究会被彻底摧毁，从而使我们变得**毫无理性**可言（have no reason at all）。休谟说：

> 理性在一开始占着宝座，以绝对的威势和权力颁布法规，制定公理。因此它的敌人就被迫藏匿于它的保护之下，借着应用合乎理性的论证来说明理性的错误与愚蠢，某种意义上可以说是在理性的签字与盖章之下生产出了一项专利（patent）。这项专利在一开始依据了它所由以产生的理性的当前直接权能，而也具有一种权能。但是它既然被假设为与理性相矛盾的，它逐渐就减弱了那个统治权的力量，而同时也减弱了它自己的力量；直到最后，两者都因循序递减而完全消失。（T 1.4.1.12）

我们欲要避免这一结果，而从这种彻底的怀疑主义中解放出来，恰如休谟理性观之"自然主义（二）"所表明的那样，我们就必须借助于想象的那种浅薄性质，即"我们难以想象事物的远景（remote views of things），而且对于那些事物的远景也不像对于较容易、较自然的事物那样，能够发生明显的印象"（T 1.4.7.7）。因此我们不能只接受精微的推理而完全排斥想象的浅薄性质。

若我们接受想象的某些浅薄性质而不接受一切精微细致的推理，休谟认为这同样会极大地危害人类的理性，并使我们陷入多方面的矛盾。在休谟看来，首先，排斥一切精微细致的推理会使我们断绝一切科学与哲学，这一点恐怕任何人都不能接受；其次，既然我们接受了想象的某些浅薄性质，那么根据公平的理由，我们就必须接受想象的全部浅薄性质。这又隐含了至少以下三种无法让我们接受的后果。

第一，这会导致**"虚妄的理性"**（false reason）。何谓"虚妄的理性"？按笔者在第二章第三节中对它的定义，休谟所谓"虚妄的理性"其实是指因过度反省而导致自相矛盾的那类想象活动。虚妄理性中的这种"自相矛盾"是一种直接的自我对立与悖谬，或者用拜尔的话说，"虚妄的理性"就是"自己对自己的虚假——它直接而明显地违抗它自己立下的准则"，[①]例如笔者前文曾提到的"我们对一粒沙子的千分之一的想象"就会导致虚妄的理性，因为它最终既承认又不承认我们对一粒沙子的千分之一可以有清楚的观念。拜尔提及的"想象自己并不在思考"也会带来一种虚妄的理性，因为"想象自己并不在思考"这一想象活动就已经是在思考了。休谟认为"我们出于公平理由而必须同等接受想象的全部浅薄性质"这条准则同样也会导致虚妄理性的出现，因为这条排斥一切精微推理的准则本身就是一次精微推理的直接结果；如若我们接受这条准则，那么我们就既肯定了精微的推理，而同时又否弃了精微的推理。

第二，想象的某些浅薄性质会同时带来两个直接冲突的结果，我们既无法依次同意这两个结果，也无法依据任何理由选择其中的一个结果而舍弃另一个结果，这必然会使我们陷入进退维谷的窘境。休谟认为观念的生动与活泼性就是想象的这样一种浅薄性质，他在 T 1.4.7 小节直言道："这一点（想象/观念的生动或活泼——引者按）似乎是那样浅薄，那样少地建立在理性之上。"（T 1.4.7.3）而早在 T 1.3.9.19 的注释部分，他就明确表示过，观念的生动与活泼性"和许多由于被蔑视为想象的产物而受到排斥的那些幻想和偏见有类似之处"。因此，观念的生动与活泼性有时又被休谟称为"无常而易误的原则"（inconstant and fallacious principle）（T 1.4.7.4），若我们对此原则盲目信从（休谟认为在此是无法避免的），那么我们必定会被导入种种错误之中。其中一个典型的例子就是，我们对概然推断的一切同意都建立在观念的生动与活泼性之上，我们相信外物在不被察觉时的独立继续存在（distinct and continued existence）也是建立在观念的生动与活泼性之上，而这两者却是直接相反的。对此可进一步说明如下：休谟结合大量的经验事实发现，一方面，我们的一切知觉都是间断的（interrupted），它们只能有依附于心灵的存在，例如，只要我一闭上眼，那个刚出现于我眼前的对象就会消失不见；在我们生病或发热时，物体的颜色或其他一些性质也会发生相应的变化，等等。从所有这些类似的例子中我们可以很坚定地推断：一切知觉对象都没有

[①] A. C. Baier, *A Progress of Sentiments: Reflections on Hume's Treatise*, Cambridge, Harvard University Press, 1991, p.14.

继续而独立的存在。① 另一方面，某些间断的对象因其特殊的恒定性（constancy）②与连贯性（coherence）③而给我们的自然化想象所造成的感觉极类似于持续不变的对象带给想象的那种感觉，于是我们很容易就把前者混同于后者，从而赋予那些断续的对象以某种同一性，并用一种虚构的继续独立存在来联合这些对象。非但如此，某种程度上我们还相信了这一虚构，因为我们记得那些断续的对象，由这些记忆观念可以传来让我们相信物体的继续独立存在所需的那种生动活泼性。④ 结合这两方面，休谟得出结论说："在我们根据原因和结果所得的那些结论和使我们相信物体的继续独立存在的那些结论之间，有一种直接而全部的对立（a direct and total opposition）"（T 1.4.4.15），"我们也不可能一面根据因果进行正确而有规则的推理，同时又相信物体的继续存在"（T 1.4.7.4）。至此我们便很容易理解上述我们不得不陷入的那种窘境了：既然外物没有继续独立存在的结论与外物有继续独立存在的结论出于同一原则（观念的生动与活泼性），那么我们采纳其一，必然就要采纳其二；而若我们同时采纳这两种结论，那么我们就"有意地接受了那样一个明显的矛盾（knowingly embrace a manifest contradiction）"（T 1.4.7.4）。如若我们要对这矛盾双方加以裁决，那么我们除援引那些"无常而易误的原则"之外，也再无其他原则或标准可用。

第三，既然我们接受了想象的全部浅薄性质，那么其中那些最大胆、最狂热、最荒谬的想象自然也就是要接受的，而这在休谟看来，是对人类理性最大的伤害。休谟说：

> 我们如果同意想象的每一个浅薄的提示，那么这些提示除了往往是互相反对之外，还使我们陷于那样的错误、荒谬和模糊之中，使我们最后对自己的轻信感到惭愧。最可以危害理性，并在哲学家

---

① 休谟与贝克莱一样，都反对洛克有关事物"第一性的质"与"第二性的质"的区分。休谟认为"运动""广袤""填充性"等事物性质与"颜色""滋味""气味"等性质一样，它们都没有一种实在的、继续的、独立的存在。（参见 T 1.4.4）
② 所谓"恒定性"是指，这些间断的知觉对象总是以某种较一致、较固定的方式向我们呈现。休谟认为"凡其对象被假设为有一种外界存在的一切印象，都是这种情形"。（参见 T 1.4.2.18）
③ 所谓"连贯性"是指，这些间断的知觉对象即便有变化，在这些变化中也保持着某种一贯性，即在前后变化之间有一种有规则的相互依赖关系。休谟认为这一点也是一切外界对象（印象）的特征。（参见 T 1.4.2.19）
④ 休谟认为这一原理也同样可以用来说明我们为什么虚构并相信了人格同一性（personal identity）。（参见 T 1.4.6）

们中间引起最多错误的,就是想象的飞跃(flights of the imagination)。(T 1.4.7.6)

想象的飞跃会大大刺激我们的心灵,使它变得高度冲动甚至癫狂,这样一来,心灵的全部官能就不能正常运转,我们的理性也就会陷入瘫痪。休谟在 T 1.3.10 小节就提出:"在血液和精神特别冲动时,想象获得了那样一种活泼性,使它的全部能力和官能陷于混乱,这时我们就无法区别真伪,每一个松散的虚构或观念就都和记忆的印象或判断的结论具有同样的影响,也都被同样地看待,并以同样力量作用于情感。"(T 1.3.10.9)由此可见,我们不能接受想象的飞跃,亦无法容忍那种烈焰般的性情进入哲学,否则的话,"我们便不能有任何稳定的原则,也永不能有任何适合平常的实践和经验的意见"(T 1.4.7.14)。

经由上述一系列反省可见,就"精微的推理"与"想象的浅薄性质"而言,我们**既不能同时接受这两者,也不能只接受其一而不接受其二**。那么接下来,休谟又该如何选择呢?伽略特认为"紧跟着他的怀疑论陈述(his recital of skeptical arguments)而来的并不是有关它们的额外论证,而是对自然心情之有序接替(an ordered succession of natural moods)的简单描述"①。笔者认为,伽略特的这一看法并不准确。因为在休谟"上述哲学反省"与"自然心情的有序接替"之间还缺少一个环节,而这个环节恰恰是"紧跟着他的怀疑论陈述而来的额外论证"。回到文本我们看到,在上述一系列反省之后,休谟紧接着就说了这样一句话:"人类理性中这些重重矛盾和缺陷的强烈观点深深影响了我,刺激了我的头脑,以致我准备抛弃一切信念和推理,甚至无法把任何意见看作比其他意见较为可靠或更可能些。"(T 1.4.7.8)在笔者看来,我们不能把这句话仅仅看作休谟的情绪反应或一种自然心情的表露,而更应看到,休谟的这句话其实暗含了我们有关"精微的推理"与"想象的浅薄性质"从逻辑上②看所剩下的唯一选择可能,即**这两者我们都不接受**。休谟"准备抛弃一切信念与推理"与"无法把任何意见看作比其他意见较为可靠或更可能些"恰恰是他受

---

① D. Garrett, *Cognition and Commitment in Hume's Philosophy*, Oxford, Oxford University Press, 1997, p. 232.
② 这里的"逻辑"建立在哲学性想象的构想原则之上,指可设想的所有可能情况。我们在事物 A 与事物 B 之间进行选择的所有可设想方案如下:①既选择 A,也选择 B;②选择 A,不选择 B;③不选择 A,选择 B;④既不选择 A,也不选择 B。

上述哲学反省的逻辑进程所迫而不得不采取的终极理论态度与立场。①这样一来,休谟就把其理性观的怀疑主义方面发展到了最为激进乃至过分(excessive)的阶段,并最终承认"哲学将使我们成为彻底的皮浪主义者"(A 27)。

众所周知,"皮浪主义"(pyrrhonism)是发源于古希腊晚期的一个哲学流派,一般而言,该派哲学的一个核心目标是,通过展现理性自身的矛盾以悬搁一切判断,从而让我们达到不动心的持久安宁状态。然而在休谟的眼中,皮浪主义原则非但不会让我们的心灵变得宁静,反而会给我们带来内心的不安、迷茫乃至悲观抑郁:

> 我在什么地方?我是什么样的人?我由什么原因获得我的存在,我将来会返回到什么状态?我应该追求谁的恩惠,惧怕谁的愤怒?四周有什么存在物环绕着我?我对谁施加了什么影响,或者说,谁对我施加了什么影响?我被所有这些问题迷惑了,开始想象自己处于最凄凉的环境中,四周漆黑一团,我完全被剥夺了每一个肢体和每一种官能的运用能力。(T 1.4.7.8)

休谟把这些疑云统称为"哲学的忧郁与昏迷"(philosophical melancholy and delirium)。哲学的忧郁与昏迷在心理上总是不稳定的(not psychologically stable),我们的心灵并不能久安于此,它必然要寻求摆脱这种状态,以趋向更稳固、更适宜一些的性情状态。因此在休谟看来,一个皮浪主义者并"不能指望它的哲学会对心灵有任何恒久的影响"(EHU 12.2.7);因着它所带来的那种不稳定情绪,这种哲学也不可能成为休谟理性思想的最后落脚点,休谟必须继续推进他的研究与思考。但值得注意的是,此时主导休谟研究与思考的已不再是理性思辨或反省,而是自然情感的倾向。诚如拜尔所言:"从此往后,(思想的)行动(moves)是被感觉(feeling)所主导的,它是在诸情绪(moods)之间的摆动,而不是论证的曲折前进(not zigzags of argument)。(思想的)转移不是被对存在于早期阶段中的那种智性不连贯(intellectual incoherence)的认识所激发,而只是被初始情绪的不完善性(the incompleteness of the initial mood),即

---

① 与伽略特所犯的错误类似,皮尔瑞斯也倾向于认为,休谟最终走向皮浪主义并非受任何理论原则的引导(所谓 no theoretical solution)。(参见 G. D. Pierris, *Ideas, Evidence, and Method*: *Hume's Skepticism and Naturalism concerning Knowledge and Causation*, Oxford, Oxford University Press, 2015, p. 295。)

它的被后继情绪添补的自然命运(its natural fate of supplementation by a successor mood)所激发。"①总而言之，在皮浪主义的刺激与助推下，休谟已不再把他的哲学视野囿限于纯粹知性的领地(the sphere of pure understanding)，而是也将之逐步扩展至更广阔、丰富的日常生活世界(the world of common life)。

第二节　从健全的自然理性再到情感主导下的实践—工具理性

在休谟看来，皮浪主义者的哲学忧郁与惶惑"自然而然地发生于对那些题目所作的深刻而强烈的反省(profound and intense reflection)"，所以这种忧郁与惶惑非但不能在理性内部得到根治，而且"我们越是加深反省(无论是反对着或是符合了这种惶惑)，这种惶惑总是越要加剧"。(T 1.4.2.57)笔者认为，休谟在这里其实已经挑明了人类理性的这样一种悖论式命运：**理性越是过度施展其力量就越是暴露出它的疾患以及它对治愈自身疾患的无能为力**。面对这种情形，休谟认为"只有疏忽(carelessness)与不注意(in-attention)，才能给予我们任何救药"(T 1.4.2.57)。于是休谟曾一度把全部精力投入一个充满行动、事务与消遣的日常生活世界中去。休谟幸运地发现，日常生活具有异常强大的自然权威，②只有它才是"皮浪主义或过分的怀疑主义原则的伟大颠覆者"(EHU 12.2.5)，因为只要使皮浪主义"与我们本性中比较有力的原则对立起来，那么，它们就会烟消云散，使最坚定的怀疑主义者与其他凡夫俗子处于同样的状况下"(EHU 12.2.5)。这一比较有力的原则就是由日常生活中的那些实在对象与活动所引起的自然情绪或情感(natural emotions or sentiments)："我们心中的感受，激荡的情绪，强烈的情感，把它(深奥哲学/皮浪主义——引者按)的全部结论都驱散了，并把深奥的哲学家变成一个十足的俗人。"(EHU 1.3)

首先与皮浪主义及其哲学忧郁对立的，是由日常生活中的娱乐或消遣所引起的那种轻松、愉悦情感。休谟说："我就餐，我玩双六，我谈

---

① A. C. Baier, *A Progress of Sentiments: Reflections on Hume's Treatise*, Cambridge, Harvard University Press, 1991, pp. 20-21.
② 休谟说："我在这里发现自己绝对而必然地决心要生活、谈话、行动，正如日常生活中的其他人们一样"(T 1.4.7.10)，"任何人，无论他可能把怀疑主义的思辨原则推演到何种程度，我承认，他仍旧必须行动、生活并且交谈，和旁人一样；而对于这种行为，他除了说他有这样做的绝对必要性之外，不必给予其他任何理由"(DNR 1.9)。

话，并和我的朋友们谈笑；在经过三四个钟头的娱乐以后，我再返回来看这一类思辨时，这些思辨显得那样冷酷(cold)、牵强(strained)、可笑(ridiculous)，因而发现自己无心再继续进行这类思辨了。"(T 1.4.7.9)此时休谟已无心也无力坚持哲学与理性，而是逐步"回到对世人的一般准则的懒散信仰(this indolent belief in the general maxims of the world)"(T 1.4.7.10)，这些准则包括"我们既有外部世界(external world)，也有内心世界(internal world)"，"外部世界中的对象有继续独立的存在"，等等。而当休谟"回到对世人的一般准则的懒散信仰"之后，此时与皮浪主义及其哲学忧郁对立的就由先前的放松与愉悦而转变为愤怒(spleen)了，因为只要皮浪主义及其哲学忧郁仍然存留着，它们就总是会破坏我们"对世人的一般准则的懒散信仰"。于是休谟准备抛毁全部书籍与论文，并决心不再为哲学和推理而放弃日常生活中那些自然而愉悦的倾向(natural and agreeable inclinations)。至此，休谟对哲学与理性的态度已开始由之前的"无心无力"转变为"彻底的否定"，而他对日常生活及其准则的态度也开始由"懒散信仰"转变为"盲目服从"(blind submission)了。

那么，休谟这里否定哲学与理性，并盲目服从日常生活及其准则，是不是表明他已转向以托马斯·里德以及詹姆斯·贝蒂为代表的苏格兰常识学派的立场了呢？答案显然是否定的。这是因为，第一，休谟这里对哲学与理性的彻底否定只是暂时的，他这么做只是为后面引出一个更可欲的自然理性观埋伏笔；休谟承认日常生活的权威也只是他的哲学思想辩证发展中的一个必要环节，而不是他要达到的最后结论。第二，苏格兰常识学派对日常生活及其准则的尊奉往往是教条僵化的(dogmatic)，即认为这些准则基本可以免除理性的批判与反思；而休谟最终并不会无条件地肯定日常生活及其所有准则，他认为它们是可以也应当被人类理性所反省与调整的。第三，即便休谟与苏格兰常识学派最终都承诺某些普遍准则(如上面提及的那些准则)可以免除理性的究察与责难，他们各自的承诺方式也是极为殊异的。苏格兰常识学派的承诺是前反思的、直接作出的，而休谟在作出此类承诺之前，他必须首先经历一个皮浪式的哲学反省过程，或用休谟自己的话说，他对日常生活之权威的认可是"皮浪主义的怀疑和犹豫的自然而然的结果"，因为我们只有"一度彻底相信皮浪主义的怀疑力量"，我们之后才能相信，"除了自然本能的强大力量之外，任何东西都不能使我们免除这种怀疑"。(EHU 12.3.2)故在利文斯顿(D. W. Livingston)看来，休谟所理解的"日常生活"概念并不是现成的、人人唾手可得的，而是"仅为着某个经由精致的哲学自我怀疑之旅而达到的哲学意识的思想物"①。

在自然情感的推动下，休谟一度抛弃哲学与理性；同样地，也只有在自然情感的引领之下，休谟才能重返哲学与理性。休谟说："哲学的胜利的希望只能寄托在真实的愉悦心情的再现，而不能寄托在理性和信念的力量。"（T 1.4.7.11）于是他劝那些依旧停留于上述疑虑或愤懑情绪中的人在重新开启哲学研究之前须先"等待勤奋精神和高兴心情的再度来临"（T 1.4.7.14）。那么，现在的问题是，由什么样的日常事务或活动所引起的什么样的自然情感可引领我们再次回到哲学上来呢？休谟发现，日常生活中不仅有与哲学思辨无涉的娱乐和消遣，有那些靠着强大的自然本能而不受哲学思辨侵扰的准则或倾向，同时也有"我们唯一能够希望对之得到证信和信念"却至今纷争不断的那些颇有意义的人性研究题材，如"支配我们行动或意志的原因""道德善恶的根源""政府的本性和基础"等。所有这些题材激发了休谟强烈的好奇心（curiosity）与雄心（ambition），在此情感的引导下，他不得不把全部心思再次转到哲学研究中来；而若不满足这些情感的要求，休谟自然就会感到不快（unhappy）与不安（uneasy）：

> 我如果不知道我是根据了什么原则，赞许一个对象，而不赞许另一个对象；称一个东西为美，称另一个东西为丑；判断其真实与虚妄，理性与愚蠢，那么我思想起来便觉得不安。现在的学术界在这种种方面都处于可怜的无知状态，我对此很感关切。我感觉自己雄心勃勃，要想对于人类的教导有所贡献，并借我的发明和发现获得声名。这些情感在我目前的性情中自然而然地涌现出来，我如果转到其他事务或娱乐上去，借以驱逐这些情感，那么我觉得就快乐而论我将有所损失。这就是我的哲学的起源。（T 1.4.7.12）②

---

① D. W. Livingston, *Hume's Philosophy of Common Life*, Chicago, The University of Chicago Press, 1984, p. 30.
② 休谟在 T 2.3.10 小节还进一步解释了"好奇心或对真理的爱"这类情感的人性根源。在休谟那里，真理有两种，一种是有关论证的哲学真理，一种是有关概然推断的自然真理。因前一种真理只与我们的纯粹观念（如数量）打交道，故而对这类真理的爱主要出于"在发明或发现真理时所运用的天才与才能"，而"天才的运用是心灵的一切活动中最令人愉快而可意的"。（T 2.3.10.3）对后一类真理的爱除出于这类纯粹的快乐之外，还在于此类研究的重要影响与实用价值。由此我们不仅能同情到那些受益于这些真理的人所可享有的福祉与快乐，而且有用的事物还能够用来固定我们的注意，以补足或增强研究的乐趣。

值得注意的是，休谟这里所谓的"哲学"与之前的相比已经发生了很大变化。之前的哲学是理性主导下的思辨哲学，而在此处，哲学已经转变为自然情感（好奇心或求知的快乐等）引领下的日常生活哲学了。进而休谟认为只有日常实践和经验范围之内的问题（如上述那类题材）才是适合人类理智研究的课题，且"哲学的决定不是别的，只不过是对日常生活的有条理的、经过纠正了的反省（Philosophical decisions are nothing but the reflections of common life, methodized and corrected.）"（EHU 12.3.2）。因此在这里，"日常生活"与"哲学"是相辅相成的：前者为后者提供了合宜的论域，而一旦超出这一论域，后者必将陷于迷乱与自失；后者为前者带来了规则与层序，且这些规则与层序是从前者内部逐步分梳、推演出来的，而不是来源于其外部。休谟把这样一种哲学称为"温和的怀疑主义"（mitigated skepticism），因为这种哲学多多少少是我们在限制或扬弃皮浪式怀疑主义之后而得到的一个结果。也正因为如此，利文斯顿干脆就把这种哲学称为"后皮浪主义哲学"（post-pyrrhonian philosophy）。利文斯顿认为后皮浪主义哲学并没有完全放弃自主性原则（the principle of autonomy），它依旧"能够质疑日常生活的任何信念或实践。它不能质疑的是（日常生活的）整个秩序（the whole order）"。因为"皮浪主义已经启明，在日常生活之外并没有一个阿基米德点可据以证明或批判作为整体的日常生活"，在此情况下，我们只能内在于日常生活并用日常生活中那些较稳固可靠的信念与准则去调整或校正那些较不可靠、较不稳固的日常信念或实践。①

与哲学的转变对应，此时的理性也发生了很大的改变：人类理性不再唯我独尊或自行运作，而是同样受着情感倾向的支配与引导。至此，休谟已经能够较圆满地解答健全理性需要坚持精微推理与想象的浅薄性质各自到什么样的程度，以及这两者在健全理性内部能否协调与统一等问题了。

首先从健全理性需要坚持精微推理的程度方面来看。在自然情感的支配下，健全理性以拜尔所谓的"轻松方式"（careless manner）运转。在此方式下，一方面，健全理性已摆脱"过度思辨的暴虐与焦虑"（the anxieties and tyranny of obsessive theorizing），并从各种理论强迫（theoretical compulsions）中解放出来，因此它不会过度坚持精微的推理，从而避免了人类理性走向自反式消亡。另一方面，健全理性亦不会完全排斥精

---

① 参见 D. W. Livingston, *Hume's Philosophy of Common Life*, Chicago, The University of Chicago Press, 1984, pp. 25-33。

微的推理，以免人类理性不成其为理性。因为恰如拜尔所言，这一方式中的"轻松"二字仅仅是指"无忧无虑"(carefree)，而"无忧无虑"绝不意味着"玩忽职守"(negligence)或完全否认精微推理的作用与影响。[①] 因此在自然情感的支配下，健全理性能够适度坚持精微推理，而不会把这一坚持推向狂热或虚无的两极。与此同时，因受自然情感的引导，健全理性还能够确定其适度坚持精微推理的那个适度标准。以情感的满足为目标，健全理性的精微方面就需要自我规限以作为合用工具服务于情感。休谟说："理性是并且也应当是情感的奴隶，除了服务和服从情感外，再不能有其他的职务。"(T 2.3.3.4)表面看来，这句话突出强调了情感对理性的优先与统领地位，但进一步剖析，我们就能从这句话中发掘出健全理性所需要坚持精微推理的那个合适程度，即前者需要坚持后者直到足以让自己成为情感的有效工具的程度。

其次从健全理性需要坚持想象的浅薄性质的程度方面来看。情感的介入同样为健全理性提供了在观念或想象的活泼性方面进行取舍的标准。休谟说："不论什么地方，理性如果是生动活泼，并与某种倾向混合起来，我们就应当加以同意。理性如果不是这种情形，它便永远不能有影响我们的任何权利。"(T 1.4.7.11)笔者认为，这里的"倾向"主要就是指那些能够激发我们的态度、意志与行为的人性始源性情感，即苦乐感、趋乐避苦、趋利避害等。只有与此始源性情感结合或者说只有被始源性情感所支持的那些生动观念或想象才是可被我们接受的；而与始源性情感无涉或不被始源性情感所支持的那些生动观念或想象就应被舍弃。

最后从健全理性内部精微推理与想象的浅薄性质的彼此调和与兼容方面来看。以"轻松方式"运转的精微推理是适度的，因此"我们难以想象事物的远景，而且对于那些事物的远景也不像对于较容易、较自然的事物那样，能够发生明显的印象"这一想象的浅薄性质便能得以保存；那些可接受的生动观念或想象因与始源性情感的结合不仅大大增强了自身的感性强制力（自然真理性），而且也能错开精微推理的正面攻击，哪怕此时的精微推理依旧存留有足够大的威力。因为"情感是一种原始的存在"，它"不能被真理和理性所反对，或者与之相矛盾"。(T 2.3.3.5)

总之，在自然情感的主导下，休谟已把健全的自然理性进一步转变为更加真实稳妥的"实践—工具理性"。这里的"实践"仅指日常生活范围内的情感实践，而"理性"在这里之所以是实践的，因为情感（尤指苦乐

[①] 参见 A. C. Baier, *A Progress of Sentiments: Reflections on Hume's Treatise*, Cambridge, Harvard University Press, 1991, pp. 1-2。

感)是"人类心灵的主要动力或推动原则"(T 3.3.1.1),在情感主导下,人类理性运用于其上的领域不再是让人"无动于衷"的超然思辨世界,而是情感所推动的由人类行为或意愿活动所构成的日常实践题材。这里的"工具"一词则包含了休谟对"情感与理性关系"的如下独特理解。

第一,工具的运作必需一个动力因,这意味着,理性的发动必需情感的刺激,否则理性便发动不起来。休谟说:"我们由于预料到痛苦或快乐,才对任何对象发生厌恶或爱好;这些情绪就扩展到由理性和经验所指出的那个对象的原因和结果。如果我们对原因和结果都漠不关心,我们就丝毫不会考虑去认识哪些对象是原因,哪些对象是结果。"(T 2.3.3.3)因此,我们一般不会去关心诸如峨眉山上一块石头之存在等与我们毫无关联的那些事物的前因与后果,而比较会去关注诸如会影响到我们实际收入的那些事物的原因与结果。

第二,工具的运作必需一个目的因,这意味着,理性的发动需以情感的实现或满足为目的。休谟指出,理性"能够把作为某一情感的合适对象的某种东西的存在报告给我们,从而刺激起那种情感来",理性也能够通过"发现因果的联系,从而给我们提供了发挥某种情感的手段"。(T 3.1.1.12)从这两点可知,工具理性要么通过推出某个情感对象之实存的方式以服务于情感,如通过推断一顿美餐的存在以激起我们的食欲;要么通过推出为实现某个情感所需之手段的方式以服务于情感,如当我们希求学好一门课程时,理性可以帮助我们获得高效的学习方法。另外,休谟也指出,以情感为目标,理性的运作"即使不是真实的,至少也会使心灵感到满意"(T 1.4.7.14),甚至"那些有害于社会的真理,倘若存在任何这样的真理,将屈服于有益的和有利的谬误"(EPM 9.2.1)。在日常生活中,人们推理的最终目的不是求取确定的知识或绝对真理,而是物事对情感的满足或于实践利益的增进。

第三,作为工具,这绝不意味着理性在情感面前只有从属的、依附的地位;恰恰相反,工具理性亦能积极反作用于我们的情感,休谟本人就曾坦言,情感虽"不起于理性",但能"接受理性的指导"。(T 2.3.3.3)[①]既然理性能使以上述两种方式服务于情感,那么在某些情况下,它也能以类似的方式反作用于情感。当然,这种反作用并不是那种直接的正面反对,

---

[①] 因此,在诺顿看来,休谟说理性是情感的奴隶,但这个奴隶并不是卑贱无能的(abject),而是聪明并富有指导性的(clever and instructing)。(参见 D. F. Norton, *David Hume*: *Common-Sense Moralist*, *Sceptical Metaphysician*, Princeton, Princeton University Press, 1982, p.128。)

因为在休谟看来，反对或阻挡任何原始情感的只能是另一个原始情感，而理性并不能单独产生任何原始冲动或情感。因此理性只有在情感伴有某种判断或意见的范围内才能间接反作用于情感。当理性指出我们原以为会产生某一情感的对象实际上并不能产生这一情感或产生了某个相反情感时，我们有关该对象的原有情感就会被纠正。例如，在沙漠中长期跋涉的人会对眼前的一汪水发生强烈的欲望，而当理性指出这汪水有毒时，我们先前对它的欲望情感就会消失。当理性指出我们原以为会实现某一情感的手段实际上并不能满足该情感或者适得其反时，我们对该手段的原有情感也会被纠正。例如，当肥胖的人发现吃某种减肥药并不能收到他们所预期的瘦身效果时，他们慢慢就会失去对这种减肥药的兴趣。由此，休谟曾总结说："理性和判断由于推动或指导一种情感，确是能够成为一种行为的间接原因。"（T 3.1.1.16）此外，借助理性反省的力量，我们还能使我们的情感更能立基于一般而稳定的观点，从而纠正原有情感的偏私、暴戾与狭隘。休谟就明确说过："平静的情感在得到反省的配合与决心的支持时，也足以控制情感的最暴烈的活动。"（T 2.3.8.13）且狭隘的同情也只有借理性反省的作用才能转变为广泛的同情。后面我们会看到，这一点将大大有利于我们把自然情感提升至道德情感（moral sentiment）的层次。总而言之，借用休谟研究专家诺顿的话说，"理性能够也确实已在调改我们的欲望，它能够也确实已在调改我们的情感，在我们的道德情感的形成方面，它也时常扮演着关键的角色"[①]。

综上所述，我们不难发现，休谟这里的"实践—工具理性"具有鲜明的情理交融结构。一方面，理性不仅内需情感作为它的激发动力，而且也需要情感作为它的终极服务目的。因此，这里的理性并不纯粹，它包含异己的情感因素于自身之内；而只有借助这些异己的情感因素，理性才能真正发挥它的作用。[②] 另一方面，情感要摆脱它原有的急促、偏狭与不稳定，它也需要接受理性的调节与指导。因此，这里的情感也并不纯粹，它没有停留于其自在的原初状态，而是谋求借助异己的理性因素

[①] D. F. Norton, *David Hume: Common-Sense Moralist, Sceptical Metaphysician*, Princeton, Princeton University Press, 1982, p. 101.

[②] 受马克斯·韦伯（Max Weber）"工具理性/价值理性"二分思想的影响，今人往往将"工具理性"中立化、去价值化，似乎它既可以服务于求善，也可服务于作恶，而工具理性本身却没有任何善恶好坏属性。但若我们不再停留于对"工具理性"概念的韦伯式理解而是继续回溯此概念的休谟式渊源，我们就会发现，"工具理性"往往内含一种作为其发动因素与追求目标的特定价值取向，这一价值取向就是自然人性中的苦乐感以及与之相应的对苦害的厌恶与对乐利的欲求。

以提升、完善自己。总而言之，此时的理性已成为一种"激情的理性"（passionate reason），而此时的情感在某种意义上也趋向于成为"合理的情感"（reasonable sentiment）。① 这样一种情理互补互摄的"实践—工具理性"无疑具有重大的启蒙人学价值，它的提出为休谟建立一个新的完全世俗化的道德世界奠定了基础。

---

① 弗雷泽曾指出，"sentiment"一词"在 18 世纪它常被用来描述含有较强认知因素的感情现象"。（参见[美]迈克尔·L. 弗雷泽：《同情的启蒙——18 世纪与当代的正义和道德情感》，胡靖译，南京，译林出版社，2016，第 18 页。）

第六章　休谟理性观的现代性任务

　　经由前述三阶段的交互式推进,休谟理性观的怀疑主义方面与自然主义方面均达到了较为饱满而完备的自身形态。一是怀疑的理性(skeptical reason),人性化理性愈发激进的自我怀疑与敲打恰恰是对自身所蕴含的怀疑力量的积极正面肯定;二是实践—工具理性(practice-instrumental reason),只有在怀疑的理性的不断激发与促推下,人性化理性的自然主义方面才能得以提升而转进为它的终极完善形态。在此,我们易于把休谟积极肯定人性化理性前一种形态的用意仅仅看作为他成功祭出人性化理性的后一种形态做铺垫:休谟不仅需要借助怀疑的理性以促成实践—工具理性,而且也需要通过推展怀疑的理性的皮浪式结局并扬弃这一结局以表明实践—工具理性可以豁免一切怀疑主义的攻击。笔者认为,如此理解休谟肯定怀疑的理性的用意固然没有错,但并不全面。因为除此之外,休谟对怀疑的理性的积极肯定还意在抵制人类理性在超验领域的独断运用;而也只有借助怀疑的理性并允许这种理性过度施展其力量,我们才能有效解除独断理性对我们的负面影响,才能平抑我们内心中总是无法泯灭的那种要去刺探人类理智所完全无法接近的超验对象的冲动或倾向。[①] 因此在休谟那里,怀疑的理性除有上述从属性的意义与用途之外,还有着独立的本己任务,概言之即为"宗教—形而上学批判"。同样,实践—工具理性也有着它的独立的本己任务,正如上一章末尾处所预示的,这一任务就是"世俗道德世界之构建"。这两种任务的性质无疑是现代性的:人性化理性的前一任务恰好回应并落实了休谟理性观现代性动机的"超越—否定的"一面;而它的后一任务则回应并凸显了休谟理性观现代性动机的"主体—肯定的"一面。

[①] 皮尔瑞斯也持有类似的观点。他认为休谟始终要对激进或过度的怀疑主义(radical or excessive scepticism)保持开放,因为只有这样,休谟才能抵制当时一大批自然哲学家所未能抵制的那种超自然领域的持续诱惑(the continuing temptations of supernatural)。(参见 G. D. Pierris, *Ideas, Evidence, and Method: Hume's Skepticism and Naturalism concerning Knowledge and Causation*, Oxford, Oxford University Press, 2015, pp. 259-306。)

第一节　怀疑的理性与宗教—形而上学批判

在哲学与理性发生日常生活/情感实践转向之后，我们往往会认为，此时休谟已经放弃了"只应当根据于怀疑主义原则"（T 1.4.7.11）的纯粹哲学与理性。其实不然。休谟非但没有放弃纯粹的哲学与理性，反而是要"大胆地推荐哲学""毫不犹豫地选取哲学"（T 1.4.7.13）。他之所以这么做，具体理由可说明如下。在哲学与理性发生上述转向之后，休谟紧接着就说，即便"好奇心和雄心不至于把我带到日常生活范围以外的思辨中去"，可是由于人类心灵的弱点，由于它"几乎是不可能像动物的心灵一样，停止在构成日常交际和行动的题材的那个狭隘的对象范围之内"（T 1.4.7.13），他也必然会被导入那一类超验话题的探讨中去。此时，宗教迷信（religious superstition）很可能会乘虚而入并有力地控制住人心，因为它不但是"自然而顺利地由人类的通俗意见发生的"（T 1.4.7.13），而且它还能借独断理性的伪辩以"散发出科学与智慧的气息"（EHU 1.12）。欲要破除宗教迷信，尤其是要破除迄今为止只用以庇护迷信的那种"深奥哲学和形而上学的妄语"（EHU 1.12）[①]，休谟认为只有依靠怀疑主义哲学与理性。在《论自杀》这篇短论的起首处，休谟就明确指出：

> 从哲学中产生的一大益处，就在于它是迷信与虚假宗教（false religion）的至上解毒剂（sovereign antidote）。所有其他针对这一致命心病（pestilent distemper）的补救办法都是徒劳的，或者至少是不确定的。良好的判断力与现世的实践虽独自就能服务于我们人生的大部分目的，但用在这里却是没什么效果的：在历史以及日常经验中已经有大量案例表明，即便是那些有着最强经商与办事能力的人，他们在一生中仍旧臣服于最粗俗迷信（the grossest superstition）的威慑之下。甚至那些能治愈其他任何伤痛的甜美与快乐性情，也不能为如此有害的病毒（so virulent a poison）提供任何救治；正如我们特别会观察到的，人们虽然通常都赋有丰富的自然权能，但还是会感到他们的很多快乐已被这一纠缠不休的侵略者（this importunate intruder）所压制。然而，一旦健全的哲学（sound philosophy）占据了我们的心灵，迷信很快就会被清除；而且我们可以完全肯定的是，它对这一敌人的胜利比

[①] 休谟所谓"深奥哲学和形而上学的妄语"，主要是指把宗教信仰建立在人类理性之上的一切企图。

对人性中大多数邪恶与缺陷的胜利还要彻底。(E-Su 1)

由此我们才能理解，为什么休谟在转向实践哲学之后，他还要极力推荐纯粹的哲学或精致恰当的推理；且凡在休谟作如此推荐处，他几乎总要强调指出这种哲学与推理在对治人性顽疾即宗教迷信上的重大意义。①

在休谟身后出版的《自然宗教对话录》以及他考虑再三、坚持要插入《人类理解研究》中发表的《论神迹》与《论特殊的天意与来世》等著述中，休谟运用怀疑的理性驳斥了宗教信仰可建立于其上的所谓理性根据(rational foundations)。② 这些根据可分为两大类：一类是受到当时一批自然科学家或宗教哲学家(如牛顿、洛克、克拉克与巴特勒等)青睐的有关上帝存在的设计论证(the design argument)与宇宙论证(the cosmological argument)；③ 另一类是尤被俗人认可的有关上帝存在的神迹论证(argument of miracles)与神义论证(argument of theodicy)。这两大类论证一起构成了休谟所要重点批判的"宗教—形而上学"。在正式进入对这部分内容的详细探讨之前，笔者须结合前文先对休谟的批判武器即"怀疑的理性"做一个总体性的说明。怀疑的理性首先是指蕴含于人性化理性之理证中的哲学推理，正如第二章第三节所分析的，这种推理奠基于哲学性想象的三大原则，尤其是其中的构想原则之上，就此而言，所谓"怀疑的理性"也就是将这些原则作怀疑的运用而已。这一点在前面的第三、四、五章中体现得最为明朗而深刻：在根本上，休谟理性观怀疑主义方面三层次的开展主要就是被哲学性想象的构想原则所推动的。因此，这种形式的怀疑的理性是不易被我们忽视的，下文我们会看到，它在休谟的宗教—形而上学批判中也得到了大量运用。除此之外，怀疑的理性还可以指蕴含于人性化理性的概然推断中的某种自然推理，这一点在笔者前面

---

① 除宗教迷信外，宗教狂热(enthusiasm)也是人性的一大顽疾。在《论迷信与狂热》一文中，休谟将这两者都看作真宗教的堕落形式(the corruptions of true religion)。最好事物的反面总是产生最坏的结果，而我们从实际生活中也总是发现，迷信与狂热无论对个人，还是对整个社会组织都同样有着恶劣的影响。但由于后者较易矫正，造成的恶劣影响也较轻、较短暂，而前者较难矫正，造成的恶劣影响也较重、较持久，所以宗教迷信是休谟要攻击的主要对象。
② 除此之外，在《宗教的自然史》等作品中，休谟还结合大量史料揭露了各种宗教形态的自然起源(natural sources)，受本章节讨论主题的限制，有关休谟这方面的智识努力与思想贡献笔者暂且不表。
③ 由于设计论证是经与观察经验的类比而做出来的，所以又被休谟称为"后天论证"(argument a posteriori)，由于宇宙论证不依赖经验而只需借助于观念关系的推演就可得出，所以宇宙论证又被休谟称为"先天论证"(argument a priori)。

的论述中不易见，也比较费解，因为归根结底，自然推理是奠立于习惯性联想这一自然化想象机制基础上的，与哲学推理相比，它似乎缺乏可将自己作怀疑运用的那种强规范效力。实际上，自然推理固然缺乏哲学推理那样的强规范效力，但这并不表示它没有任何规范效力，否则休谟也不会冠之以"推理"之名。正如笔者在前文中一再交代的，自然推理具有感性强制意义上的自然真理性（规范性），且这种真理有程度上的等级差异。根据这种等级差异，在诸自然推理之间也可以发生相互的辩难、校正：具有较高自然规范性的推理就可被我们运用于质疑、批驳只具有较低自然规范性的推理。结合笔者对休谟理性观的"自然主义（二）"的相关分析，所谓"具有较高自然规范性的推理"其实就是指健全的自然理性，所谓"具有较低自然规范性的推理"也就是指本能的自然理性，既然健全理性是借助哲学反省的力量（第四章第二节"第一次怀疑式论证"）从本能理性上升而来的，那么它同样可以借这种力量而对着本能理性作怀疑的运用。这就是笔者所认为的怀疑的理性的第二种形式。怀疑的理性的第二种形式很容易被我们忽视，但休谟并没有忽视它，恰恰相反，与前一种形式的怀疑的理性一样，它也得到了休谟的高度重视。下文我们会看到，休谟是交叉、综合运用这两种形式的怀疑的理性来批判宗教—形而上学的。

一、驳斥有关上帝存在的设计论证与宇宙论证

休谟对有关上帝存在的设计论证的批判，主要见于《自然宗教对话录》（尤其是其中的第二至八篇对话）以及《论特殊的天意与来世》这两部作品。由于这两部作品都是以人物对话的形式呈现的，所以我们在阐述休谟这一批判的具体内容之前，还必须回答这样一个问题：在这些对话者中，哪些人的观点真正代表休谟本人的思想？在《论特殊的天意与来世》中，这个问题比较容易回答，休谟研究界也没有什么争议，那就是，这部对话作品中的"我的朋友"代表休谟，休谟正是通过"我的朋友"（扮演伊壁鸠鲁的角色）向"我"（扮演雅典公民的角色）申辩的方式来表达他对设计论证的批评意见的。而在《自然宗教对话录》中，这个问题却不怎么好回答，尤其是在对话者"斐罗"（Philo）与"克里安提斯"（Cleanthes）之间，究竟谁是休谟的代言人，休谟研究界至今还是众说纷纭、莫衷一是。[1] 在此问题上，笔者更倾向于支持传统的观点，即总的来看，斐罗代表休谟。

---

[1] 传统观点认为斐罗代表休谟，另有一批学者提出了不同主张，他们或认为克里安提斯代表休谟，或认为克里安提斯与斐罗共同代表休谟。有关这方面内容的争论，参见骆长捷：《谁是休谟的宗教代言人？——〈自然宗教对话录〉解析》，《世界哲学》2017年第5期。

这不仅因为休谟本人曾在给友人的一封信中交代"我应该使我承担对话中斐罗的角色"①，且他本人曾与斐罗一样都自诩为"怀疑主义者"，也不仅因为那些反对"斐罗代表休谟"观点的人并不曾提出足够强硬的反对理由，更重要的是因为，即便我们认为克里安提斯甚至蒂美亚（Demea）的某些观点也代表了休谟本人的思想，那也是由于这些观点曾得到斐罗的默许、认同乃至明确赞赏，哪怕这种认同与赞赏表面看起来似乎和斐罗的一贯主张与态度并不相合。由此我们可以很合理地得出结论说，在对克里安提斯所持守的设计论证的批判上，不仅斐罗的观点代表了休谟的思想，而且得到斐罗默认或赞同的蒂美亚的观点也代表了休谟的思想。

所谓"设计论证"，简言之，就是借人工制品与宇宙万物的类比以推出一个与人类心智相似的造物主（神或上帝）的存在。休谟在《自然宗教对话录》第二篇中就借克里安提斯之口对此进行了详细解说：

> 看一看周围的世界：审视一下世界的全体与它的每一部分：你就会发现世界仅只是一架巨大的机器（one great machine），分成无数较小的机器，这些较小的机器又可再分，一直分到人类感觉和能力所不能追究和说明的程度。所有这些各式各样的机器，甚至它们的最细微的部分，都彼此精确地配合着，凡是对这些机器及其各部分审究过的人们，都会惊叹于这种准确程度。这种通贯于全自然之中的手段对于目的的奇妙的适应，虽然远超过人类的机巧，以及人类的设计、思维、智慧与知识的产物，却与它们精确地相似。因此，既然结果彼此相似，根据一切类比的规则，我们就可推出原因也是彼此相似的；而且可以推出造物主与人心多少是相似的，虽然比照着造物主所执行的工作的伟大性，造物主比人类拥有更为强大的能力。根据这个后天的论证，也只有根据这个论证，我们立刻可以证明上帝的存在，以及上帝和人类心灵与理智的相似性。（DNR 2.5）

为便于理解，笔者把这段论证简化为：人工制品是人的心智设计的结果，宇宙万物与人工制品相似，而根据"结果的相似总是出于原因的相似"这条原理，我们可以类推出，宇宙万物也是与人的心智类似的某个心灵设计的结果。这个心灵就是造物主，就是上帝。

经过上述两部作品中相关内容的仔细爬梳，笔者把休谟借怀疑的理

---

① 转引自骆长捷：《谁是休谟的宗教代言人？——〈自然宗教对话录〉解析》，《世界哲学》2017年第5期。

性驳斥"设计论证"的诸要点——陈述如下。

首先,既然有关造物设计的论证建立在宇宙万物与人工制品的精确类似之上,那么我们只要否定了后者,前者也就会不攻自破。实际上,休谟认为宇宙万物与人工制品的相似是我们莽撞得出的结论,而在谦谨的哲学家看来,宇宙万物与人工制品是极不相似的。由不相似的结果必然推不出相似的原因,因此从人设计推出上帝设计(神人相似论)就是"一个非常薄弱的类比"(a very weak analogy)(DNR 2.7),就像我们不能从蛙和鱼体内的血液循环推知人体内亦有血液循环或者植物液汁循环一样。至于宇宙万物与人工制品到底有哪些方面不相似,休谟又具体给出了如下几条证据。第一,人工物(如房子、机器、船舶、家具等)只是宇宙万有中的一小部分,思想、设计亦不过是宇宙的动因和原则之一(除此之外还有冷与热、吸引与排斥等),而适用于部分的因果法则并不能被合理地推用于整体之上,就像我们不能从一片叶子动摇的情形推知一棵树的生长状况一样。第二,不仅宇宙的部分与整体之间不相像,而且宇宙的部分与部分之间亦可能差别悬殊,因此我们没有理由认为其他星球上的造物与地球上的造物都适用同样一批因果法则,更没有理由认为其他星球上的造物与地球上的人工物一样都是类人的心智设计的产物了。第三,即便我们承认宇宙万物目前所呈现出的秩序与结构和人工物中的秩序与安排精确地相似,我们也不能由此得出结论说宇宙万物就是类人的心智设计的结果,因为其他时段的宇宙情形是否与人工物精确相似还是悬而未决的问题。休谟举例说:"我们怎么能有任何权利从一个已经构成、排列、配置好了的世界,推演出一个尚在胚胎情形中,正趋向于结构与排列的世界。根据观察,我们知道一个成长了的动物的组织、活动及营养的一些情形,但当我们把这个观察推至子宫内胚胎的成长时,就要大大小心,要是把这个观察推至小动物在其雄亲的生殖器中的构成时,还要更加小心。"(DNR 2.21)第四,宇宙是独一无二的个体,而独一无二的个体与其他任何事物都不包含种类上的相似,因此我们将宇宙与人工物进行类比是不合适的。休谟说:"如果一个结果被呈现出来,它完全是单一的,不能包含在任何已知的一类对象下,那么,我看不出我能对它的原因形成任何猜测或推断。"(EHU 11.30)即使我们能够断定宇宙万有是神的造物,我们也"不能借助类比,从那些物种已被经验到的属性或性质推断他(指上帝或神——引者按)的任何属性或性质"(EHU 11.26)。

其次,从有关造物设计的论证中会引出很多渎神的荒谬结论。第一,神极有可能是有限完满的存在。这是因为,既然宇宙是神的造物,而且当我们从神的造物推知神的任何属性时应当使结果与原因尽可能精确地相应，那么"我们只能允许将恰好足够产生那个结果的性质归于那个原因"(EHU 11.12)。休谟举例说，天平一头的一个十盎司物体升起来，我们只能由此证明天平另一头的砝码超过十盎司，而不能证明那个砝码超过一百盎司。同理，我们从神的造物中也只能推出神具有他的作品所表现出来的那种程度的完善性，除此之外，我们没有理由再赋予他其他任何程度的完善性。这样一来，神的完善性极有可能就是有限的，而任何对神之属性的过分拔高都会是没有根据的夸张与幻想。第二，如果神是有限完满的，再加上神之造物与人之造物的精确相似，那么我们甚至可以推想"神是一个拙劣的工匠"。休谟说，一只精美耐用的船极有可能是由一个愚笨的工匠通过模仿其他工匠的技术并经许多次试验才缓慢建成的，类似地，我们推想这个世界由一个拙劣的神经多次缀补、修改而建成自然也是可以的了。第三，神极有可能没有统一性。因为我们既然可以推想世界是由一个拙劣的神设计、建造而成的，那么我们当然也可以推想这个世界是由几个神联手构造的。而事实上，诸神的联手构造与人类合制产品的经验更为吻合，因此与一神论相比，多神论似乎更有可能成立。这样一来，神的统一性就变得极为可疑，先前归于一神的完善性也就有可能分散于几个独立的神之中。第四，既然神的心智类似于人的心智，而人的心智是不断更替变化的，那么神的心智也极可能有变异，这将使神失去完全的不变性与单纯性。在休谟看来，人的灵魂"乃各种能力、情绪、意见、观念的一种组合"，"当它作推理时，作为它的讨论中的部分的各种观念会自己排列于一定的形式与秩序之下；而这种形式或秩序并不能完整地保留片刻，却立刻又变成另外的一种排列。新的意见、新的情绪、新的情感、新的感觉起来了，它们不断变更心灵上的情况，并且在其中制造出极大的错综性，和可设想的最迅速的递换"。(DNR 4.2)将神的心智与人的灵魂作类比，我们容易断定神的思想也是变动不居的，甚至神也有人类那样的不稳定情绪，等等。总而言之，休谟认为我们只要接受了造物设计的后天论证，我们由此就可以进一步提出许多在正统神学家看来极为大逆不道的宗教假设(religious hypotheses)，且这些假设都极有可能成立，对此人类理性无法给予明确的反对。

再次，即便我们可以从部分去类推整体，有关造物设计的论证也不是一个较好的论证，因为有比人工制品更相似于宇宙整体的部分。根据一切类比推理的规则，A事物比B事物更相似于C事物，那么适用于A事物的因果法则就比适用于B事物的因果法则更能被推用于C事物之上。休谟认为动植物比人工物更相似于宇宙整体，因此动植物的原因就比人工物的原因更适合于说明世界体系的普遍起因。凭我们的有限经验，动植物的原因是生殖与生长。由此看来，我们与其说，宇宙万有起源于心智设计，不如说，宇宙万有起源于生殖与生长。换言之，与心智设计相比，生殖与生长是我们对宇宙起源的一个更好的推测。在《自然宗教对话录》第七篇对话中，休谟曾借蒂美亚之口对"'宇宙源于生殖而非设计'是一个更好的推测"提出了再反驳：世界的有序生殖与生长能力除了从有意识的设计而来外，我们似乎不能想象它的其他来源；因此上述反驳非但没有削弱有关造物设计的论证，反而加强了这一论证。对此再反驳，休谟又进一步回击道，凭我们的日常经验，很多动植物的有序生长与生殖往往并不是它们有意设计的结果，而是出于它们并不自知的某种本性或本能，一株树长出它的固定模样，动物间的交配繁衍等都是如此。因此，将生殖与生长的原因归于理性设计，是违背事实依据的大胆猜测而已。此外，就算我们纵容猜测，我们为什么不将理性设计的原因归于生殖与生长呢？这与前一种猜测不是一样的可设想吗？而根据休谟的模糊经验，似乎后一种猜测更合理一些，因为"根据观察，理性在无数例证中都是出自生殖（generation）的原则，而不是出自任何其他的原则"（DNR 7.15）。这某种程度上也解释了，为什么古代神学家们往往都热衷于用神的生殖或神谱来说明宇宙万物的起源。

最后，既然设计论者要就宇宙整体的原因进行探讨，那么根据一切先天推理的规则，除"上帝造物"之外，我们对此原因还可以提出其他可能的假设，且对这些假设，设计论者并不能提供很好的反对理由。第一，设计论者从宇宙的秩序追溯出一个观念的世界之后，他们就此打住，并把这个观念的世界直接当作上帝，这在休谟看来是没有什么决定性的。因为观念世界的秩序与物质世界的秩序一样，若后者需要一个原因，前者也同样需要一个原因。对于这原因的原因，它也可能需要一个原因，照此我们可将这一溯因推理一直进行下去。而若我们在其中任何一个原因上停住并把该原因称为上帝，这无疑是武断而不能令人满意的。第二，我们完全可以设想宇宙秩序的原因就在物质自身之内，且这一设想并不比上帝造物的设想更为困难。休谟的代言人斐罗曾反驳克里安提斯道："为什么解释这个世界的秩序时，不采用你所主张的任何像这样的理智的造物主，而提出另外一个相似的答案就不能同样的满意，那是难以决定的。另外的答案只是说，这就是物体的本性，一切物体原本就具有秩序与比例的能力……前一个假设除了更符合常人的偏见之外，不会比后一个假设有任何实际优越之处。"

(DNR 4.12)第三,甚至是伊壁鸠鲁式的原子碰撞论也可被我们用以解释宇宙秩序的原因。休谟说,我们可以先天地设想:物质微粒(原子)的数目很多但有限,且每一个物质微粒本身就含有运动。当这些物质微粒被一种盲目的力量投聚在一起时,它们起初一定是极无规则地彼此碰撞。但在永恒的时间中经过无数次的调试,它们完全可能碰出这样一种秩序状态:每个物质微粒都持续不断地运动,但在诸物质微粒间却造成了某种稳定的交互作用形式。这一稳定的交互作用形式就是我们目前这个世界所呈现出的系统、秩序与法则。由此看来,我们不把宇宙秩序归于理性设计,而把它归于机会与偶然,也同样说得通。综合以上三点休谟得出结论说,如果我们不把自己的研究视野限制于这个世界之内,而像设计论者那样要超出这个世界并去探究宇宙整体的原因,那么我们就激起了终究无法得到满足的理智欲望。因为对于诸如宇宙起源之类的超验问题,人类能够先天设想的任何一个方案都不会因其与日常经验的些微相合就该被接受,也不会因其与日常经验的些微不合就该被摒弃;这些互竞的方案都有可能成立,而要在其中做一抉择或取舍,人类理性恰恰是无能为力的。

休谟对有关上帝存在的宇宙论证的批判,主要见于《自然宗教对话录》第九篇对话。在那里,正统的宗教神学家蒂美亚为一方,斐罗与克里安提斯则结为敌对的另一方;休谟先安排前一方提出了为上帝存在进行辩护的宇宙论证;而后他又安排后一方有力反驳了这一论证。正是通过这一反驳,休谟详细陈述了他对宇宙论证的主要批评意见。

"宇宙论证"具体指什么?休谟曾借蒂美亚之口答道:

> 任何存在必须有一个它存在的原因或理由;任何事物都绝对不可能自己产生自己,或自己就是自己存在的原因。因此,由果溯因,我们必须或者是追溯一个无穷的连续(an infinite succession),而竟没有最后的因(ultimate cause),或者是最后必须被归到某个必然存在的最后因;而第一个假设之谬误,我们可以证明如下。在因和果的连锁或连续之中,每一个单独的果的存在都为紧接着前在的因的力量和效能所决定;但是整个永恒的连锁或连续,就全部说,却不为任何事物所决定,或有任何事物为其原因;不过,显见的是,它也跟开始存在于时间中的任何个别物体一样,需要一个原因或理由。为什么独有这个诸因的连续,自永恒以来就存在着,而不是任何其他的连续,或竟根本没有连续?这个问题仍然是合理的。假若没有必然存在的"存在者",那么,凡是能设立的假设都同样是可能的;

那么，说并无事物自永恒起就存在着，比说宇宙构成的诸因的连续自永恒起就存在着并非更为荒谬。那么，究竟是什么东西决定某些事物的存在而不是无物，并且将存在性(being)加于一个特定的可能性之上，而不加于其他可能性之上呢？是外在的因吗？那是已经假定没有的了；偶然性(chance)吗？那是一个没有意义的名词。是无物吗？但是无物不能产生任何事物。因此，我们必须归到一个必然存在的存在者(a necessarily existent being)，他自身包含着他存在的理由；并且要假定他的不存在，这必定会蕴含一个明显的矛盾。所以，这样一个存在者是有的，即是说，神是有的。(DNR 9.3)

笔者把这段论证简化为：任何一个事物的存在都必然有一个如此存在的原因，原因的存在也需要一个原因，像这样一直追溯下去，我们要么推出一个因果的无穷系列，而没有最后的因；要么推出一个最后的因，这最后的因是自因。第一种情况是荒谬的，因为对于可能的诸因果系列来说，要决定其中一种因果系列的永恒存在而不是其他因果系列的存在也需要一个原因，这个原因就是该种因果系列的最后因，它只能是必然存在的"存在者"，即"上帝"。

休谟借怀疑的理性驳斥宇宙论证的主要观点可概述如下。

首先，"宇宙论证"试图用理证来证明上帝的存在，这是一个明显的错误，因为有关上帝存在的问题是一个事实问题，而事实问题是根本不能用理证来解答的。第一，根据哲学性想象的构想原则，任何一个事物的存在与不存在都是可被先天设想的，所以，"存在"的不存在并不蕴含任何矛盾。由此来看，"必然存在的'存在者'"就是一个荒谬的说法，而把荒谬的说法安在上帝身上也就极其不合适了。第二，即便上帝的某些不为人知的属性使得他的不存在是不可能的(就如"2加2不等于4"一样的不可能)，但就人类的有限理解能力来说，"存在"的不存在也始终是可能的，我们完全可以想象上帝的不存在或他的属性发生了改变。此外，我们也没有假设某些事物有永恒存在的必要。第三，即便我们能够承认，一些事物的某些不为人知的秘密属性可使它的存在成为必然的，但我们为什么把这些属性只归于上帝而不归于物质，这也是没有什么决定性的。而事实上，我们对物质的认识也非常有限，它完全可能包含这样一些秘密的性质，这些性质使得它的不存在是不可能的。

其次，既然原因总是时间上在先的存在，那么"永恒存在着的因果系列有一个最后的因"这个说法就是荒谬的，因为永恒存在的事物没有在先的原因。此外，对永恒存在的因果系列来说，当我们搞清楚了其中每个结果的原因之后，再问整个因果系列的原因就是不恰当的。因为一个整体除了是它的各个部分之外，它什么也不是；我们解释了整体的各个部分的原因，也就解释了整体的原因。

再次，我们要为物质的整个连续指认一个外在的最后的因，这很可能是由我们对物质的深层性质缺乏研究所致。休谟举数学研究中的例子说，9 的乘积的各个数字加起来总是组成 9 或 9 的乘积，如在 18、27、36 等 9 的乘积中，1 加 8，2 加 7，3 加 6，它们都等于 9；而在 9 的乘积 369 中，3 加 6 再加 9 等于 18，18 又是 9 的乘积。肤浅的观察者会将这种奇妙的数学规律归入某个外在因的设计或安排，而资深的算术家会证明，这种规律性只是出于数的本性罢了。同理，如果我们不为物质所呈现出的规律现象所迷惑，而是对之加以深究，那么我们不也是有可能将物质的整个连续归于物质的本性，而不是把它引向某个更高明、更神秘的存在者吗?！

最后，休谟指出，在宗教问题上采用先天的推理不仅是一种误用，而且这种推理也很少能让不具备形而上学头脑的人非常信服。休谟把宇宙论证看作那些擅长对数学进行抽象推理的人把这种推理习惯转用于不该用到的论题上的结果。而就这种论证在一般人那里的接受情况，他则明确交代："其他的人，即使是明智的和最倾心于宗教的人，也总觉得这样的论证具有某种缺陷，虽然他们也许不能明白解释缺陷之所在。"(DNR 9.11)

总而言之，在休谟看来，宇宙论证是"如此明显的不可靠(ill-grounded)"(DNR 9.4)，而对普通人的纯正宗教信仰来说又是"如此的没有用处"(DNR 9.4)。在休谟借怀疑的理性驳斥宇宙论证的同时，他也向我们充分表明了，先天的推理(理证)与后天的推理(概然推断)一样，在对超验/超越问题的确凿解答上，终究是力有不逮的。

二、驳斥有关上帝存在的神迹论证与神义论证

休谟对有关上帝存在的神迹论证的批判，主要见于《人类理解研究》第十章《论神迹》一文。在那里，休谟所谓"神迹论证"是指：无论在《圣经》还是在经外传说中都有大量关于神迹的信息，且这些信息都是千真万确的，因为基督教的初创者及其使徒们曾**亲见**这些神迹的发生；既然这些神迹是真实可信的，而神迹又显明了神的力量与意志，那么神的力量与意志也是真实可信的，因此有神或上帝存在。由于"神迹论证"的关键在于神迹的真实性以及这种真实性所赖以成立的教徒们的见证(testimony)，所以休谟借怀疑的理性驳斥这一论证的主要攻击点也就落在了神迹之见证的可信度上。

首先，别人的见证与我们自己感官的直接见证相比，永远是一个较弱的证据(evidence)；而当别人的见证是经中间人的介绍向我们传来时，那么这一证据的效力也就更弱了。休谟说：

> 我们关于基督教真理的证据比不上我们感官真理的证据，因为即使在最初创立我们宗教的人那里，前者的证据也并不比后者更重大。而且，很明显，前者的证据经他们传给他们的信徒时，必定会削弱。任何人对他们的见证都不会像对待自己感官的直接对象那样确信。(EHU 10.1.1)

其次，别人的见证对我们来说是否可信，我们只能依据他们的证词作判断；而对于他们的证词是否可信，我们则要考虑很多情节(circumstances)，当其中一个或某些不利的情节实际存在时，他们的证词的可信度也就依着相反经验的比例而相应地减小了。休谟发现，从目击者或旁观者证词中所得到的那种推理固然是人类生活中最常见、最有用的推理，但这种推理之所以可靠，并不是因为我们能发现证词与事实之间的必然联系，而只是因为我们对证词与事实之间的一致性有过经验。然而，这种经验远远没有达到恒常无误的程度，而是随着各种情节因素的变化而发生相应的改变。因此，任何一种证词都无法算作对某个事实的充分证明，而只能被看成一个狭义概然推断。① 既然是狭义概然推断，那么我们在审查证词的可信度时就要充分考虑各种不同的情节，并根据有利情节与不利情节的比例来重新调整我们对证词的原有信念。这些情节包括：证词与证词是否一致而不蕴含矛盾？目击者的人数是否众多？目击者的记忆力与品格是否可靠？目击者与他们要断定的事情是否没有利害关系？目击者发表证词时是否自信坚定而非犹豫不决或过于强词夺理？等等。休谟认为所有这些情节的否定方面都会大大减低目击者证词的可信度。

再次，当目击者所要确证的某个事实奇特而令人惊异时，那么一定就会有较多数的正常情况与之相反对，此时，目击者证词的可信度还要按照那个事实的反常程度而同等比例地减弱。休谟说："当要论证的事实是那种我们很少见过的事实，那么，这里就会出现两种相反经验的竞争，其中一个会尽力消灭另一个，只有占优势者能够以它的余力对心灵发生

---

① 这里关于"证明"与"狭义概然推断"的区分，参见第二章第四节页下注。

影响。"(EHU 10.1.8)这两种经验就是我们对证词与事实某种程度上相一致的经验以及有关奇特事实之反面即正常情况多次发生的经验。当所要论证的事实非但很少见过，而实在是一个神迹时，上述后一种经验对前一种经验的抵消几乎就相当于对证人证词之可信度的一个彻底毁灭。因为"神迹"，按休谟在 EHU 10.1.12 注释部分对它的定义，它是由于神的特殊意志，或者由于某种不可见力量的干预，对一项自然法则(a law of nature)的一次违反或僭越(a violation or transgression)，如死人复活、铅块独自悬在空中等，而违反自然法则恰恰是神迹之不可信的一个最佳证明。对此可具体解说如下：自然法则是根据恒常而一律的经验确立起来的(如人无法死而复生)，因此违反自然法则也就是违反一个证明(proof)，而不仅仅是像一般的奇事那样违反一个较大的概然性(probability);① 违反一个证明是我们彻底驳倒一个事实的最佳方式，因为证明比概然性更严格，一个证明往往是容不得它的任何反例的现实存在的。休谟说："每一个神迹之事必有一律的经验与之相对，否则这件事就不值得称为神迹。既然一律的经验就是证明，所以，就事实的本性看，这里就有了一个反对任何神迹存在的直接而充分的证明；如果要破坏这样的证明，或使神迹为人所信，必须要有一个占优势的相反证明才能办到。"(EHU 10.1.12)休谟承认一个占优势的相反证明或能使神迹可信，这也只是他的一个"过于随便的让步"(EHU 10.2.1)，而非表明真有这种可能性。要证明神迹的虚妄比它所要确立的事实更奇异，那是我们根本办不到的。

最后，就全部历史来看，休谟认为也从来没有任何有关神迹真实存在的证据是充足可信的。第一，任何神迹都不曾被足够多的可信赖的人证实。休谟所谓"可信赖的人"一般要具备这样一些难能可贵的品质，即他们"具有毫无疑问的判断力、良好的教养与学识，以使我们安于认为他们不会有各种误断；这些人无疑是正直的，以使我们毫不怀疑他们会蓄意骗人；这些人在人们眼中是值得尊重和有声望的，如果他们被发现有任何虚假，他们就要蒙受巨大的损失；同时，他们要以公开的方式，在世上众所周知的地方，对事实进行证实，以使证实活动不可避免地受到审查"(EHU 10.2.2)。任何事物只有被这样的人以这样的方式证实时，它们才有可能是真的，否则的话，它们的真实性就要大打折扣。第二，人们之所以相信、传播神迹并不是因为拥有很好的理由，而是因为人性

---

① 由此可见，休谟在因果/归纳推理中进一步区分出"证明"与"概然性"，这为他区分"神迹"与"一般的奇事"提供了理论基础。要判断一个事物是"神迹"还是"一般的奇事"，我们就要看这个事物到底是违反了一个证明还是一个较大的概然性。

中有一种对奇异与非凡之事的强烈癖好。休谟发现,在现实中,当被描绘的事物越显得荒谬、神奇时,人们越不会去质疑它、屏蔽它,相反更容易承认它、宣扬它。这是因为"由神迹引起的惊讶和猎奇之情(the passion of surprise and wonder)是一种令人愉快的情绪,它使人明显倾向于相信这种情绪由之而生的那些事情。这种情况会发展到很严重的地步,甚至有些人没有直接享受到这个快乐,也不会相信他们被告知的那些奇异的事情,却仍然喜欢间接地分享快乐,并以激起别人的羡慕而自豪和高兴"(EHU 10.2.3)。此外,这种兴奋与愉悦的情绪还会刺激我们的想象,并使我们处于一种诗意热情焕发的状态;正如笔者在第五章第一节中所指明的那样,在这种状态下,我们的理性容易陷于瘫痪,而每一个向我们生动描绘的奇闻逸事也就易于得到我们的轻信了。① 第三,有关神迹的传言主要盛行于愚昧野蛮的民族中,即使某个开化民族也认同此类传言,那也是因为这些传言是他们受其蒙昧祖先的强制**教育**而一代代传承下来的。休谟认为这一点"构成了反对这些传言的一个有力的证据"(EHU 10.2.7)。② 第四,一个宗教体系往往依其神迹以树立自身的权威而打压其他宗教体系的权威,而其他宗教体系也有其所依据的神迹,因此在一个宗教体系打压其他体系的同时,一个神迹也就与别的神迹对立起来了。对立的诸神迹必定相互摧毁,于是所有的神迹也就都不值得信任了。休谟说:

> 在宗教事务上,凡有差异的就是相反的,而且古罗马宗教、土耳其宗教、暹罗宗教和中国宗教,它们不可能全都建立在任何牢固的基础上。因此,任何神迹都据称是已经在这些宗教(它们都源出于神迹)的某一个中被锻造出来了,因为神迹的直接目的就是使它所属的那个特定体系确立起来。于是,神迹就有了同样的力量,以推翻别的一切体系,尽管这种推翻是比较间接的。在消灭对立体系的时候,这个神迹也消灭了对立体系所依据的那些神迹的信用(credit)。这样一来,不同宗教的各种神迹都可以看成是相反的事实,这些神迹的证据,不管它们是强是弱,都可以看成是互相反对的了。(EHU 10.2.11)

---

① 休谟先前把由诗意热情引起的信意现象与由因果联系引起的信念现象区别开来,这为他此处对神迹之信据的批判提供了依据。
② 休谟先前把由人为教育引起的信意现象与由自然经验引起的信念现象区别开来,这为他此处的神迹批判奠定了基础。

综上可见，一切神迹都是不真实的，而人类有关神迹存在的任何证据也都是不可信的。对此，休谟曾有一段精彩总评：

> 对于任何种类的神迹，它的证据都达不到概然性，更少可能达到证明；而且，即使我们假定它被证明了，它也与别的证明相反，这也是从它竭力要确立的那个事实的性质中引申出来的。赋予人类证据以权威的只有经验，而使我们对自然法则抱以确信的也同样是经验。因此，当这两种经验相反时，我们所能做的就是从一个经验减去另一个经验，并接受双方中任何一方的意见，连同相减剩下的经验所产生的确信。但是，根据这里所说明的原理，就一切流行宗教而言，这种相减就等同于完全消灭（an entire annihilation），因此，我们可以确立一条公理，即任何人类证据都没有力量证明一个神迹，都不能使之成为任何此类宗教体系的一个恰当的基础。(EHU 10.2.22)

休谟对有关上帝存在的神义论证的批判，主要见于《自然宗教对话录》第十与第十一篇对话。所谓"神义论证"，简言之，就是从神的正义、恩惠与慈善中推出神/上帝的存在，具体到这两篇对话作品中，休谟所要批判的神义论证主要有这样两个版本：一个是蒂美亚版，另一个是克里安提斯版。首先来看蒂美亚版。蒂美亚认为，现世（包括动植物界与人类社会）充满了邪恶与痛苦，若没有来世的救赎，现世将会变得极其难以忍受；只有到了来世，现实的罪恶现象才能得到矫正，人类对现世的痛苦也才会有更宽广、更正确、更舒坦的看法；从这总体的天意秩序中，我们可以推知神的正义与恩慈，因此有神或上帝存在。对蒂美亚的这一套论证，休谟借克里安提斯之口提出了简短而有力的反驳，即来世正义是缺乏事实依据的武断假设，而借着这一假设，"我们至多只能肯定我们的看法的可能性，但根据这样的条件，我们永不能确立它的实在性"(DNR 10.30)。由此可见，蒂美亚的上述论证是极其脆弱的，休谟要驳倒它也比较容易。休谟真正花大力气批判的还是克里安提斯版的神义论证。笔者把这一版神义论证简要梳理如下。

克里安提斯认为，我们有关原因的任何推断只能根据已知的结果。因此，欲要证明神的正义与恩惠，我们就得首先证明现世是充满正义与快乐，即便有痛苦与不义，它们与前者相比也是十分稀少的。经对事实与经验的统计分析，克里安提斯发现，现世的快乐与正义是远远多于痛苦与不义的，用他自己的话说："健康比疾病更普遍；快乐比痛苦更普遍；幸福比不幸更普遍"且"我们得到一百次享受，才碰见一次烦恼"。(DNR 10.31)这恰好验证了神的正义与恩惠，因此有神或上帝存在。

休谟安排其代言人斐罗借怀疑的理性驳斥了克里安提斯的这一论证。

首先，克里安提斯对事实经验的上述总结是粗疏而极具误导性的，他只针对事实的数量进行统计，而忽视了事实的其他重要方面。在斐罗看来，快乐与痛苦不仅有数量上的规定，还有剧烈与持续程度上的规定。在人的一生中，即便快乐在数量上胜过痛苦，痛苦在剧烈与持久程度上也是远远高于快乐的。斐罗说："一个钟头的痛苦往往能超过我们一天、一星期、一个月的日常枯燥的享受"，而"快乐很少有一次能够达到狂欢和销魂的；快乐没有一次能够在最高点与最高度持续片刻"。(DNR 10.32)因此，在比较快乐与痛苦时，若我们仅仅统计、权衡它们的数量，这是极为片面而不恰当的。

其次，"现世是快乐多于痛苦，还是痛苦多于快乐"这一问题是永远不会有确切答案的，因为我们对现世苦乐无法进行精确的计算；而在不确定的论点上建立起来的宗教体系必然也就是不稳固的了。在对话中，斐罗反驳克里安提斯道："我们不可能将一切人类和一切动物生活中的所有苦乐加以计算、评估和比对；这样，你将整个宗教体系建立在一个论点之上，这个论点，由于它本身的性质，必然是永远不确定的（uncertain），你也就默认了那个体系也同样是不确定的。"(DNR 10.33)

再次，只要克里安提斯承认现世有痛苦与不幸（哪怕痛苦与不幸很少），那么他所持守的上述神义论证就会面临伊壁鸠鲁式的经典指控。这是因为，既然我们只能根据现世的情况来推知上帝的属性，那么只要现世有罪恶，我们就不能推论说上帝是全善的。即便我们不把现世的罪恶归于上帝，我们还是可以很合理地反问：慈善的上帝为什么不制止罪恶的发生呢？若他不知道罪恶，那他就不是全知的；若他知道却不能制止罪恶，那他就不是全能的；若他知道也能制止罪恶，只是不愿意这么做，那他不仅不是全善的，而且是比较邪恶的了。由此可见，从上述神义论证中恰恰可引出极其合理的渎神推论，而这一点无疑与克里安提斯等神人相似论者提出神义论证的初衷相反。

最后，即便我们承认现世的痛苦或不幸可与上帝的无限完善性兼容，但"**兼容**"还是一个很讨巧便利、很不负责任的说法；问题的关键在于，我们如何能够根据善恶混杂且有限的现象来**证明**一个纯粹而无限的良善属性。实际上，这种"**严格的证明**"是我们很难，甚至是绝无可能提供的。

面对斐罗的上述责难，克里安提斯并没有完全放弃自己的论证，而是对其中的某些部分进行了重新修改。他说，既然根据神人之间的类比，我们要把神的**无限**完善性与现世的罪恶与痛苦相调和是不可能的，要从现世的罪恶与痛苦证明神的**无限**完善性更是不可能的，那么，若弃用"神的**无限**完善性"这一说法，而改为"神虽远超乎人类之上"但是"**有限**完善的"，神人相似论者"就能够给予自然与道德上的罪恶以满意的说明"，即"造物主就可能是为了避免一个更大的恶，才选择一个较小的恶；为了达到一个可欲的目的，才容忍种种的不方便。总之，由智慧所调度，由必然性所限制的仁慈，可能就恰好造成了像今天这样的世界"。(DNR 11.1)

借助精审明辨的怀疑的理性，休谟的代言人斐罗针对克里安提斯的上述修改意见也给出了有力的反驳。

首先，神的有限完善性与现世混杂有种种罪恶的情形同样是不相匹配、不相称的；即便我们承认一个有限完善的神可与我们的现世经验与观感相调和，这种调和也只具有理论上的可能性，而缺乏现实的可能性。为证明这一点，斐罗设计了一个思想实验：假设有一位对这个世界极陌生但其智商又与我们极类似的人，当我们告诉他这个世界是由某个虽有限但远比人类完美的存在者所创造时，他若根据该存在者的属性而对这个世界预先形成一些观念，那么这些观念所表象的内容无论如何也不会像现实世界所呈现的那般糟糕。他对有限完善的神造出如此不相称应的世界一定会感到失望与诧异。即便此刻他仍然相信现实世界的糟糕可与神的有限完善性兼容，但根据他的有限智力，他也只能给这种兼容保留某种理论上的可能性，而无法立足于现世经验以给予它较硬实可靠的支撑。

其次，既然将我们的现世经验与神的有限完善性**相调和**都缺乏现实的可能性，要根据我们的现世经验**严格证明**神的有限完善性就更无现实的可能了。因为一个较低要求都难以满足，一个较高要求也就更难满足了。为表明这种严格证明的不可能性，斐罗还举了一个平行的例子。他说，当我们看见一所房子，其中没有任何一个房间便于利用，整个结构也很混乱，那么我们一定会推断说，这个建筑师很糟糕。即便另一个人告诉我，这个建筑师这么设计只是为了防止更大的不便，我们也不会因此就肯定这个建筑师是比较优秀的。因为一个建筑师若具备技巧与善意，他完全可以把整个房子造得更好，现有的一切缺点都可以纠正过来，而且也不会有任何重大的不便。此外，我们也绝不能因为一个人对某种较好情况无知，就说这样的情况是不可能发生的，并退而认为那个次好的实际情况就是最让人满意的了。总之，依据某个拙劣的建筑，我们只能证明一个建筑师的拙劣，而绝无可能证明该建筑师的优秀，哪怕这种优秀很有限。即便我们为建筑师的拙劣设计辩护，那也不足以证明他是较优秀的。同理，根据混杂着种种罪恶与不幸的现世情形也绝无可能证明一个正义而慈善的创世者存在，哪怕他的正义与慈善是有限的。

最后，如果我们非要立足于混杂了种种罪恶与不幸的现世情形来推断具有某种属性的神的存在，那么这个神的属性也最有可能是无善无恶的，而不太可能是无限善或有限善的。斐罗据经验推测说，因扰着有情生物(sensible creatures)的疾苦似乎依据四个条件：其一，一切动物都被设计得能感受痛苦；其二，世界由无意志的一般规律掌控，它不偏袒任何一类生物；其三，所有生物都只配备了刚好适其生存的必要能力与技巧；其四，世界上各种原则与动力间的协调并不十分精当而顺畅，而是时常会发生紊乱与冲突。所有这些条件同时并存才能造成现世的种种疾苦，而若除去某些条件，哪怕只是改变其中一个条件，例如一切生物都不能感受痛苦或者世界上的诸原则与动力是调配适当的，那么现世的疾苦即便不会完全消失，也会少很多。此外，所有这些条件都不是必然的，要改变它们也并不困难。因此，若这个世界果真是一个远比人类有力量的神的造物，那么它要消除现世的疾苦是相当容易的。然而，事实上，这个神非但没有这么做，反而还让最坏的情况(上述四个条件在现世的并存)发生了，可见这个神并不意欲现世的幸福，由此我们又怎能断言神的仁慈既类似于又远远超过人类的仁慈呢?！它的善性(无论有限还是无限)又体现在哪里呢?！既然我们绝不能因此就认为神是恶的，也不能认为神是有善有恶的，那么仅剩下的一个可能性：神是无善无恶的。所谓"无善无恶"就是说，神造了这个世界并让这个世界按照一般的自然规律运转；在有情众生那里诚然有善恶好坏的区分，但对自然规律来说，这一类区分都是无谓的，因为自然并不认为快乐高于痛苦、正义高于非义，就像它不会认为热高于冷、干高于湿一样，它对它的一切对象与活动都是漠然的(荀子所谓"天行有常，不为尧存，不为桀亡"[①]是也)。

三、理性"反超越"及其现代意蕴

休谟通过上述宗教—形而上学批判向我们表明，在怀疑的理性的攻击下，我们是无法给任何一个超验的宗教体系提供坚实的理性基础的，这意味着，任何一个宗教体系都不可信；而也只有借助怀疑的理性并允

[①] (清)王先谦撰：《荀子集解》，沈啸寰、王星贤点校，北京，中华书局，1988，第306～307页。

许这种理性充分施展其力量，我们才能彻底看清，人类理性的能力是非常有限的，它所适用的范围也是相当狭隘的（仅限于日常经验范围内）；如果人类理性非要对超出其能力之外的超验问题提出解答，那么它最终也只能得到"怀疑、不确定与矛盾"。因此，休谟建议我们在有关上帝（神）的一切论题上都应"采取悬而不决（suspend all judgement）的态度"（DNR 12.32）。① 然而，这里也有一个例外。纵观整个《自然宗教对话录》我们发现，休谟对有关上帝存在的上述那些论证的反驳，用意主要在于否定一个其属性（包括其本质、意志、能力、命令、作用等）能被我们确知的神的存在，而不在于否定一个其属性绝无法被我们所知的神的存在。换言之，休谟所质疑的仅仅关乎我们对上帝属性的一切认识或主张，而不关涉上帝的存在。事实上，在整个《自然宗教对话录》中，休谟反复强调，上帝的存在是自明的，任何一个有健全常识的人都不会质疑这一点；而在《自然宗教对话录》的最后一篇对话中，休谟甚至认为"上帝的存在显然为理性所确证了（ascertained by reason）"（DNR 12.6），设计论证恰恰向我们显示了上帝存在的某些迹象，且这些迹象表明，上帝的不可思议的卓越性是远超出我们狭隘的理解力的。② 由此看来，休谟并没有在有关上帝的一切论题上都采取质疑、悬置的态度，至少在上帝存在这一点上，他似乎是始终承认的（"上帝存在"某种程度上可被我们的理性所接受）。加斯金（J. C. A. Gaskin）因此就把休谟看作"一个减弱了的自然神

---

① 休谟这里的"悬而不决的态度"绝不是指对任何宗教体系保持中立或容忍，而是涵摄着对任何宗教体系的批判与拒斥。因为"悬而不决"就意味着这些宗教体系缺乏理性根据，而任何缺乏理性根据的事物都无法被我们严肃地相信，不可相信恰恰是我们反对一个事物的最佳理由。拉塞尔因此就认为，最能刻画休谟宗教立场的词语不是"怀疑主义"（skepticism）、"不可知论"（agnosticism）或"理智上的中立"（intellectual neutrality），而是"全盘的敌对与批判"（systematic hostility and criticism）与"反宗教"（irreligion）。（参见 P. Russell, *The Riddle of Hume's Treatise*: *Skepticism, Naturalism, and Irreligion*, Oxford, Oxford University Press, 2008, pp. 284-285。）

② 休谟在这里似乎又表现出对设计论证的某种程度的接受，那么，这与他之前对设计论证的驳斥是否构成了矛盾呢？这是休谟宗教哲学研究中的一个难点，休谟研究界对此问题也多有争议。笔者对此问题的看法是，休谟对设计论证的前后态度并不矛盾，因为休谟驳斥设计论证时主要针对和考察的是通过这一论证所能给予我们的那些有关上帝**属性**的知识，而休谟接受设计论证时所主要针对和考察的是通过这一论证所能给予我们的对上帝**存在**的确信，因此在休谟对设计论证的驳斥与接受背后，他所关注的是不同方面的问题。此外，休谟在驳斥设计论证时所指出的"宇宙万物"与"人工制品"的"薄弱相似"，某种意义上也可看作对造物设计的一个薄弱论证，因为我们就程度上不允许有确切界限的观念的讨论往往都易于陷入"字词之争"，而相似观念恰恰就是这样一类观念。薄弱的相似既可被理解为"较高程度的不相似"，也可被理解为"较低程度的相似"。按前者，薄弱的相似可用以驳斥一个类比推理；按后者，薄弱的相似某种意义上又可用于支持这同一个类比推理。

论者(an attenuated deist)"①。按这种说法，休谟在宗教问题上的批判立场似乎就没有那么激进，而是显得较为宽容与缓和了。

　　承认上帝存在是否就表明休谟最终还是从他的激进反宗教立场退却了呢？其实不然。有人或许会认为，休谟承认上帝存在并不是出于真心，这只是他为防止他的反宗教立场冒犯当时的神职人员而采取的自保做法，因此，休谟这么做并不意味着他在反宗教立场上的退却，而只是对其批判锋芒的一种掩饰。然而，在笔者看来，"退却"还是"掩饰"，这两种说法都是不准确的；准确的说法应当是，休谟对上帝存在的承认（无论出于真心与否），这对他的鲜明的反宗教立场非但不构成妨碍，反而还有所促进。这是因为，休谟承认其存在的那个上帝只是一个孤远、不可知的上帝，我们除了说他存在之外，不能再说出有关这个上帝的其他更多内容；如果我们说出了更多的内容，那么休谟通过上述宗教—形而上学批判已经表明，这些内容也将会是缺乏理论根据、不可信乃至荒谬不堪的。这恰好构成了休谟激烈反对各种神学系统(theological systems)的一条基本理由，②因为一般而言，任何神学系统都不会只满足于说上帝存在，它总要提出有关上帝的其他各种主张。由此可见，休谟承认这样一种上帝的存在非但无助于我们对任何一个宗教体系的信仰，相反会激发我们对所有这些宗教体系的怀疑乃至敌对。休谟在好几处地方也确实提到过一种他唯一认可的"真正的宗教"(true religion)，这个宗教具体指什么，休谟本人没有明确交代，休谟研究界至今也有一些争议，但笔者认为，结合休谟的上帝观来看，无论这个宗教的具体内容可能是什么，这个宗教在本质上都只会是一种远离宗教的宗教，甚至是一种反宗教的宗教；因为一个不可知的上帝所能合理要求我们的就只剩下对任何超越性话题保持静默，以及对任何宗教主张保持一种哲学上的怀疑与反对了。

　　另外，既然休谟对宗教—形而上学的批判意在抵制人类理性在超验领域的独断运用，那么这一批判的意义就不仅仅在于批驳各种宗教哲学

---

① 参见 J. C. A. Gaskin, *Hume's Philosophy of Religion*, London, Macmillan Press, 1988, pp. 219-229; J. C. A. Gaskin, "Hume on Religion", in D. F. Norton & J. Taylor (eds), *The Cambridge Companion to Hume*, New York, Cambridge University Press, 2009, pp. 480-513。

② 事实上，在休谟看来，一切神学系统除了在"理论上空洞"(theoretically empty)之外，它们在实践上也很无用(practically useless)，因为与自然倾向相比，宗教动机对我们实际生活的影响非常微弱(参见 DNR 12.13～DNR 12.15)。更甚的是，从神学系统中极易滋生宗教迷信与狂热，而宗教迷信与狂热对人类道德与幸福的危害就不可小觑了(参见 DNR 12.16～DNR 12.30)。因此，神学系统在实践上非但无益，而且有害。

观点(尤其是休谟时代盛行的自然神论),更在于人类理性借助怀疑的理性自我规训与自我锤炼。而对后一点来说重要的是过程,而不纯粹是结果。只有充分经受这一规训过程,人类理性才能确知其薄弱而对一切宗教—超越问题保持缄默。① 若不经受这一过程而仅凭"人类理性有限、脆弱与盲目"的笼统意识,人们还是有被诱入宗教迷信的可能;而若不充分经受这一过程,以致认为人类理性无所不能,人们由此走向宗教迷信更是在所难免。对此休谟有着极清楚的认识:

> 对科学和高深的研究毫无所知的俗人,看到学者们的无穷争辩,一般对哲学有一种彻底的轻视;因此他们就更坚执于人家所教他们的神学教义。那些浅涉学术研究和探讨的人,在最新颖最离奇的学说中,见证了那些学说的论据的许多表面现象,就以为对于人类理性并没有什么太困难的事情,狂妄地冲破了一切樊篱,进而亵渎神圣事物最内里的庇护所。(DNR 1.3)

这段话中"俗人"以"蒂美亚"为代表,他们对"对科学和高深的研究毫无所知",表明其理性未经任何规训,故而"坚执于人家所教他们的神学教义";其中"浅涉学术研究和探讨的人"以"克里安提斯"为代表,他们"见证了那些学说的论据的许多表面现象",表明其理性未经充分规训,以至于狂妄自大"冲破了一切樊篱"。而只有"让我们变得彻底地感觉到人类理性的脆弱、盲目与狭隘","让我们恰当地考虑一下它(指人类理性——引者按)的不确定性和无数的矛盾"(DNR 1.3)之后,人类理性才能达到成熟的自我意识,它对自身的"能"与"不能"才会有一确切而笃定的认识。在此,也许我们同样会如蒂美亚那样发觉"人类理性的薄弱与无知",但此刻的"发觉"已是一种有着高度自我意识的确定性认知,而不是缺乏自我意识的原初而混沌的感觉;这时的"无知"也不是那种单纯懵懂、易受哄骗的无知,而是利文斯顿所谓"哲学的无知"(philosophical ignorance)②;也许我们也会像斐罗最终同意克里安提斯那样承认"上帝的存

---

① 某种程度上,休谟的这一思想得到了康德批判哲学的积极响应:康德把"怀疑论者"看作"教育独断的玄想家去对知性和理性本身有一种健康批判的训导师",因为人类理性"需要一种训练来抑制它的放纵,并防止由此而给它带来的错觉",康德这里所谓"训练"的目的恰恰在于阻止理性的思辨运用超出经验(现象界)之界限。(参见[德]康德:《纯粹理性批判》,邓晓芒译,北京,人民出版社,2004,第589、606页。)

② D. W. Livingston, *Philosophical Melancholy and Delirium: Hume's Pathology of Philosophy*, Chicago, The University of Chicago Press, 1998, p.10.

在显然为理性所确证"或某种程度上对设计创世说予以认可,但此时的承认与认可往往是非独断的,甚至是空阔无内容的,它对世俗的人类生活并不造成任何实质性的作用或影响。

综上可知,休谟借怀疑的理性斩断了人与神之间的一切纽带,人与神之间的距离已变得无限遥远,而任何一种将神人拉近的企图(各式各样的神人相似论)都不再合法。由此休谟赋予了人类理性一种"反上帝超越"的现代性维度,也正是由于这一维度,在现代世界,我们固然还会用"全知""全能""全善"等传统词语来言说上帝,但这些词现已表达不出我们有关上帝的任何真理,① 顶多只有某些无足轻重的情感意义,即用以表示我们对上帝的无限崇敬之情罢了。无限崇敬固然是人类在上帝面前的一种谦卑,但换一个角度来看,这又何尝不是人类的一种骄傲呢?!因为在无限崇敬中,人类已意识到自己无限疏隔于上帝,这不恰恰为人类脱离上帝、人法脱离神法带来了可能吗?!查尔斯·泰勒将人法与神法的脱钩看作世俗时代的基本特征,并指出这一特征在思想意识层面的反映就是现代才有的那种与外在超越隔绝的深度"内在"(immanent)观念:

> 西方的伟大发明是自然(Nature)中的内在秩序之发明,该秩序的运行可以被系统地理解和解释,而且自成体系,至于进一步的问题——这个整体秩序是否还有一种更深层的意义——则悬而未决。若是有,我们是否应该推断出在它之外有一个超越的创造主?这一"内在"的观念已包含了否认——或至少是分离和质疑——自然事物(the things of Nature)和超自然事物(the supernatural)之间任何形式的相互渗透(interpenetration),不论对"超自然"的理解是依据一个超越的上帝、诸神或神灵,或是魔力以及别的什么。②

人与神的无限疏隔使得我们再不能也不必以任何严肃的方式对待神学话语或天意秩序,更无法亦不需要通过援引神法来为人法奠基。这样一来,在人类事务上,上帝就被踢开了,从此人类的事情完全由人类自己做主。

---

① 按照哲学的复制原则,我们没有也不可能有对上帝的直接经验,因此这些词与上帝的属性是否相应是不得而知的;即便作为被间接推论得来的上帝属性观念,根据前面休谟对宗教—形而上学的批判,这些词也没有什么真理性可言(包括自然真理性与哲学真理性)。

② C. Taylor, *A Secular Age*, Cambridge, Harvard University Press, 2007, pp. 15-16. 此处引文翻译参照了中译本:[加]查尔斯·泰勒:《世俗时代》,张容南等译,上海,上海三联书店,2016,第 21 页。

第二节　实践—工具理性与世俗道德世界的构建

　　随着哲学的日常生活转向，休谟把他的研究视角投向了日常的道德实践世界。在那里，休谟发现，几乎没有任何一个有诚意且具备健全常识的人会否认道德区分的实在性(the reality of moral distinctions)：不同的人的不同行为与品格往往表现出德与恶的实在差异，而且我们在每一门语言中都能找出一类褒义词与一类贬义词以对事物的道德属性作出客观、一致的评判。至于那些否认道德区分之实在性的毫无诚意者，他们也会因其观点的虚夸与无聊而自行转到常识与理性这一边来。因此，休谟反对一切形式的道德怀疑主义(moral skepticism)，[①] 尤其是道德自私论[②]与道德主观主义[③]；而他本人则被诺顿看作"一个常识道德学家"(a common-sense moralist)和"一个道德实在论者"(a moral realist)。[④]

　　然而，在由前休谟时代的一大批英国伦理学家所组成的"道德实在论"(moral realism)阵营内部，不同的学者也仅在某种薄的本体论意义上共享"德与恶的区分是客观实在的"这一观点，至于从认识论上如何辨别实在的德与恶，他们的理论则表现出了相当大的分歧。其中一些唯理主义者(如洛克、克拉克与沃拉斯顿)认为，我们是借着**理性**来区分道德上的善与恶的，而另一些道德感学派的人物(如莎夫茨伯里与哈奇森)则坚称，我们是借着**情感**来区分道德善恶的。受哈奇森的影响，休谟明确支持后一种观点，反对前一种观点。在《人性论》第三卷中，休谟直言，我们的道德区分不是从理性得来的，这是因为，第一，道德区分"能刺激情感，产生或制止行为"(T 3.1.1.6)，而"理性是完全没有主动力的(perfectly inert)"(T 3.1.1.8)，"一个主动的原则永不能建立在一个不主动的原则上"(T 3.1.1.7)。第二，理性分为理证与概然推断，前者判断观念的关系，后者断定事实的存在，而德与恶既不是由观念的比较所发现的，它们也不存在于由理性所察知的任何事实中。于是，休谟认为德与恶的区别是从道德感(a moral sense)得来

[①] 后人也有把休谟视为道德怀疑主义者的，但这只是后人的解读，而非休谟的初衷。至少休谟本人的态度是真诚反对道德怀疑主义的。
[②] 休谟所谓"道德自私论"是指取消道德善恶的实在区分，把一切道德动机都还原为自爱(self-love)或自爱的变体(modifications of self-love)。
[③] 休谟所谓"道德主观主义"是指没有客观、公共的道德标准，道德标准是因人、因情境而异的。
[④] 参见 D. F. Norton, *David Hume: Common-Sense Moralist, Sceptical Metaphysician*, Princeton, Princeton University Press, 1982, pp. 94-151.

的，他说："道德宁可说是被人**感觉**(felt)到的，而不是被人**判断**(judg'd of)出来的"(T 3.1.2.1)，"我们并非因为一个品格令人愉快，才**推断**(infer)那个品格是善良的；而是在**感觉**到它在某种方式下令人愉快时，我们实际上就**感到**(feel)它是善良的"(T 3.1.2.3)。这一感觉就是一种特殊的快乐或不快情感(a pleasure or uneasiness of a particular kind)，即道德情感(moral sentiment)。而我们之所以把道德善恶看作是理性判断的结果，而非道德情感的对象，实是因为道德情感是一种平静的情感(calm passion)，它给人心带来的感觉往往与理性活动给人心带来的那种感觉较类似，而一切类似的事物都易于被我们加以混淆，这样一来，我们误把道德情感当作理性的判断自然也就可以理解了。

将道德区分导源于人类情感似乎总包含着某种不妥与危险。因为一般而言，情感是私人性的、狭隘的、易变的，而道德善恶却有一定的客观性、普遍性与稳定性，如此看来，情感何以能成为道德善恶的认识依据呢？道德情感主义又何以区别于道德自私论与道德主观主义？这不恰恰有把道德实在论引向道德怀疑主义的危险吗？所有这些疑问还会因休谟坚持对道德情感的自然主义解释而变得难以解决，因为这种解释路径拒绝一切先验的设定或来自超越者的任何帮助，哈奇森借上帝在人心中直接注入一种普遍的仁爱来消除道德情感主义所遭遇的上述疑难的简便方式就被休谟否弃了。① 休谟只能运用经验自然的方式消除上述疑难，即以此方式回答这样一个问题：**自然情感何以能摆脱它自身固有的偏私与不定而转变成某种共通、稳固的道德情感？** 围绕这一问题，我们发现，无论在《人性论》第三卷中，还是在其改写本《道德原则研究》中，休谟都对"同情"(sympathy)这一自然人性机制给予了高度重视："同情是道德区别的主要源泉"(T 3.3.6.1)，因为同情显然能"使我们脱出自我的圈子"(T 3.3.1.11)，并"使我们经过传达而接受他人的心理倾向和情绪，不管这些心理倾向和情绪与我们的是怎样不同，或者甚至是相反"(T 2.1.11.2)。借着同情，我能设身处地地体验他人情感，他人也能以同样的方式体验我的情感，这样一来，我们的情感就可以彼此传导或融通，这十分有利于纠正自然情感的原初偏私而使之变得较为一般或公共

---

① 在《道德原则研究》中，休谟多次提及一种普遍而为人人感到共通的人道情感，但这并不表明休谟退回了哈奇森式的颇具神学色彩的道德感理论；休谟的人道情感并非先天设定，而是自然仁爱与同情相结合的产物，因此，休谟对人道情感的解释依旧延续着他的自然主义哲学路径。有关这方面内容的详细分析，参见孙小玲：《同情与道德判断——由同情概念的变化看休谟的伦理学》，《世界哲学》2015年第4期。

化。由此可见，同情在道德情感的形成中无疑会起到十分关键的作用：
"休谟将同情视为激发其他道德情感的根本原因，为不同行为主体作出情感交流和凝聚共识提供了一条有力的、确凿的基础准则。"①他的道德情感主义因此也被一些学者称为"基于同情（sympathy-based）的伦理学"②。

然而，在笔者看来，若深究休谟文本我们就会发现，在将自然情感转变为道德情感的过程中，同情固然起着很关键的作用，但它也只是这一转变过程所需的必要条件而非充分条件。因为同情本身也带有某种程度的易变性与偏私性，我们借同情沟通、扩展我们的情感时就难免会受到它的这些缺陷的影响。休谟说："同情远比我们对自己的关怀微弱，对远离我们的人的同情远比对靠近和毗邻我们的人的同情微弱"（EPM 5.2.27），"对于相识的人比对于陌生人较为容易同情；对于本国人比对于外国人较为容易同情"（T 3.3.1.14）。显而易见，仅依靠同情并不足以使我们的自然情感跃升至具有普泛性的道德情感的层次；这里还缺失一个重要条件，这个条件就是实践—工具理性的作用。这一点往往在我们对休谟道德情感主义的印象式解读中被轻视了，③ 而休谟本人却从来没有轻视和忽略理性与反省在其伦理学中所具有的积极意义。当休谟在《人性论》第三卷中说"道德区分不得自理性而得自情感"时，他只是说，道德区分不能**单**凭理性产生，而绝不是说，理性在道德区分中不起任何作用。④ 此外，为避免《人性论》中的这一说法可能对读者产生的误导，休谟在《道德原则研究》中一开始就把他要探讨的问题锁定为"情感与理性在所有的道德决定中到底起多大作用"，这显然表明，休谟认为理性与情感在道德决定中的作用是不言而喻的，而问题只在于去确定它们各自作用

---

① 李薇：《论休谟对哈奇森道德感理论的改造和发展》，《哲学研究》2022 年第 4 期。
② 突出同情在休谟道德哲学中重要地位的代表性研究有：孙小玲：《同情与道德判断——由同情概念的变化看休谟的伦理学》，《世界哲学》2015 年第 4 期；杨璐：《同情与效用——大卫·休谟的道德科学》，《社会学研究》2018 年第 3 期；C. R. Brown, "Hume on Moral Rationalism, Sentimantalism, and Sympathy", in E. S. Radcliffe (ed.), *A Companion to Hume*, Now York, Blackwell, 2008, pp. 219-239.
③ 一些研究者虽已关注到休谟伦理思想中的"普遍观点"或"明智观察者"，但这些关注往往囿于同情理论内部（仅作为对同情理论的必要修补），并未由此展开对独立的理性作用的系统阐明。相关研究参见胡军方：《休谟伦理思想中的普遍观点》，《道德与文明》2012 年第 1 期；惠永照：《休谟道德普遍化的困境与康德式回应》，《唐都学刊》2021 年第 2 期。
④ 国外学者如麦基与诺顿等人都注意到了这一点。参见 J. L. Mackie, *Hume's Moral Philosophy*, London, New York, Routledge, 1980, pp. 1-2; D. F. Norton, *David Hume: Common-Sense Moralist, Sceptical Metaphysician*, Princeton, Princeton University Press, 1982, pp. 108, 130。

的方式、程度与范围罢了。事实上,笔者认为,在将自然情感成功转变为道德情感的过程中,与同情一样,实践—工具理性也一直扮演着相当重要的角色。这一点尤其体现在休谟对"自然之德"(natural virtues)的构建中。下文我们会看到,无论在道德情感的对象情形的判断方面,还是在该情感所需特定立场或方式的调节方面,实践—工具理性都发挥着重大的作用;而同情的发生以及同情克制其自然缺陷以向广泛的同情(extensive sympathy)转化,这些也离不开实践—工具理性的辅助与支持。实际上,上文休谟所谓"作为道德区分的主要源泉"的同情也只能是已被实践—工具理性所调节了的广泛的同情,而非自然状态下的原始同情。此外,对休谟建立"人为之德"(artificial virtues)来说,实践—工具理性则除具有上述用途外,还有着更为独特且基要性的作用与意义。为此诺顿曾指出,"发展人为之德"(developing the artificial virtues)是理性的"一个更为积极或更具创造性的功能"(a more positive or creative function)。[1]

一、实践—工具理性与自然之德的构建

道德情感,即上述"特殊的苦乐感",从本质上说,它是一种评价性情感(evaluative sentiment):只有能在我们内心引起这种特殊快乐的那些对象,我们才评价它们是可称赞的(praiseworthy)、道德上善的(morally good);也只有能在我们内心引起这种特殊痛苦的那些对象,我们才评价它们是可责备的(blameworthy)、道德上恶的(morally bad)。由此可见,我们的道德评判并不涵盖一切存在的对象,而只涉及能引起这种特殊快乐或特殊痛苦的特殊对象。显然,这里所有的"特殊"二字都需要进一步解释,休谟必须以经验自然的方式向我们阐明,由什么样的对象出于什么样的根据或原则所引起的苦乐感才算是道德情感,且这种苦乐感还能满足道德情感在一定范围内所要求的那种持存性、稳固性与共通性标准。

休谟从日常经验中发现,一切无生物、动植物都不能成为道德评判的对象,由这些事物引发的苦乐感自然也要排除在道德情感之外。例如,我们不会因一首乐章或一瓶酒令人快乐就称它们是有德的,也不会因动物间的血族通奸给人不快就称它们是邪恶的。道德评判的对象只能是人的行为,道德情感也只属于我们由人的行为所引发的那类苦乐感觉。但

---

[1] D. F. Norton, *David Hume: Common-Sense Moralist, Sceptical Metaphysician*, Princeton, Princeton University Press, 1982, p. 148.

并不是由人的任何行为所引发的苦乐感都是道德情感，因为人的某些行为所引发的苦乐感是短暂易逝的，这种情感显然不符合道德情感所要求的那种持存性标准。休谟认为，由出于强制、无知或无意的人类行为所引发的苦乐感往往就终止于这些行为本身，这些行为消逝了（而行为就其本性来说都是刹那间生灭的），由此类行为引发的苦乐感也就跟着消逝了。因此，只有出于人的固有动机或品质的那些行为才是道德评判的对象，由这些行为所引发的苦乐感才有资格被称为道德情感。因为这些行为是这些内在动机或品质的外在标志，而这些动机或品质是较持久、恒定的，那么由这些行为所引发的苦乐感自然也是较持久、恒定的。所以休谟说："如果任何行为是善良的或恶劣的，那也只是因为它是某种性质或性格的标志。它必然依靠于心灵的持久的原则（durable principles of the mind），这些原则扩及全部行为，并深入个人的性格之中。任何不由永久原则发生的各种行为本身，对于爱、恨、骄傲、谦卑没有任何影响，因而在伦理学中从来不予考虑。"（T 3.3.1.4）事实上，更准确地说，道德评判的对象应当是人的那些持久、恒定的动机或品质，但由于这些动机或品质是处于心灵内部的，它们并不能被我们直接察觉到，所以我们才把这些动机或品质所表现出来的那些外在行为看作是道德评判的对象。

至此，休谟已经确定了那些能引发道德情感的特殊对象，即由内在动机或品质引发的外在行为或体现于外在行为中的内在动机或品质，简言之，就是人的行为与品格。同时在这里，休谟为建立"自然之德"需要的实践—工具理性的第一个用途也产生了。这一用途就是，我们只有依靠实践-工具理性才能指出适合引发道德情感的那些行为与品格的实际存在。首先，我们必须由理性确知是人的行为而非其他事物存在；其次，我们必须由理性去推断与该行为相关联的某个固有动机是什么，而判断的依据就在于由过去大多数经验所确立的特定行为与特定动机之间的因果性通则。休谟说："动机和行为之间的结合既然像任何自然活动中的结合一样具有同样的恒常性，所以它在决定我们由一项存在推断另一项存在方面对于知性的影响也是一样的"（T 2.3.1.14），于是，"在判断人类的行为时，我们必须依照对外界对象进行推理时所凭借的那些原理"（T 2.3.1.12）。例如我们据通则从一次伤害行为推出一个作为其原因的凶残动机，从一次帮助行为推出一个作为其原因的仁慈动机，等等。再次，我们还需通过理性对当前行为的方方面面进行仔细核查，以弄清楚引发该行为的那个固有动机是否确实存在。例如，我们据通则往往会从俄狄浦斯弑父娶母的行动中推出一个极其凶残的动机的存在，但若我们深入考察就会发现，就此行动而言，这个凶残动机并不确实，俄狄浦斯弑父娶母仅仅是出于无知或非自愿的因素。总而言之，在休谟看来，"在我们能够作出任何谴责或赞许的判决之前，情况的一切因素都被假定摆在了我们面前，如有任何一个实质性的因素仍是未知的或是可疑的，我们就必须首先运用我们的探究或理智能力来使我们弄清它"(EPM app 1.11)。

在借助实践—工具理性以查明那些适合引发道德情感的人的行为与品格的实际存在之后，我们紧接着就要来考察，由这些行为与品格在我们原始心灵中所直接引起的那些苦乐感是否就是道德情感。休谟发现："在我们原始的心理结构中，我们最强烈的注意是专限于我们自己的；次强烈的注意才扩展到我们的亲戚与相识；对于陌生人和不相关的人们，则只有最弱的注意到达他们身上"(T 3.2.2.8)，"人类在很大程度上是被利益(interest)所支配的，并且甚至当他们把关切扩展到自身以外时，也不会扩展到很远；在平常生活中，他们所关怀的往往也超不出最接近的亲友与相识"(T 3.2.7.1)。因此，我们原初的苦乐感往往是由一个对象直接触动我们的私人性情感（自私及对亲友的关切）而引发的：一个对象对我或我的亲友是有利的，我由此就会感到满意与快乐；一个对象对我或我的亲友是有害的，我由此就会感到不满与痛苦。我们一开始从人类行为与品格中所体验到的苦乐感就属于这种情形。现在的问题是，这样一些出于私人立场的情感是否就是道德情感呢？答案显然是否定的，因为道德情感是较稳固的，而出于私人立场的情感往往是变动不居乃至前后矛盾的。一个行为，若它伤害了我的利益，我会感到不快；若它伤害了我的敌人的利益，我反而感到愉快。这样一来，从同样的伤害行为中，我出于私人立场就体验到了两个截然相反的情感。此外，若每个人都从自己的私人立场出发，那么同样一些行为与品格一定会在我们内心引起更多彼此对立、矛盾的感觉。从一次对我的仁慈行为中，我的亲友出于私人立场会感到满意与高兴，一个与我不相干的人出于私人立场会感到漠然，而我的敌人出于私人立场则会感到不满与痛苦。所以休谟说："当我们只依照人们的性格促进我们的利益或友人的利益的倾向来判断他们时，我们在社会上和交谈中就发现了与我们的情绪相反的那么多的矛盾。"(T 3.3.1.18)而若人们"不选择某个共同的观点(some common point of view)据以观察他们的对象，并使那个对象在他们全体看来都显得是一样的，那么人们的情绪与判断便不可能一致"(T 3.3.1.30)。

于是，在这里，休谟为建立"自然之德"需要的实践—工具理性的第二个用途就产生了。那就是，我们必须借助理性以找出观察人类行为与品格的稳固立场和共同观点。既然我们由同样的行为与品格所引发的诸情感或情绪间的对立与矛盾源自我们观察这些行为与品格时一致持有的私人立场,那么根据正确的推理,欲要避免出现情感或情绪间的对立与矛盾,我们在观察这些行为与品格时就要放弃私人立场,并从各种因爱好、利益、党派不同所导致的偏见中解放出来。因此,我们观察人类行为与品格时的稳固立场一定是一个摆脱了私人立场的立场,也即健全理性所要求我们的客观而公正的旁观者立场。这一立场自然就会把我们引向能让我们产生一致情感或情绪的那个唯一的共同观点,这个观点就是当我们考虑行为与品质对其拥有者本人或与此拥有者交往的那些人的有利倾向或有害倾向时的观点。用休谟自己的话说,"在判断性格的时候,各个旁观者所视为同一的唯一利益或快乐,就是被考虑的那个人自己的利益或快乐,或是与他交往的人们的利益与快乐"(T 3.3.1.30),只有这样,"我们的情绪才和其他人的情绪有了唯一的共同观点"(T 3.3.3.2)。

现在的问题是,当行为与品格不牵涉我们的私人利益而被我们旁观时,我们如何能从中感到快乐或痛苦呢?在此,休谟认为我们必须依靠同情,即旁观者通过同情当事人(行为施予者或被施予者)的苦乐而感到同样的苦乐。因为同情是一种纯粹的他人导向性机制,当撤除私人利害时,我们只有凭借这一机制才能对别人的快乐或痛苦感同身受,别人的情感也才能成为我们自己的情感。例如,我们通过同情张三的仁慈行为给任何一个与他交往的人所带来的乐利而感到快乐;我们通过同情李四的懒散行为给他自己带来的苦害而感到痛苦。值得注意的是,在同情中,当事人的苦乐并不一定需要实际发生,当它们只作为一种倾向存在时,旁观者也能感受到他们的情感。因为"同情并不总限于当前的刹那,我们往往通过传导感觉到他人并不存在的、只是借想象预料到的苦乐"(T 2.2.9.13)。总之,同情是在旁观者与当事人之间发生的无利害的情感沟通与互动的桥梁,而一旦缺了同情或同情机制未能正常运转,旁观者就很少能体验到与他们漠不相关的当事人的情感了。[①] 至此,休谟为建立"自然之德"需要的实践—工具理性的第三个用途也产生了,这一用途就是,我们必须借助理性以辅助同情的发生。在休谟看来,"当任何情感借着同情注入心中时,那种情感最初只是借其结果,并借脸色和谈话

[①] 在《道德原则研究》中,休谟曾以"一个人在散步时宁愿踩踏石块而不愿踩踏一个陌生人的脚趾"为例指出,当不牵涉私人利益时,别人的情感也可通过打动我内心里的人道原则而成为我自己的情感。不过这里的"人道原则"归根结底也离不开同情机制的作用(同情与自然仁爱相结合的产物)。

中传来的这个情感观念的外在标志（external signs）而被人认知的"（T 2.1.11.3），所以这一情感"在我们心中首先表现为单纯的观念，并且被想象为属于他人的，正如我们想象其他事实一样"（T 2.1.11.8）。要使单纯的情感观念经由同情而转化为这些观念所表象的印象，我们首先就得"凭因果关系相信我们所同情的情感的实在性"（T 2.1.11.8）。① 因此，要使旁观者同情到某个行为或品质给某个当事人所带来的苦乐情感，我们必须由该行为或品质对当事人的有益或有害倾向（情感的原因）的实际存在推出作为其结果或效果的那个苦乐情感的实际存在。而某些行为或品质对当事人的有益或有害倾向往往并不是一望即知的，要弄清楚这些倾向，我们也离不开理性的指导或帮助。休谟说："除了这种能力（指理性——引者按），再没有任何东西可以给我们指示品质和行动的趋向，给我们指明它们对社会以及对它们的拥有者的有益结果"（EPM app 1.2），而对于厘清那些复杂行为的复杂效果，休谟也指出："为了在各种模糊的甚至对立的效用所引起的如此复杂的种种怀疑中给出正确的决定，一种非常精确的理性或判断力（a very accurate reason or judgement）常常是必不可少的。"（EPM app 1.2）

当我们撇开私人利害，而选择从旁观者立场去**同情**行为与品格给当事人所带来的快乐或痛苦时，我们不仅能超出自身而体验到他人的苦乐情感，而且还会感知到，这种苦乐感除具有持存性、稳固性外，还具有某种程度的综括力或共通性。因为在同情中，"凡能触动一个人的任何情感，也总是别人在某种程度内能感受到的。正像若干条弦线均匀地拉紧在一处以后，一条弦线的运动就传达到其余弦线上去；同样，一切情感也都由一个人迅速地传到另一个人，而在每一个人心中产生相应的活动"（T 3.3.1.7）。至此，我们得到的苦乐感似乎已能满足道德情感所要求的全部标准了，那么，这一情感是否就是真正的道德情感呢？笔者认为，这里的苦乐感还不完全是道德情感，而要使它完成向道德情感的转变，在此还差最后一个条件，那就是，我们需要借助理性以矫正原始同情的偏私倾向，从而使它转化为某种广泛的同情。这也是休谟为建立"自然之德"需要的实践—工具理性的第四个用途。一如上述，因（时空）接近关系的变化，我们从他人那里所同情到的情感也会发生相应的变化。一个与我们越接近的人，他的情感被我们同情到的程度就越高；而一个与我们

---

① 当然，为充分完满地体验到同情，休谟认为还需要接近关系或相似关系的协助，因为"我们与任何对象的关系越是强固，想象就越容易由此及彼进行推移，而将我们形成自我观念时经常带有的那种想象的活泼性传到相关的观念上去"（T 2.1.11.5）。

越不接近的人,他的情感被我们同情到的程度就越低。例如,几百年前的一个政治家因其雄才大略而给他自己所带来的荣耀,就比当今的一个政治家因同样理由而给他自己所添加的荣耀,更少地能被我们同情到。同样地,随着诸旁观者位置远近的不同,他们在同情某行为与品格给当事人所带来的苦乐感时,他们同情到的情感或情绪虽具有同一性质,但在程度值上却会表现出高低、强弱的差异。由此可见,旁观者从原始同情中所得来的苦乐情感,它们的共通性是要打折扣的;换句话说,这些苦乐情感在**质**的方面具有较大的共通性,而在**量**的方面则具有较小的共通性。为使这些情感的共通性显得更为充分、完满,我们需要依通则去矫正因位置关系不同所造成的同情偏差,这一通则就是我们在一切感官方面通过忽略自身位置以改正事物暂时现象的那条原理。休谟说:

> 判断力矫正我们内在情绪和知觉上的不平等,宛如它在呈现于我们外感官的种种变化不居的意象中使我们免于错误一样。同一个对象拉开一倍的距离,映入我们眼中的形象其实只有原来形象的一半,我们却想象它在两种情况下都以同样大小出现,因为我们知道随着我们向它靠近,它在我们眼中的形象便扩大,而这种差异不在对象本身,而在于我们相对于它的位置(position)。(EPM 5.2.26)

同理,我们同情到的情感的程度差异,也不在那个情感本身,而在于我们对它的位置;因此,若我们忽略自身的特殊位置,而把自己置入我们通过社会交往与语言沟通所形成的某个一般、稳定的位置①去同情任何一种情感时,我们同情到的情感就不仅在质上,而且在量上显得较为一致或共通。当然,此处的同情已不再是带有自然偏私性的原始同情,而是被理性与反省所调节了的广泛的同情(社会性同情)。

到目前为止,我们方可对道德情感下一个清楚而完整的定义:休谟所谓"道德情感",在笔者看来,它是指:当我们从旁观者立场广泛同情某行为与品格给当事人所造成的乐利或苦害(倾向)时所体验到的那种一般性的快乐或痛苦情感。从这一定义出发,休谟所谓"自然之德"也就很

---

① 休谟说:"我们愈同人类交谈,与他们愈保持广泛的社会交往,我们将愈熟悉这些一般的优先选择和区别,没有这些一般的优先选择和区别,我们的交谈和话语就几乎不可能变得相互理解","情感的交流使我们形成某种我们可据以赞成或反对种种性格和作风的一般的不可变更的标准"。(EPM 5.2.27)

容易被构建。① 首先，当某行为与品格自然就令其拥有者本人愉快时，旁观者可从对这种愉快的广泛同情中体验到那种一般性的快乐情感，因此这些行为与品格就是有德的、善良的，此类行为与品格包括仁慈、友爱、感恩、温柔、热忱、英勇、心灵的宁静高贵以及对哲学/真理的爱等。其次，当某行为与品格自然就对其拥有者本人有用时，旁观者可从对这种效用的广泛同情中体验到那种一般性的快乐情感，因此这些行为与品格就是有德的、善良的，此类行为与品格包括明断、审慎、坚毅、勤奋、刻苦、冷静、有条理、节俭、理智健全与思维敏捷等。再次，当某行为与品格自然就令与其拥有者交往的人愉快时，旁观者亦可从对这种愉快的广泛同情中体验到那种一般性的快乐情感，因此这些行为与品格就是有德的、善良的，此类行为与品格包括幽默、礼貌、大度、机趣、清洁、谦逊、优雅、真诚坦率与作风正派等。最后，当某行为与品格自然就对与其拥有者交往的人有用时，旁观者亦可从对这种效用的广泛同情中体验到那种一般性的快乐情感，因此这些行为与品格就是有德的、善良的，此类行为与品格包括：仁爱、慷慨、慈善、人道、悲悯、无私奉献与乐善好施等。总而言之，休谟所谓"自然之德"就是指这样一些心理品质（mental qualities），这些心理品质在一般考察之下自然就对自己或对他人有用，令自己或令他人愉快；其中某些心理品质能同时满足这四个条件中的多个条件（如仁爱既对他人有用，又令自己愉快），而某些心理品质只能满足这四个条件中的一个条件（如坚忍刻苦只对自己有用）。

二、实践—工具理性与人为之德的构建

正义（justice），以及可归入"正义"德性名下的诸如诚信、守诺、正直、忠顺、廉洁、遵纪守法、恪尽职守等德目，都被休谟归入"人为之德"的行列，而与上述"自然之德"有别。因为原始人性中并没有让我们服从正义的自然而直接的动机，所以休谟在 T 3.2.1 小节探讨"欠债还钱"行为的自然动机时就指出，我们在原始人性中找不到任何一种动机（诸如利己心、对公众的慈善或对私人的慈善）可普遍作为促使我们还债或戒取他人财物的现成而直接的动因；非但如此，对未开化的人类来说，当他们顺从自然情感原始的偏私倾向而采取行动时，正义的观念或规则恰恰是他们根本不会梦想到的。然而，正义虽非由原始情感或动机以自然而

---

① 这里所谓"构建"绝不是指那种超越于经验而又能规范经验的先天建构，而是指内在于经验并对经验逐步进行的审慎梳理与反省，这恰恰是发生日常生活转向后的哲学的基本活动形态。

直接的方式所得来，但它却以间接而曲折的方式导源于人类的自然欲望或情感。用休谟自己的话说，正义"是出于应付人类的环境和需要所采用的人为措施或设计(artificial contrivance or design)"(T 3.2.1.1)。显然，作为一种人为措施或设计，正义是人的理性的产物，又由于这种人为措施或设计是因"应付人类的环境和需要"而被发明的，所以产生正义的这种"理性活动"无疑是手段/工具性质的。由此可见，在休谟那里，欲要建立"正义"这一人为之德，实践—工具理性的作用亦是必不可少的。纵观休谟的整个正义理论我们可以看到，实践—工具理性不仅在我们有关正义的道德情感的形成方面发挥着重要的作用,[①] 而且，更基本的，它在诸正义规则(the rules of justice)的渐次确立方面也扮演着相当重要的角色。某种程度上可以说，实践—工具理性构成了自然正义的本质，因为正义规则恰好就是为有效满足人类在社会实践中所不断产生的需要而被发明创造出来的诸工具性协议(conventions)或法则(laws)。下面，笔者将对此展开详细的论述。

　　休谟发现，自然赋予人类以大量的欲望和需要，但对于满足这些欲望和需要，自然赋予人类的能力与手段又极其薄弱。当自然人在野蛮而孤立的状态下只为自己劳动时，"①他的力量过于单薄，不能完成任何重大的工作；②他的劳动因为用于满足他的各种不同的需要，所以在任何特殊技艺方面都不可能做出出色的成就；③由于他的力量和成功并不是在任何时候都相等的，所以不论哪一方面遭到挫败，都不可避免地会招致毁灭和苦难"(T 3.2.2.3)。自然人只有结成社会(society)，才能消除他们在孤立状态下必定会陷入的上述诸种困境。因为"借着协作，我们的能力提高了；借着分工，我们的才能增长了；借着互助，我们就较少受到意外或偶然事件的袭击"，而"社会就借这种附加的力量、能力和安全，才对人类有利"(T 3.2.2.3)。此外，不仅社会对人类有利，而且人类在其未开化状态下还能借两性间的自然结合觉察到这种利益，这为人类社会生活的开展带来了现实的可能。然而，休谟认为在我们的内在性情和外界条件方面还有另外一些因素，这些因素的结合将对社会的形成极为不利，这些因素就是人性的自私与有限的慷慨，以及外物的容易转移与稀缺。休谟说："只有这种为自己和最亲近的亲友取得财物和所有物的贪

[①] 有关正义的道德情感就是我们由对正义行为所促进的公益的广泛同情而体验到的那种一般快乐或赞许的情感，该情感与关联于自然之德的道德情感一样，它的形成也离不开实践—工具理性的调节作用。至于这种调节作用具体是怎样的，读者可参照上文分析进行同理类推，此处不赘述。

欲（avidity）是难以满足的、永久的、普遍的、直接摧毁社会的。几乎没有任何一个人不被这种贪欲所鼓动；而且当这种贪欲的活动没有任何约束并遵循它的原始的和最自然的冲动时，每个人都有害怕它的理由。"（T 3.2.2.12）更甚的是，人性中的这种固有贪欲还会因我们凭勤劳与幸运所获得的那些外物的稀缺珍贵以及它们在人与人之间转移的随意性与不稳定性而被进一步刺激起来；一旦这种贪欲或利己情感得到放纵，人与人之间的冲突、矛盾与争斗也就难以避免，这样一来，人类就面临着从社会状态退回到前社会的野蛮状态的危险。

为解除上述内外两种因素的结合对我们维持社会所带来的不便与隐患，我们不得不求助于实践—工具理性以找出能约束、控制人类的贪欲或利己情感的有效方法。或用休谟本人的话说："补救的办法不是由自然得来的，而是由人为措施得来的；或者，更恰当地说，自然拿**判断**和**知性**作为一种补救来抵消情感中的不规则和不利的条件。"（T 3.2.2.9）"感情的盲目活动，如果没有**知性**的指导，就会使人类不适合社会的生活。"（T 3.2.2.14）既然人类私欲的膨胀与莽撞主要由财物占有的不稳定引起，那么根据正确的推理，欲限制人类私欲的盲目冲动，一个有效的方法就是，由全体社会成员共同缔结**稳定财物占有**的协议，该协议也是我们维持社会生活所必需的首要正义法则。① 正是通过这一协议，"每个人就知道什么是自己可以安全地占有的；而且情感在其偏私的、矛盾的活动方面也就受到了约束"（T 3.2.2.9）。事实上，这种约束非但没有违反我们的自利情感，反而还维护了我们的自利情感；换句话说，"这种情感通过约束比通过放纵可以更好地得到满足"（T 3.2.2.13）。因为"我们戒取他人的所有物，不但不违背自己的利益或最亲近的友人的利益，而且还只有借这样一个协议才能最好地照顾到这两方面的利益；因为我们通过这种方法才能维系社会，而社会对于他们的福利与存在也和对于我们自己的福利与存在一样，都是那样必要的"（T 3.2.2.9）。因此，稳定财物占有的协议看似限制了我们的自利，但实际上，该协议却以曲折而巧妙的方式更有效且更持久地照顾到了我们各自的利益。而一旦我们察觉到这种利益并把这种利益感互相表示出来，我们每个人就都会自觉而自愿地

---

① 休谟认为，财产权正是由这一正义法则所确立。他说："在人们缔结了戒取他人所有物的协议，并且每个人都获得了所有物的稳定以后，这时立刻就发生了正义和非义的观念，也发生了财产权、权利和义务的观念。不先理解前者，就无法理解后者。我们的财产只是被社会法律，也就是被正义的法则所确认为可以恒常占有的那些财物。"（T 3.2.2.11）

投入该协议的约束之下,并以此决心相互期许,共同按规行动。这种"共同利益感"(a general sense of common interest)一方面源于常人之"推理",推理使诸自利个体在其相互的言辞中判断出同一种利益;另一方面源于常人的"同情",同情(尤其是"广泛的同情")则使诸自利个体在其相互的情绪表露中进一步深入这种利益。判断的利益和同情的利益彼此叠加,从而产生强烈的利益共鸣。"共同利益感"引发"人际的联结",即诸自利个体被诱导以某种统一的步调共同行动,从而将"财物占有稳定"的观念落实为他们的共同行动准则。① 这样一来,休谟把"利益"看作正义的自然动机以及他把人类协议的性质理解为"一般的共同利益感"也就可以理解了。② 此处"一般的共同利益感"显然内具一种情理交融的结构,这种感觉绝非人类自然而然、未经改造的原始情感,而是已纳入理知因素于自身内的更为精致有用的社会性情感。

为维持社会,我们确立了稳定财物占有的正义法则,但要把这一法则落到实处,我们还需要借实践—工具理性以便找出分配财物的妥善方法,这些方法也就是确定财产权的具体规则。古往今来,在财物分配上,一个貌似最合理、最有效的方法就是让每个人占有最适合他享用的物品,但在休谟看来,这种方法的合理与有效仅仅是理论上的,而"一条在思辨中看来可能对社会最有利的规则,在实践中可能发现是完全有害的和毁灭性的"(EPM 3.2.2),因为这种适合关系可同时为若干人所共有,而且我们在判定这些关系时也容易引起无休止的争执,这与我们缔结稳定财物占有的协议原是为了防止争端与维护社会安宁的目的发生了明显矛盾。于是,休谟主张"正义在它的判决中绝不考虑财物对特殊个人的适用或不适用"(T 3.2.3.2),相反而应"遵循着比较广泛的观点(more extensive views)来作出决定"(T 3.2.3.2)。这种"比较广泛的观点"就是那些不因

---

① 哈丁(R. Hardin)将休谟的正义理论纳入当代的博弈论框架进行解读,认为"共同利益感"诱发的正义秩序是诸平等的个体基于反复的利益博弈而达成的某种协调的局面。(参见 R. Hardin, *David Hume: Moral and Political Theorist*, Oxford, Oxford Unversity Press, 2007, pp.55-62。)哈丁的解读正确地看到了休谟正义理论的利益论特征,但在利益如何诱发正义秩序的问题上却误读了休谟的思想。很显然,博弈论的利益计算模式除其本身常常陷入的"囚徒困境"外,这一模式强烈的唯理主义倾向更是休谟所无法认同的。休谟一再强调,"共同利益感"诱发的正义秩序是一种联结的秩序,是人与人之间的一种自发感应与呼应,这就如同两个人在船上划桨,双方都参照对方的行为行事,其间并无明确的承诺与理性算计。
② 需要注意的是,这种感觉不是我们自然就有的,而是由人为措施得来;因此,休谟把关于正义的人类协议理解为"一般的共同利益感觉",这并不意味着正义就是一种自然之德,相反,它是人为之德。

个人好恶而有所改变的、可被标准化应用或操作的通行规则。受制于习惯的力量，那些"长时期在我们眼前而又为我们得心应手地使用的东西，我们对它就最为爱不释手"（T 3.2.3.4），且我们爱这些东西"甚于爱其他一些更有价值的但不很熟悉的东西"（T 3.2.3.4），由此我们不难推得，确定财产权的一个最自然的通行规则就是社会初成立时的"现时占有"（present possession），即"每个人继续享有其现时所占有的东西，而将财产权或永久所有权加在当前的所有物上面"（T 3.2.3.4）。不过，"现时占有"仅在社会初成立时有效，在社会形成以后，我们还需要制定有关财产权之划分的其他通行规则。例如由于习惯和相似关系引发的观念联结，把永久所有权加于一个人"长期占有"（long possession or prescription）的对象上；由对想象的重大影响引发的联结，将永久所有权加于一个人最先"占领"（occupation）的某物上；由一小一大两个对象在想象中的自然联结，将小的对象作为大的对象的"添附"（accession）而把所有权由后者延伸至前者；由情感和想象在亲子关系之间的顺利推移，形成"继承"（succession）这一转移所有权的通行规则；等等。

  因上述诸规则的应用，稳定财物占有的正义法则的确被落实了，然而随之又出现了一种重大的不便：既然我们在制定上述诸规则时较少考虑特殊财物对特殊个人的适合或不适合，那么我们按这些规则分配财物时就极有可能导致这样一种情形的发生，即一个人占有大量他不需要的东西，而另一个人需要却又苦于缺乏这些东西，此时人与所有物的关系就被调配得很不便利。为补救这种不便，我们就需要借实践—工具理性以找出合宜的解决办法。休谟认为那种直接的补救措施是极不合宜的，因为让每一个人用暴力从他人那里直接夺取他所需要的东西会毁灭社会。因此较合宜的解决办法就是"要在僵死的稳定性和这种变化不定的调整办法之间找寻一种中介"（T 3.2.4.1），该中介是由全体社会成员共同缔结**根据同意转移所有物**的协议，析言之即是："除了所有主同意将所有物和财产给予另外一个人之外，财物和财产永远应当是稳定的。"（T 3.2.4.1）这个协议也是我们维持社会生活所必需的第二条正义法则。只有发明并遵守这条正义法则，我们在财物上才能进行和平而愉快的沟通与交易，此时，社会生活的稳定与效率在某种程度上也就都得到了保障。

  然而，在确立了根据同意转移所有物的正义法则之后，休谟又进一步指出，从实际生活来看，这条法则对上述不便的补救也只是部分有效，而非完全合宜的。因为只有对那些在眼前的、个别的对象，我们才能仅依据当下的同意进行财产转移；而对于那些不在眼前的、一般的对象，因人性的自私与善变，我们以此方式进行财产转移就要冒很大的风险。休谟说：

> 人类因为天性是自私的（selfish），或者说只赋有一种有限的慷慨，所以人们不容易被诱导去为陌生人的利益作出任何行为，除非他们想要得到某种交互的利益，而且这种利益只有通过自己做出有利于别人的行为才有希望得到。但是由于这些交互行为往往不能同时完成，所以其中一方就只好处于一种不确定的状态，依靠对方的感恩来报答他的好意。但是人类中间的腐败（corruption）情况太普遍了，所以一般地说，这种保障是很脆弱的；而且我们这里既然假设施予者是为了自利才施惠于人的，所以这就既消除了义务，又树立了一个自私的榜样；这种自私正是忘恩负义的母亲。（T 3.2.5.8）

因此，若我今日为了自利帮你劳动并期待你明日帮我劳动，我知道我的这种期待很有可能会落空；同理，我们也不会仅凭别人的单纯同意就信赖他会转让半个月后才成熟的谷物。这样一来，陌生人之间的相互服务就会中止，某些财物的交易也将失败。

为消除交易行为不同步发生而给财产转移所带来的不便，我们还需要借实践—工具理性以找出专门针对这一问题的解决办法。既然问题的关键在于因人性自私而导致的交易双方发生相互信托的困难，那么消除这一困难的一个最直接办法就是，改变人心的自私而使之更富有善意。显然，在休谟看来，这种办法是不可能奏效的，因为"只有全能者能够重新改造人类心灵"（T 3.2.5.9），而我们在此方面"将不能前进一步"（T 3.2.5.9）。因此，消除这一困难的有效方法只能是采取人为措施，以使相互信托与我们各自的利益发生关联，即由全体社会成员共同缔结**履行许诺**的协议，该协议也是我们维持社会生活所必需的第三条正义法则。在此基础上，我们就"制定一些符号或标志（symbols or signs），借以互相担保我们在任何特殊事情中的行为……当这些标志被制定出来以后，谁要应用这些标志，谁就立刻被他的利益所约束且要实践他的约定，并且如果他拒绝履行他的许诺，他将永不能期待再得到别人的信托"（T 3.2.5.10）。这样一来，每个人都会感觉到忠实于约定是有利的。当然，这种利益也不是我们的自然本性所直接追求的那种利益，而是以间接、曲折的方式导源于我们的自利情感的社会性利益。

借助实践—工具理性的力量，至此我们已经确立了三条正义法则，即稳定财物占有的法则、根据同意转移所有物的法则及履行许诺的法则。这三条法则虽系人为，但绝非任意，它们对于维持任何一种社会都是显著而极为必要的，因此，休谟认为把这些法则称为"基本的自然法则"（fundamental laws of nature）亦无不可。既然这些法则对维持社会极为必要，且维持社会对人类大有裨益，同时人类也能觉察到这种利益，那么我们对这些法则的严格遵守理应是不成问题的。然而，实际的情况却是，我们有时候还是会违背正义法则而作出非义的行为。至于为什么会出现这种情况，休谟解释说，一般而言，由遵守正义所带来的那种利益是较为辽远的，而在某些情境下，由破坏正义所带来的那种利益却是较为切近的，加之人性中本来就有一种舍远图近的自然倾向，当所有这些因素结合在一起时，人类"见利忘义"行为的时常发生也就不足为怪了。为减少乃至杜绝这种情况的发生，我们就需要借实践—工具理性以便找出有效的方策来。出于与上述情形类似的理由，这个有效方策不可能在"重新改造我们天性中的自然倾向"的那种思维方式中被找到；相反，这个有效方策只可能在"引导自然倾向以使之产生有益结果"的那种问题求解思路中被找到。于是，我们就希望通过发明某种人为措施，而使舍远图近的自然人性倾向与正义的遵守发生直接的利益勾连。该人为措施是，选举少部分人为我们的执政长官，并使督促全体社会成员（包括他们自己在内）共同遵守正义法则成为这些人的切近利益；这样一来，他们从正义之判断与执行中就会直接受益。而且，由于这些人与社会中的大多数人都没有恩亲关系，所以他们的这种判断与执行还较少会受到私心私念的干扰。休谟认为他这里的观点也解释了政府（government）或政治社会（political society）的起源，不难看出，这个政府或政治社会"虽然也是由人类所有的缺点所支配的一些人组成的，但是它借着可以想象到的一种最精微、最巧妙的发明，成为在某种程度上免去了所有这些缺点的一个组织（composition）"（T 3.2.7.8）。

  由发明政府所产生的那种利益既在于对内维持社会正义，也在于对外抵抗敌军侵略，而一旦人们看出这些利益之后，一种忠顺（allegiance）或服从执政长官的义务也就随之产生了。当然，休谟认为这种忠顺的义务虽最初建立在许诺的义务上，但它很快就自己扎根，因为人们自愿投入忠顺义务下的那种利益与履行许诺的那种利益毕竟是不同的。休谟说："服从政府和履行许诺既然各有不同的利益，我们就必须承认，它们有各别的义务。服从民政长官是维持社会秩序与协调的必要条件。履行许诺是在人生日常事务中发生相互信托和信赖的必要条件。两方面的目的和手段都是完全各别的；两者也没有彼此从属的关系。"(T 3.2.8.5)若要把这两种义务加以对比，我们会发现，履行许诺之义务的道德约束力要强于服从政府之义务的道德约束力，这是因为，从属于前一义务的利益要强于从属于后一义务的利益，某种程度上，没有政府，人类照样可以维持一个小规模社会，但若缺了三条基本正义法则中的任何一条，人类便不可能维持任何一种社会；而义务的道德约束力恰恰与其自然约束力（利益）成正比。

既然忠顺的义务建立在特定的社会利益之上，那么这种利益一旦消失，忠顺的义务必然也就会跟着瓦解。由此休谟又论述了"忠顺的限度"，他说："利益既然是政府的直接根据，那么两者只能是共存亡的；任何时候，执政长官如果压迫过度，以致其权威成为完全不能忍受的，这时我们就没有再服从它的义务了。原因一停止，结果也必然就跟着停止。"(T 3.2.9.2)至于在实践中如何辨别执政长官是否压迫过度，我们不得不依据由实践—工具理性所确立的通则加以判断。在休谟看来，服从政府的通则固然易于扩展到它们所赖以成立的那些理由之外，从而在我们身上强加一种服从暴虐政府的道德义务，但是，我们对这些通则也制定了例外，因为这些例外也建立在许多例子之上并具有通则的性质。休谟指出：

> 人们服从他人的权威是为了给自己求得某种保障，借以防止人的恶行和非义，因为人是不断地被他的难以控制的情感、被他的当前的和直接的利益所驱使，而破坏一切社会法律的。但是这种缺点既然是人性中固有的，它就是伴随着一切人的，不论他们的身份和地位怎样；而且我们所选举为统治者的那些人也并不因为有了较高的权力和权威，就在本性方面立刻变得高于其余的人。我们对他们的期望，不是依靠他们的本性（nature）的改变，而是依靠于他们处境（situation）的改变，因为在他们的处境改变以后，他们就在维持秩序和执行正义方面有了一种较为直接的利益。但是他们在臣民中间执行正义所得的这种利益，仅仅是较为直接一些；而且除此之外，我们根据人性的不规则性（irregularity），往往可以预料到统治者们甚至会忽略这种直接的利益，而被他们的情感所转移，陷入种种过度的残酷和野心的境地。我们对于人性的一般知识，我们对于人类过去历史的观察，我们对于现时代的经验——所有这些原因必然会导使我们对例外（exceptions）敞开大门，并且必然会使我们断言说，我们可以对最高权力的较为强暴的行为进行反抗，而不犯有任何罪恶或非义。(T 3.2.9.3)

当然，休谟认为我们在行使反抗暴政的权利时应当慎之又慎，在此我们要极为小心地权衡由暴政所带来的利益与不利；① 因为在某些时候，一个不那么严苛的暴政往往要好过那种失序、混乱的无政府状态。

在论述完"忠顺的限度"后，休谟紧接着又讨论了"忠顺的对象"，即我们应当选举什么样的人作为我们的合法执政长官。与上述落实"稳定财物占有"法则所要求的一样，对这一问题我们也不能仅满足于给出一个笼统、抽象的解答，因为这非但于事无补，反而还会制造麻烦；在此，我们必须借助实践—工具理性以找出确立忠顺对象的实用而通行的原则。这些原则的确立，显然也不能简单按照唯理主义的理想化要求，如"以德配位"或公共利益的最大化，这会让政府时刻处于民众的质疑之下，而成立政府的那种公益恰恰端赖民众对政府的坚定服从。在此问题上我们应当遵循那些比较稳定地形成民众和某个政府间关系的常规原则，如"长期统治""现实统治""征服权""继承权"与"成文法"等，而这些原则之所以能形成民众和某个政府间的稳定关系，恰恰是由于习惯、想象、情感倾向或者便利性的影响，这些原则能够引发民众和该政府（统治者）在人类知性和情感活动中的稳固的自然联结（natural association）。

当不同社会中的人们依上述诸原则纷纷确立了各自的合法政府之后，在不同政府或国家之间必然也就会产生互相交往与合作的需要；这种需要不仅会随着物质条件的改善而愈发具有实现的可能性，而且也会随着全球性问题的不断爆发与日趋严重而变得更为迫切与强烈。然而，正如人性中的贪欲会摧毁私人间的交往与合作一样，各国的自私与野心也会给各国间的和平交往造成极大的不便。为补救这种不便，我们又需要借实践—工具理性以制定能有效约束、调节各国私欲与野心的通行规则。在国际往来利益与人际往来利益显得较为类似的那些内容方面，上述私人之间所发生的三条正义法则也可被延伸至国家与国家之间，因此我们就把稳定财物占有、根据同意转移所有物与履行许诺等自然法则同时也确立为维持国际社会所必备的基本政治原则。在国际往来利益与人际往来利益不同的那些内容方面，我们也相应地制定了具体、实用的约束规

---

① 民众通过利益权衡来决定是否服从某个政府的统治，这是休谟所谓"利益是政府之起源"的一个必然推论。但休谟同时也表示，要对民众的利益权衡进行限制，一方面是因为民众在判断这些利益时极易引起争执，另一方面也在于政府利益仰赖民众对政府的坚定服从，不可过分好奇与计较政府的基础或来源。因而休谟对"反抗政治"的态度有其复杂性，是相当审慎的。有关这方面内容的详细探讨，参见程农：《休谟与社会契约论的理性主义》，《社会科学》2021年第1期。

则，即"国际法"(the laws of nations)，其所包含的条款有：大使人格神圣不可侵犯、宣战与禁止使用有毒武器等。至于所有这些规则的约束效力，休谟也明确指出，在实践中，各国政府或国王们服从国际政治原则以及国际法的道德义务往往要弱于私人服从正义法则的道德义务，这同样是因为，前一义务的自然约束力（利益）弱于后一义务的自然约束力（利益）：

> 各国之间的交往虽然是有利的，有时候甚至是必要的，可是其必要和有利程度都没有私人之间的交往那么大，因为离开了私人的交往，人性便完全不可能存在。因此，各国之间履行正义的自然义务既然不及私人之间那样强有力，由此发生的道德义务也必然具有自然义务的弱点。(T 3.2.11.4)

某种程度上，这也是我们对于国王或国家之间的欺骗行为比对于私人之间的失信行为更容易持宽容态度的原因所在。

综上可见，正义是人类为满足社会生活需要而发明的协议与规则。这里的需要或利益情感充当着启用工具理性的动力与目的，而诸协议与规则也就代表着满足这些需要与利益的理性工具。随着实践需要的不断产生，工具理性也就被不断地启用，由此也形成了层层递增、叠加的衍生性规则系统。我们看到，在正义规则的每一层建构中，实践—工具理性都在弥合自利情感与公共规则的鸿沟中发挥了关键性的中介作用：自利情感在理性的引导下发明了公共规则，公共规则体现了导源于自利情感、被理性所调节了的社会利益；这种利益非但不排斥自利情感，相反是自利情感合理实现的内在需要，如图6-1所示。

在诸正义规则渐次确立以后，我们对遵守这些规则的行为也就发生了一种德的感觉，这种感觉来源于旁观者对正义行为所促进的公益的广泛同情。休谟说：

> 正义之所以是一种道德的德，只是因为它对于人类的福利有那样一种倾向，并且也只是为了达到那个目的而作出的一种人为的发明……达到目的的手段，既然只有在那个目的使人愉快时，才令人愉快；而且和我们自己没有利害关系的社会的福利或朋友的福利，既然只是借着同情作用才使我们愉快的；所以结果就是：同情是我们对一切人为之德表示尊重的根源。(T 3.3.1.9)

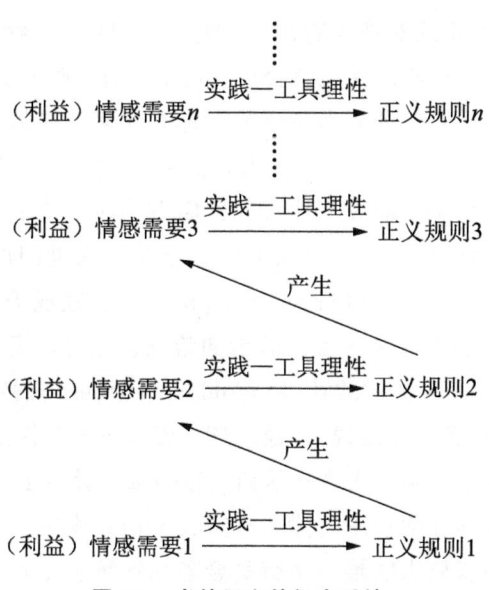

```
(利益)情感需要n  ——实践—工具理性——→  正义规则n
           ⋮
(利益)情感需要3  ——实践—工具理性——→  正义规则3
                              ↖ 产生
(利益)情感需要2  ——实践—工具理性——→  正义规则2
                              ↖ 产生
(利益)情感需要1  ——实践—工具理性——→  正义规则1
```

图 6-1　自然正义的衍生系统

由此可见，在道德情感及其形成原理方面，人为之德与自然之德恰恰有一致之处。但值得注意的是，在促进社会福利的方式方面，人为之德(正义)与自然之德(仁爱等)却有一个重大的区别，那就是：自然之德对社会福利的促进是单独而直接的，例如每一次仁爱行动都在其救助范围内直接促进了他人利益；人为之德对社会福利的促进并不是单独而直接的，我们发现，单个正义行为往往对社会非但无益反而有害，例如法官们把穷人的财物判给富人，把利器交给恶劣之徒等；人为之德是以全体社会成员共同参与其中并由此形成整个行为体系或制度的方式促进社会福利的。正如休谟所指出的："它们(指"正义与忠实"——引者按)的益处不在于单个人的每一单个行动的后果，而是起源于社会整体或其大部分一致赞同的整个体制或体系。"(EPM app 3.3)因此，在评价任何法规或制度的优劣时，休谟认为我们不必考虑这些制度在特定情况下所产生的某些个别或细节性影响，而应当着眼于它们在被运用于大多数情形时所显现的一般效果。

三、理性"工具化"及其现代意蕴

既然人为之德(正义)因其对社会有益才被人类发明，那么当它作为一种心理品质出现时，它与自然之德一样，其价值亦可被还原为那四个一般性条件，即"令自己愉快或令他人愉快，对自己有用或对他人有用"，尤其是"对自己有用或对他人有用"这两点。这四个一般性条件进而也被休谟确立为判定任何心理品质是否具有道德价值的唯一标准:"个人价值完全在于各种品质对其拥有者自己或与他有任何交往的其他人的有用性或愉悦性"(EPM 9.1.13);"因此当人们通过他们的自然的无成见的理性、抛开迷信和伪宗教的虚妄曲解而判断事物时,他们将绝不会接受它们之外的其他任何品质"(EPM 9.1.3)。于是,人世间的效用(utility or usefulness)、快乐(agreeableness or happiness)也就成为道德所追求的绝对目标,而无助于实现这一目标的诸如禁欲、克己、斋戒、虔敬与谦卑等受传统宗教青睐的僧侣式德性(monkish virtues)就被休谟当作"伪道德"一并予以否弃了。休谟说:"她(德性/道德——引者按)宣称她唯一的目的是使它的信徒和整个人类在他们实存的每一瞬间尽可能欢乐和幸福,她也绝不愿意放弃任何快乐,除非有望在他们人生的另外某个时期得到足够的补偿。他所要求的唯一辛劳是合理地计算和坚定不移地优先选择最大的幸福。如果某些苦行者妄图接近她,对这些欢乐和快乐之敌,她要么将他们作为伪善者和骗子加以拒绝,要么即使允许他们进入她的行列,也将他们列入最不受欢迎的信徒。"(EPM 9.2.2)由此我们亦可发现,这里的道德非但以人世效用、快乐为唯一追求目标,而且还是使这一目标得以最大化实现的有效工具。换句话说,只有按德行事,我们才能在最大程度上达到个人和社会整体的成功与幸福。

这样一来,不仅道德在服务于其形成的**外在手段**的意义上需要实践—工具理性,而且道德本身俨然已成为一种实践—工具理性。这意味着,当我们以道德方式谋求世俗幸福时,我们就是在以理性所教导的那种方式谋求幸福。简言之,行德即为致福的最合理方式。这种合理性除了体现在道德所要求实现的包括个人幸福在内的"最大多数人的最大幸福"这一目标外,还体现在道德快乐相比于私人性激情所独具的共享性、易于满足性以及那种较高程度的自然乐趣(natural pleasure)。休谟说:

> 凡是通过触动我的人道而博得我的赞许的行为,也都通过打动全人类的这同一个原则而获得他们的赞扬;但凡是有助于我的贪婪心或野心的东西都仅仅满足我的这些激情,而不打动其余人类的贪婪心和野心。(EPM 9.1.8)

仁爱和友谊、人道和仁慈,除了这种为一切情感所共通的好处,还不依赖于整个命运和偶因而直接给予人甜蜜、平静、温柔和愉快的感受。不但如此,当我们保留我们对人类和社会尽了我们自己应尽的一份职责这种令人愉快的反思时，这些德性还伴有一种令人快乐的意识或回忆，并使我们以愉悦的心情对待自己和他人。(EPM 9.2.8)

一切本性淳朴的人对背信弃义和奸狡欺诈的反感却是如此强烈，以至于任何利益或金钱上的好处的观点都不能与之抗衡。心灵内在的安宁，对正直的意识、对我们自己行为的心满意足的省察，这些是幸福所不可或缺的因素，将被每一个感觉到它们的重要性的诚实之人所珍爱和所培育。(EPM 9.2.10)

凡此种种均表明，与狂热空虚的私情物欲满足相比，由德性所带来的自然的快乐"才是真正无价的，既因为它们在获得上低于一切价格，也因为它们在享受上高于一切价格"(EPM 9.2.12)。因此，某种程度上可以说，在休谟那里，德福不一致、道德软弱等问题原则上是不存在的；任何一个有健全理智的存在者都不会拒绝道德，反而还会积极地欲求道德，并自觉以道德义务作为自己的实践动机。当然，这也只是就人性最自然、最理想的状况而言，真实生活中的人性时常是禀有这样或那样的怪癖与偏颇的。①

当致福成为行德之标的，行德成为致福之最合理方式时，一种对道德合理性的工具主义理解也就被坐实了。在此理解中，人类理性本身已丧失了它在古典视域中被赋予的那种直接展示或规定道德尺度的权能，作为工具，理性已将这个权能移交给了人性情感(乐利)，它在道德决定中仅有调节、辅助情感的功能。"理性不再由宇宙中的秩序感得到规定，而是根据工具效能、价值诉求的最大化、自我一致等程序性地加以规定。"②这样一来，在传统道德图景中，"理性主导情感"的灵魂等级制就被"工具—目的"型的道德情感模式所取代——情感被尊奉为现代道德秩

---

① 既然对道德义务的自觉服从取决于对道德快乐的感知，那么当一个人感知不到道德的快乐时，要使他产生对道德义务的自觉服从也就无从谈起了。在《道德原则研究》中，休谟曾区分三类对道德快乐的无感者：一是潜在的好德者，这些人具备感知道德快乐的能力，只是这一能力没有得到开发；二是麻木不仁者，由于先天构造的缺陷，这些人缺乏感知道德快乐的能力；三是反社会型人格障碍者，这些人天生具有与正常人相反的趣味，他们对恶行感到快乐，而对德性感到厌恶。第一类人经由适当的引导可以成为现实的好德者；但对后两类人来说，他们自觉弃恶向善的可能性微乎其微了。当然，为维护人性的尊严，休谟基本是把后两类无感者排除在"人"的行列之外的："如果我们假定的不是这个虚构的怪物，而是一个人……他的优先选择就存在一个明显的基础"(EPM 6.1.5)，"像人这样的一个被造物，不可能完全漠不关心他的同胞被造物的幸福和苦难"(EPM 5.2.28)。

② C. Taylor, *Sources of the Self: The Making of the Modern Identity*, Cambridge, Harvard University Press, 1989, p.21.

序的根基所在，而理性只屈居辅助道德情感的工具地位。一如前述，无论对于私人美德即休谟所谓"自然之德"的推演生成来说，还是就社会正义即休谟所谓"人为之德"的创构发明而言，工具理性在将偏私的自然情感（自利）转变为共通的道德情感（公益）上，都发挥了不可或缺的关键作用；但值得注意的是，工具理性的这种作用始终是与那种规定道德尺度的力量相外在的，能够规定道德尺度的只有情感，尽管这种情感需要理性的调节。对此，查尔斯·泰勒有着敏锐洞察：

> 起始于18世纪的对自然的这种现代感受，预先设定了关于分解式理性（disengaged reason）的新认同对嵌置于实体性逻各斯中的前现代理性的胜利……我们自己的本性不再被实体性的理性目的秩序所规定，而是受我们的内部冲动和我们在联系整体中的位置所规定。这就是为什么我们的情感可以具有古代哲学不允许有的价值。①

> 情感现在是重要的，因为它在某种特定意义上是道德善的试金石……当这种感情偏离时，能够用理性加以纠正，但它产生的洞察力不能由理性取代。②

道德理性的情感—工具化带来了一种美国学者弗雷泽（Michael L. Frazer）称为"反思性情感主义"（reflective sentimentalism）③的世俗启蒙筹划，这一筹划尝试在不借助任何超越性资源的现代条件下回应关于道德特殊性与普遍性的这样一种建构两难，用中国学者马庆的话说："一是要能够反映行为者的内在特殊关切，从而能够激发行为者，二是不能够拘泥于行为者的特殊性，而是要能够形成一种普遍、公正的效力。"④显见的是，一方面，"反思性情感主义"将情感而非理性确立为道德的根基，蕴含着对现代个体行德之动力的切实安顿；另一方面，借助理性的工具调节作用，这种情感并非以自我为中心的、偏私的自然情感，而是可被反思修正、谋求普遍效力的道德情感。基于此，"反思性情感主义"

---

① C. Taylor, *Sources of the Self: The Making of the Modern Identity*, Cambridge, Harvard University Press, 1989, p. 301.
② C. Taylor, *Sources of the Self: The Making of the Modern Identity*, Cambridge, Harvard University Press, 1989, p. 284.
③ 参见迈克尔·L. 弗雷泽：《同情的启蒙——18世纪与当代的正义和道德情感》，胡靖译，南京，译林出版社，2016，第46~47页。
④ 马庆：《道德理由的特殊性与普遍性——对内在理由与外在理由的反思》，《学术月刊》2015年第4期。

试图从如下两个维度塑造现代道德秩序中的行动主体：一是私人领域的理性共情主体，二是公共生活中的理性自利主体。理性共情力求克服原始同情（传染性同情）的自然缺陷，从而能够拓展现代个体道德关切的时空边界，这为推动适用于小型熟人群体的传统近距离伦理（差等之爱）向适宜广域陌生人社会的现代中距离伦理（平等之爱）的转型做好了铺垫。① 理性自利则力图避免人类利己心的原初莽撞与短视，使之提升为开明自利（enlightened self-interest），从而引导现代个体着眼于公共利益，并将公共利益作为其长远（long-term）利益予以认同与追求，这为形成以"规则（制定与遵守）"为中心的现代公共生活秩序奠定了人性基础。此外，从方法论的角度看，"反思性情感主义"也给出了一种将道德特殊性引向普遍性的现代伦理建构进路。"情感主义"将现代伦理的建构起点落实在人性的情感心理以及初级共同体内部的风俗习惯，"反思性"则意味着并不停留于这种情感心理与风俗习惯的特殊性或"地方性知识"层面，而是将反思纳入其中，在反复的比对权衡中，引导特殊情感与地方习俗向更具包容性与普适性的道德情感与社会规范演进。在此演进运动中，一方面，特殊性（自然情感、自利与习俗偏好等）并没有封闭于自身，而是经由自我扬弃（反思）内在地趋向普遍性（道德情感、公益与社会正义等）；另一方面，普遍性亦未坚执空洞的抽象形式，而是面向特殊性，并从特殊性走向自身的逐步转化与生成。某种程度上，这样一种兼顾特殊性与普遍性的伦理建构进路既着眼于确保现代道德的普遍效力，以避免陷入主观主义与相对主义的窠臼；② 又致力于让普遍效力落地生根，以避免现代道德流为人易知而不易行的抽象应当。

---

① 这里"近距离伦理"与"中距离伦理"的说法，笔者参考了笑思所著《家哲学——西方人的盲点》一书。所谓"近距离"指"源于人类'家庭依赖性'本性的家内亲密生活范围"，"中距离"指"由国家、教会、约定法律、团体行规、社区利益等限定的，人际关系比较粗疏的社会活动范围"。参见笑思：《家哲学——西方人的盲点》，北京，商务印书馆，2010，第5页。

② 值得深思的是，"反思性情感主义"固然可使一种道德情感免于主观主义与相对主义的指责，但由于它对理性反思的工具主义理解，它在面对不同道德情感的互竞乃至冲突问题时，却往往束手无策而只能保持沉默，这实际上又使其道德理论落入了主观主义与相对主义的窠臼之中。关于这一点，笔者将在"结语"部分适当展开分析。

结　语

一种"排他性人本主义"(exclusive humanism)的现代性动机发动了休谟的人性哲学，支配着休谟理性思想的方方面面——休谟的理性观不仅是这一现代性动机直接作用下的产物，而且也是对这一动机的落实与维护，从而更加强化了这一动机。一言以蔽之，休谟人性视域下的理性观是现代性意义上的辩证、有机整体。本书的主体部分围绕这一核心观点展开，其内容结构大致如图 7-1 所示。

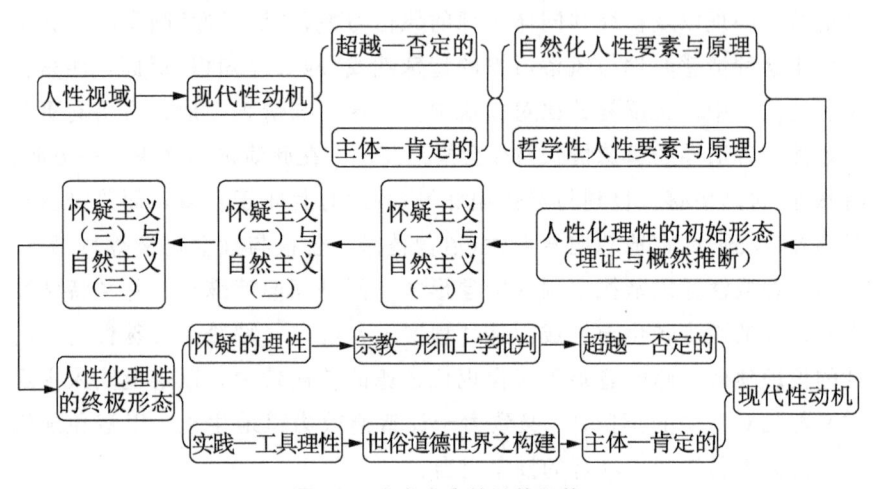

图 7-1　本书内容的总体架构

之所以说休谟的理性观是对其现代性动机的落实与维护，实是因为，正如第六章所详述的，作为自然人性中的两股结构性力量，怀疑的理性与实践—工具理性恰好从正反两面为一个以"世俗人道主义"(secular humanism)为核心特征的现代性世界的构建提供了有力支持：怀疑的理性有效抵制人类理性在超验领域的独断运用(以反对建基于独断理性之上的诸宗教—形而上学)，而实践—工具理性则有利于我们形成平实稳健而又温情祥和的日常生活秩序。因此，对休谟来说，"理性的力量并不在于使我们能够冲破经验世界的限制，而在于使我们学会在经验世界中有宾至如归之感"[①]。卡西尔对 18 世纪"启蒙理性"的这句概括还是相当到位的。

---

① ［德］卡西尔：《启蒙哲学》，顾伟铭等译，济南，山东人民出版社，2007，第 10 页。

西欧 18 世纪的启蒙运动常常被人们视为一个"通过弘扬人之理性以反抗宗教权威"的思想运动。然而,"反抗宗教权威"固然是西欧诸国启蒙运动的一个共同目标,但达到这一目标的手段也许并不像我们通常所简单认为的那样,通过高举人的理性并使一切事物(特别是宗教)接受它的检验与审查,而首先是对理性本身的严格规训与深度批判,这一点也体现在以休谟为突出代表的苏格兰启蒙运动之中。① 彼得·盖伊在其鸿篇巨制《启蒙时代(下)——自由的科学》一书中直言"启蒙不是一个理性的时代,而是一个对理性主义的反叛"②,这里"对理性主义的反叛"与休谟"怀疑的理性"的现代性任务暗合,它所针对批判的主要是人类理性自安瑟伦将辩证法引入神学后愈发无节制的,同时也是其本身具有的那种超验使用倾向。当然,这里的反叛或批判绝不意味着要取消理性或完全放弃理性,③ 毋宁说,这是要通过批判使人类理性变得谦虚与谨慎,从而将它限制于"日常生活"(EHU 12.3.2)、"平常的实践和经验"(T 1.4.7.14)或"人类理智范围之内的事务"(EHU 1.15),并在此范围内作工具的运用(实践—工具理性)。至此,过去那种有魅的、全能而超越的神本理性观就被一种启蒙了的有限而内在的人本理性观所代替。

具体来说,就现代性世界的构建而言,休谟式"怀疑的理性"所扮演的角色是无情的"批判者"(critic)或"清道夫"(cleaner);因此,怀疑的理性是否有必要存在或受重视,某种程度上取决于它所批判的对象的存在与否或其力量的强弱变化。在西方现代性崛起的初始阶段,那种来自本体—神学领域的抗拒理性主体化、世俗化的阻力还是很强大的;欲彻底解除这一阻力,休谟不光需要独立开出人性化理性的怀疑主义方向,还始终要对怀疑的理性保持开放。而随着理性主体化、自然化的日益加剧,它不仅会埋葬那在过去始终与之纠缠的形而上学命运,而且甚至会连一丝形而上学冲动都不再拥有了。这样一来,怀疑的理性也就不那么必要

---

① 学界往往关注康德对理性的批判,而对休谟的理性批判重视不够。实际上,休谟的理性批判对康德的批判哲学有重要影响。
② [美]彼得·盖伊:《启蒙时代(下)——自由的科学》,王皖强译,上海,上海人民出版社,2016,第175页。
③ 休谟对理性的批判曾被极端地认为是突出情感而否弃理性,一些学者因此否认休谟是一个地道的启蒙思想家。例如,格林(K. Green)就提出,启蒙的真谛在于康德等倡导的理性精神,而"那些没有认识到理性主体、启蒙理性和政治改革之关联的哲学家也许属于启蒙时代,但在严格意义上,他们不是启蒙哲学家",因此格林把休谟排除于经典启蒙哲学家的行列之外。(参见 K. Green, "Will the Real Enlightenment Historian Please Stand Up? Catharine Macaulay versus David Hume", in C. Taylor & S. Buckle (eds), *Hume and the Enlightenment*, London, Pickering &Chatto, 2011, pp. 39-51.)

了，因为我们需要它对付的敌人已荡然无存。① 这在某种意义上也解释了，为什么今人在看待休谟理性观时往往格外关注其自然主义方面，而对其怀疑主义方面重视不够；相反，休谟的同时代学者（如托马斯·里德）乃至稍后一些的哲学家（如康德）则比较敏感于其理性观的怀疑主义方面，而对其自然主义方面却有所疏忽。

与怀疑的理性不同，休谟式"实践—工具理性"在现代性世界的构建中所扮演的角色则是热忱的"建设者"（builder）或"担纲人"（responsible person）。作为建设者，实践—工具理性无疑有着能受此重任的资格与本领；这一点尤其体现在实践—工具理性所具有的那种情理交融结构上。因内在于实践并受情感倾向的牵制，这种理性不会走向激进狂迷，故它在服务于现代社会的建设时就能在某种程度上尊重既有的伦常或法规；又因这种理性能积极反作用于实践并指导情感，故它也不会走向盲目保守，它在尊重既有伦常或法规的同时亦能对之进行有效的调节或改良。我们看到，实践—工具理性的这种内生（endogeneity）、适度（moderation）或审慎（prudence）性质恰好在以哈耶克（F. A. Hayek）为代表的现代自由主义者所倡导的"有限理性观"或"演化理性观"中都得到了很好的继承与发扬，② 而从历史的实际效验来看，实践—工具理性的这些性质也在英国社会由传统向现代的渐进转型与平稳过渡中得到了很好的应用与体现。此外，也正如高全喜教授在其《休谟的政治哲学》一书中所启发我们的，实践—工具理性的这种情理交融结构对现代自由主义在社群主义攻击下所暴露出来的诸如"强调规则（权益）算计而弱化德性情操"的理论缺陷也能够起到一定的纠偏作用；为使现代社会良序运行，我们除了加强制度规则建设外，还需要补上相配套的伦理

---

① 休谟在 T 1.4.1.12 中曾明确交代："怀疑的和独断的理性属于同一种类，虽然它们的作用和趋向是不同的。因此，在独断的理性强大时，它就有怀疑的理性作为它的势均力敌的敌人需要对付；在开始时它们的力量既是相等的，所以它们两方只要有一方存在，它们就仍然继续如此。在斗争中，一方失掉多大力量，就必然从对方获取同样大的力量"，"直到最后，两者都因循序递减而完全取消"。

② 哈耶克在《理性主义的种类》《大卫·休谟的法律哲学与政治哲学》等一系列文章中就反复强调了源于曼德维尔、休谟等先驱者的有限理性观的积极意义。在哈耶克看来，哲学唯理主义将"理性"推崇到无以复加的地步恰恰不是尊重理性，而是在摧毁理性；有限或演化理性观并不反对理性，而是主张在明确理性之限度的前提下正当地使用理性，这才是对理性的真正尊重。相关内容参见[英]哈耶克：《知识的僭妄——哈耶克哲学、社会科学论文集》，邓正来译，北京，首都经济贸易大学出版社，2014，第 7、22 页。

德性建设这一环。① 总的来说，休谟式"实践—工具理性"概念可供给现代理性(尤其是现代政治理性或社会理性)所需的丰厚养料，由此也形成了现代理性所特有的身份、功能与价值，这对以英美自由主义为基调或理想图景的民族国家之建构与发展产生了举足轻重的影响。

然而，不可否认的是，现代理性是一把双刃剑。如若我们突破现代性框架并"以启蒙的精神对待启蒙"(张汝伦语)，我们就会发现，建基于现代理性之上的社会世界并非完美无缺，而是随着全球化进程的加快越发显露出它的深层次问题，如"相对主义"(常道失坠、价值冲突)、"人性的普遍平庸"(逐利求用、物欲横流)等问题，这些问题某种程度上都在18世纪哲人的启蒙理性观(尤其是休谟式"实践—工具理性"观)那里种下了祸根。因此，为全面、公允起见，我们在阐发休谟理性观的启蒙人学价值的同时，对休谟理性观的哲学反思与批判恰恰也是现代学人无法回避的时代课题。

首先，休谟以人性为理性奠基，理性与传统的"本体—神学"脱钩而得以主观化、自然化。自然理性所追求的真理(自然真理)不再是此岸与彼岸、在上者与在下者的相符或相合，而是被人性知觉的生动或强烈程度(感性强制力)所刻画。从此，普遍、必然的知识只存在于纯观念领域(数理领域)，而不存在于事实世界之中；我们对于事实世界顶多只能获得主观信念。主观信念可向我们担保自然真理某种程度上具有主体间的一致性，却无法向我们担保自然真理具有传统形而上学意义上的绝对可

---

① 高全喜教授在《休谟的政治哲学》一书的前言部分交代他写作此书的潜在意图时指出："在当今世界，自由主义与社群主义是两个重要的彼此互相对立的思想理论，但从休谟政治哲学和英国古典自由主义的思想背景来看，这两种理论不过是把英国古典思想中的两个维度的东西各自加以片面性的扩展而已。英国古典政治哲学中强调规则与制度的思想，即承认在这种看不见的手的调整下形成一个社会经济秩序乃至政治秩序的理论，显然是被19世纪以来的各种现代自由主义大力发展了，并且走到了某种极端化的程度，以至于他们过分强调制度的工具作用以及作为制度人的个人权利和利益，而忽视了在制度和个人权利的背后还有某种相关联的社会情感、共同利益和公共德性。而社群主义则又片面地强调了社会共同体的情感联系，以及个人相互之间的共同命运，并且把这种内在的情感及其展现出来的公共美德视为社会组织和政治群体惟一的支撑点和归宿，从而忽视了这样一个基本的事实，即任何一个社会组织和群体的建立、持存和扩展，必须首先确立正当的行为规则，必须有一整套形式和程序公正的法律制度的支撑，显然，一个没有规则和制度的共同体，单靠共通情感的维系是很难持久地存在下去的。所以，自由主义和社群主义在制度层面上和情感层面上的相互对立实际上是片面的，在其中应该有一种人性上的沟通与联系，应该在此基础之上既拓展制度的建设又进行情感的交流，把自由法治与道德同情联系在一起。我们看到，这样一种全面的社会政治思想在休谟那里已经完成。"(高全喜：《休谟的政治哲学》，北京，北京大学出版社，2004，第10页。)

靠性,这意味着,科学(包括自然科学和以自然科学为楷模的社会科学)不得不撤回它对严格确定性的承诺,而不可避免地随着人类经验的变动而变得相对化了。① 科学的相对化恰好为科学服务于各种实用的目的做好了准备,这一点恰好也在休谟的自然真理观那里埋下了伏笔。既然自然真理以知觉的生动或强烈程度为标尺,而自然人性中最强烈的知觉是苦乐或趋利避害等情感印象,那么显然,拥有最高自然真理性的事物一定是能同时在我们内心里引起苦乐感或有助于我们趋利避害的那些事物,这就为自然理性引入生存实践意义上的"实用""合意"等终极价值指标提供了可能。由此,真理不仅主观化、相对化,而且还进一步实用化,实用与否也顺理成章地成为我们判定任何真理是否可被接受的最后准绳。休谟就明确说过:"尽管任何命题在哲学上是否为真绝不依赖于其增进社会利益的趋向,然而一个人提出一种不论多么真却必定导致危险和有害的实践的理论,他将只会不得人心。"(EPM 9.2.1)"那些有害于社会的真理,倘若存在任何这样的真理,将屈服于有益的和有利的谬误。"(EPM 9.2.1)后来一批受过休谟影响的实证主义者与实用主义者也都倾向于把科学理性看作生物性适应的工具,恰如东欧新马克思主义学者莱泽克·科拉科夫斯基所指出的:"实证主义,当其彻底的时候,放弃了真理的先验意义,而将逻辑价值归结为生物性行为的特征。对先天综合判断的可能性的拒绝——将实证主义构造为一个学说的基本行为——能与将所有

---

① 对此,丹福德(J. W. Danford)提出了与笔者观点截然相反的看法。他认为现代社会科学知识(尤其是政治学理论)之所以变得相对化,是因为近代哲学从笛卡尔、霍布斯开始就以数学为榜样从而对哲学提出了过分苛严的要求,以至于哲学只适用于学院内的专业逻辑分析(分析哲学运动),而放弃了对社会生活世界的反省与考察。换言之,社会生活世界已与追求严格确定性的哲学相隔离,现代社会科学知识也不再具有普遍真理的性质而变得相对化了。休谟的温和怀疑主义提倡哲学与日常生活的有机统一,因而能使哲学重返社会生活世界,并使社会科学知识某种程度上具有普遍真理的性质,从而可以抗拒此类知识的相对化。因此,丹福德主张恢复休谟的人性科学,并以之为榜样改造当今的社会科学。(参见 J. W. Danford, *David Hume and the Problem of Reason: Recovering the Human Sciences*, London, Yale University Press, 1990, pp.1-25.)笔者不同意丹福德的看法。丹福德把现代社会科学知识的相对化归咎于哲学与社会生活世界的分离,照此逻辑,欲避免现代社会科学知识的相对化,我们就应把哲学与社会生活世界再次结合起来,而这恰恰是休谟早在18世纪就大力提倡的哲学观。笔者认为,丹福德的这一看法太表面了,他没有首先追究现代社会科学知识相对化的实质,从而使得他对此问题的处理太过简单而草率了。他大概没有看到,现代社会科学知识的相对化主要在于现代社会科学知识的完全实证化与经验化,因为人类经验是不断流变的,而从不断变化的经验中所概括得出的知识自然也就是变动不居而只有相对的真理性。休谟的温和怀疑主义恰恰就是这样一种哲学,它内在于日常生活并随着日常生活的变化而发生变化。因此,笔者的观点正与丹福德的观点相反:休谟的人性科学非但不能解现代社会科学知识相对化之困,反而还要对此困境的形成负有一定的责任。

知识还原为生物性的反应相等同;归纳只是条件反射的一种形式,而要问,什么条件下归纳是合法的,就是要问,什么条件下在生物学意义上获得一种给定的反应能力是有利的。"①科学的实用化在全球化时代已被推向空前隆盛的程度,科学技术所释放出来的巨大的实用价值推动着各大国在科技领域展开激烈的竞争,某种程度上,这直接导致了全球科技的过度发展。

其次,在道德实践领域,自然理性完全被工具化,它虽可指导情感,但它终究不能过问情感的合理性依据。人的情感、行为与意志都是原始或终极的存在,它们本身就圆满自足,而不存在真伪或是否违反理性的问题。休谟说:

> 人如果宁愿毁灭全世界而不肯伤害自己的一个指头,那并不是违反理性。如果为了防止一个与我完全陌生的人的些小不快,我宁愿毁灭自己,那也不是违反理性。(T 2.3.3.6)

> 在任何情况下,人类行动的最终目的(ultimate ends),都绝不能通过理性来说明,而完全诉诸人类的情感与感情(sentiments and affections),毫不依赖于理智能力。问一个人"他为什么锻炼",他将回答"他希望保持健康"。如果你们接着探究"他为什么希望健康",他将乐于回答"因为疾病使人痛苦"。如果你们把探究更推进一步,想得到"他为什么憎恶痛苦"的理由,他则不可能给出任何一个理由。(EPM app 1.18)

当把道德的根据建立于情感(一种特殊的苦乐感)之上时,对道德的理性审判与追问也就变得不可能了。换句话说,"道德结论不能以理性所能确立的任何东西为基础,任何真实的真理或所谓事实性真理在逻辑上都不能为道德提供基础"②。休谟把"是"(is)与"应当"(ought to)、"事实领域"与"价值领域"区分开来;理性的恰当对象只关涉事实领域,而在价值领域,理性必须保持缄默(除提供工具性指导外)。而当各种互竞的价值发生冲突时,我们也就没有办法援引任何客观、合理的标准加以协调或裁决了。这一点在麦金太尔对现代各式"情感主义"的分析与批判中得

---

① [波]莱泽克·科拉科夫斯基:《理性的异化——实证主义思想史》,张彤译,哈尔滨,黑龙江大学出版社,2011,第199页。
② [美]阿拉斯代尔·麦金太尔:《伦理学简史》,龚群译,北京,商务印书馆,2003,第230页。

到了尤为突出的体现。①

当然,如若不诉诸理性,而只就情感本身来看,我们能否为各种道德/价值问题提供某种统一的审判标准呢?从休谟"优先选择最大的幸福"这一说法中获得启发,以边沁、穆勒为代表的功利主义伦理学家提出一种"功利原理"或"最大幸福原理",②并认为这一原理可为一切价值问题提供某种统一的判准,各种互竞价值之间的矛盾或冲突可通过比较它们各自所带来的快乐或痛苦的大小③而加以解决。然而,也正如麦金太尔所一针见血地指出的,"人的幸福的概念不是一个统一的、单纯的概念,从而不可能为我们的关键选择提供一个标准",因为"不同的快乐、不同的幸福在很大程度上是不可公度的;不存在任何尺度可用来衡量它们的质与量。从而,以快乐为标准不会告诉我去饮酒还是去游泳,以幸福为标准也不能为我决定选择僧侣的生活还是士兵的生活"。④因此,麦金太尔认为,无论是"功利"概念,还是"最大幸福原理",它们都带有某种无法言明的虚构性质。这种虚构性质恰恰为它们与各种意识形态的结合带来了可能,不同乃至对立的诸价值观念都可被巧妙地解释为符合功利原理。这意味着,以功利为判准,我们非但无法化解,反而还有可能加剧各种互竞价值之间的冲突。综上可知,理性的工具化、事实与价值的分离使得理性对诸善间的冲突毫无调解之力,而诉诸"情感或功利标准"非但于事无补,而且还会使得此类冲突变本加厉。这后一点恰恰在全球化时代各国政府关于碳排放问题的无休止争执中得到了鲜明体现:一般而言,发展中国家倾向于援引"发展伦理"(同代人的正义)以支持碳排放,而发达国家则较多援引"环境伦理"(多代人的正义)在不同程度上反对碳

---

① 参见[美]阿拉斯戴尔·麦金太尔:《追寻美德——道德理论研究》,宋继杰译,南京,译林出版社,2011,第7~45页。
② 边沁最先正式提出"功利原理",即"它按照看来势必增大或减小利益有关者之幸福的倾向,亦即促进或妨碍此种幸福的倾向,来赞成或非难任何一项行动"。边沁的追随者穆勒又进一步解释道:"把'功利'或'最大幸福原理'当作道德基础的信条主张,行为的对错,与它们增进幸福或造成不幸的倾向成正比。所谓幸福,是指快乐和免除痛苦;所谓不幸,是指痛苦或丧失快乐。"(参见[英]边沁:《道德与立法原理导论》,时殷弘译,北京,商务印书馆,2000,第58~64页;[英]约翰·穆勒:《功利主义》,徐大建译,上海,上海人民出版社,2007,第7页。)
③ 就此快乐或痛苦的大小,边沁尤为强调了量值方面的计算,而穆勒则进一步补充了质方面的不同及其高下之别。相关内容的具体分析,参见[英]边沁:《道德与立法原理导论》,时殷弘译,北京,商务印书馆,2000,第87~90页;[英]约翰·穆勒:《功利主义》,徐大建译,上海,上海人民出版社,2007,第8~9页。
④ [美]阿拉斯戴尔·麦金太尔:《追寻美德——道德理论研究》,宋继杰译,南京,译林出版社,2011,第81页。

排放；这样一来，在碳排放问题上，"发展伦理"与"环境伦理"就发生了冲突；而若单从功利标准来看，我们几乎无望解决这一冲突，因为对今日人类来说，"环境保护"也好，"经济增长"也罢，它们都是我们不可或缺且彼此异质的利益组成部分；对这两种利益，我们难以决断其高下。

此外，如若我们跳脱休谟的经验自然主义话语，而从马克思唯物史观这一深入历史本质维度的观点视之，我们就能更深刻地认识到，休谟借助理性以使道德情感"客观化""共通化"的理论努力归根结底是无法成功的，休谟所谓"客观"的道德情感终究不能摆脱其意识形态的虚假性。因为这种客观性建立在休谟抽象人性的基础上，而从人的现实性与实践历史性出发，无法否认的是，人们的情感意识、利益观念总是带有其所属特定生产方式与生活内容的具体规定的，因而建立在这些情感、利益之上的道德也相应地有其主观性与特殊性。我们知道，休谟的道德情感理论实际上呼应了其时新兴资产阶级的伦理诉求，借助工具理性以协调诸利益的所谓"正义法则"恰恰为苏格兰商业社会的存在与发展提供了道义保障。例如，休谟所谓"稳定财物占有"的协议旨在保障有产者（资产阶级）的私人产权，而"根据同意转移所有物"的协议也非普遍正义，而仅为维护资本主义市场社会的经济交往与财物流通自由。社会存在决定社会意识，社会意识是社会存在的反映。人性情感或利益观念作为社会意识，总是代表着特定社会群体或阶层的意志与偏好，而工具理性对情感的调节充其量只能使处于同一阶层的人们达成道德共识，却无法弥合不同阶层人群的道德观念差异，因而休谟所宣称的道德情感的普适性与共通性无疑有其意识形态的虚假性。

某种意义上，这一意识形态的虚假性意味着休谟道德情感理论对资本主义—现代性道德的偏私性的双重粉饰。第一，从资本主义国家内部来说，休谟的道德情感理论粉饰了工商业资产阶级与底层劳苦大众的阶级对立；特别是把资产阶级的伦理意志以"客观道德"之名提升为国家意志，并强使全民服从。第二，从先发资本主义国家主导的现代性世界政治经济格局来看，休谟的利益正义观的广泛推行恰恰粉饰了资本主义国家在"普世价值"名义下对第三世界的国家或地区的殖民渗透与霸权逻辑。这一点特别体现在休谟对国际法的道德义务的解释中。休谟认为国际法对各个民族国家的道德约束力是与其自然约束力成正比的，而所谓"自然约束力"就是单个国家的利益。换言之，国际法并无普遍一致的道德效力，单个国家可据其利益考量灵活调整遵从国际法的义务程度。休谟说得很清楚："各国之间履行正义的自然义务既然不及私人之间那样地强有力，由此发生的道德义务也必然具有自然义务的弱点；而对于欺骗对方的国王和大臣，比对于破坏其诺言的一个私绅，我们也必然要更为宽容一些。"(T 3.2.11.4)这一说法表面看来平等地适用于所有国家，但其实质与历史效果却是为某些资本主义国家破坏国际法以追求自身利益最大化打开了方便之门。

最后，理性的自然化、工具化不仅使得理性彻底丧失标示"人禽之别"的强规范意味，而且还使得人与人乃至人与兽之间失去质性差别而趋于一致了。在古典时代，当亚里士多德以"种加属差"的方式将"人"定义为"有理性（逻各斯）的动物"时，这里的理性是人之为人的本质特征，它能把人之灵魂与低等的动植物灵魂绝对区隔开来。人按其本质要求过理性的生活，即"沉思的生活"与"城邦的生活"，而不要求过"享乐的生活"。因在享乐的生活中理性的运用或实现最低，故这种生活又被亚里士多德斥为"动物般的生活"。而随着近代实证主义与自然主义思潮的兴起，理性早已脱去旧日的光环，而被矮化为满足人类需要或协调人类乐利的合用工具，它与动物的求生本能相比除了更为精致之外已无什么本质不同。受休谟影响，当代美国知名的社会生物学家爱德华•O. 威尔逊就认为："人类心智是为生存与繁衍服务的装置，推理只不过是其中一种技能。"[①] 理性的自然化、工具化无疑是对传统理性人格之高贵性的一次彻底否弃，恰如康德所批评的那样："如果理性只应当为了那本能在动物身上所做到的事情而为他服务的话，那么他具有理性就根本没有将他在价值方面提高到超出单纯动物性之上。"[②] 这样一来，人按照理性生活某种程度上也就与亚里士多德所排斥的"享乐的生活"或"动物般的生活"并无二致了。[③]

---

① [美]爱德华•O. 威尔逊：《论人的本性》，胡婧译，北京，新华出版社，2015，第2页。
② [德]康德：《实践理性批判》，邓晓芒译，北京，人民出版社，2003，第84页。
③ 有人或许会说，除工具理性外，近现代哲学关于理性的思想相比于古代也突出了目的理性（人是目的）或价值理性（人性尊严或人权价值等）。但即便基于这样的目的理性或价值理性，也无法真正提升现代人生存的道德品质。因为由于现代性的强主体主义设定，现代理性关于人性目的或人权价值的理解始终是缺乏超越维度的，因此现代关于人的概念，往往是在自然主义的生物人意义上加以界定的，而依据这种概念，人与一般动物是同质连续的，两者的生命活动并无高下之分。赵汀阳在批判西方人权理论背后的"自然人"而非"道德人"预设时，就曾一针见血地指出："建立在生理人概念上的人权理论把人的标准降低为生物学指标，这不是博爱，而是向低看齐，是对人的道德价值和高尚努力的贬值和否定。"（参见赵汀阳：《坏世界研究——作为第一哲学的政治哲学》，北京，中国人民大学出版社，2009，第331页。）

当然，休谟与穆勒都曾在"享乐的生活"中区分过高级快乐与低级快乐，①并认为有理性者应当追求高级快乐（精神享受）而非纯粹动物性的低级快乐（感官之欲）。但是，他们对这两种快乐的分等最终不得不诉诸人们的体验、偏好或者那些庸常性倾向；缺乏普遍而超越的判准，高级快乐相对于低级快乐的优先性从根本上来说就没有稳固的依据与保障。而从实际生活来看，诚如康德所言，"如果一个人只看重生命的快意，他就决不会问是知性表象还是感官表象，而只会问这些表象在最长时间内给他带来多少和多大的快乐"，故"他通过哪一个表象方式被刺激起来，这对于他完全是一样的"。② 因此，面对功利主义常被反对者贬为"一种仅仅配得上猪的学说"的指责，穆勒等人通过对高级快乐与低级快乐的区分往往并不能有力地回击这一指责。我们也看到，穆勒所谓"做一个不满足的苏格拉底胜过做一只满足的猪"的教导似乎也没有如他所愿的那样，会随着现代文教水平的普遍提高而成为人类的普遍选择，相反，宁做一只满足的猪，也不做一个不满足的苏格拉底，这恐怕才是很多现代人所真心信奉的生存哲学与幸福哲学。总而言之，随着理性的自然化与工具化，现代理性不再把人引向神和超越性存在，而是使人趋向（物质）自然和物性化生存。③ 在资本全球扩张的时代，我们在道德人格上普遍的平庸与逐利求用倾向恰恰就是对这一点的最佳例证。

我们知道，在西方哲学传统中，理性问题往往与真/善问题紧密勾连；如何看待理性自然就会影响到我们对真或善概念的基本理解。休谟式"实践—工具理性"观为我们理解真或善提供了一种"手段—目的"模式，而这一理性观的现代性特质则为此模式注入了人本—心理主义的内容。从此，认某物为"真"意味着，该物作为手段对满足我们的需要有用；认

---

① 穆勒在《功利主义》一书中明确提出要区分高级快乐与低级快乐，他认为"理智的快乐、感情和想象的快乐以及道德情感的快乐所具有的价值要远高于单纯感官的快乐"，前一类快乐属于高级快乐，后一类快乐则属于低级快乐。（参见[英]约翰·穆勒：《功利主义》，徐大建译，上海，上海人民出版社，2007，第8～9页。）在休谟的某些表述中也隐含类似的区分，例如他说："当一切内在的美和道德的美都受到孜孜不倦的追求，和心灵在一切能够美化和装饰一个有理性被造物的完满性方面都达到完成时，各种动物性的便利和快乐就逐渐失去它们的价值。"（EPM 9.1.10）"从快乐的观点看，谈话、社交、学习甚至健康方面并非买来的满足以及日常的自然美，而尤其是对自己行为的一切平静的反思，我是说，在这些自然的乐趣与那些奢侈昂贵且狂热空虚的乐趣之间能有什么可比较的呢？实际上，这些自然的乐趣才是真正无价的，既因为它们在获得上低于一切价格，也因为它们在享受上高于一切价格。"（EPM 9.2.12）
② [德]康德：《实践理性批判》，邓晓芒译，北京，人民出版社，2003，第28页。
③ 有关这方面内容的进一步探讨，参见栾俊：《论古今视域转换下的"人禽之辨"——理解现代人性危机的一个新视点》，《天府新论》2017年第2期。

某物为"善"意味着,该物要么就是我们的需要本身,要么就是满足这些需要的手段。对"真/善"的如此理解同时也要求我们抛弃那种万物一体且万物本身皆有其位阶、性灵与意义的陈旧观念,而须代之以一个祛魅了的扁平化的世界观,从而好让世间诸物以作为满足人类需要的工具储备库的方式加以装置。这看似恢复了世界的客观性与中立性,实则却为这个世界带来了新的主观性与任意性。这是因为,一如上述,从人性出发的诸需要或诸欲求是彼此歧异而不可公度的,不仅同一个人的不同需要会发生冲突(如市民对买大排量豪车的需要与其对呼吸新鲜空气的需要会发生冲突),而且在不同人的不同需要之间也会产生分歧或矛盾(如在富人对经济效率的需要与穷人对分配公平的需要之间)。这些矛盾与冲突在历时性问题与共时性问题缠结交织的全球化时代变得愈发明显而难解。这是摆在现代人面前的一种困局。错把这一困局当成某种不可更改或修正而必须予以承认的基本事实,一种只注重划定群己权界、倡导价值中立与消极自由的相对主义的生活方式就会受到鼓励。殊不知这种所谓的"相对主义生活方式"只会麻痹、延缓我们对这一困局的觉识,很可能耽误时机,使问题变得愈发严重与难以索解。

正如麦金太尔把情感主义看作启蒙道德筹划失败的标志那样,我们也可以把上述困局的出现看作以"手段—目的"模式理解真或善之大不妥的一种标志。因此,我们必须在"手段—目的"模式之外寻求对真或善的其他模式的理解。通过对西方伦理学史的爬梳,麦金太尔在解答"道德规则所需的根据是什么"这一问题时指出,回答这一问题可有如下三种方案:第一种是柏拉图与亚里士多德的方案,即认为道德的根基在于某种社会生活方式,在此生活方式中,人们以一定的善目(goods)为大家共同追求的目标;第二种是基督教的方案,即认为道德的根基在于上帝的戒律,服从戒律将得到报偿,而违抗戒律将受到严惩;第三种就是智者与霍布斯的方案,即认为道德的根基在于人性的现实需要。麦金太尔继而认为这三种方案都给道德判断规定了不同的逻辑形式与地位。第一种方案的核心概念是"共同善",它给道德判断规定了适合某种特定社会生活方式的角色或功能;第二种方案的核心概念是"应当",它给道德判断规定了"你应当怎样"这种无条件的绝对命令形式;第三种方案的核心概念是达到既定目的的手段的概念以及合乎我们本性的欲望的概念,而它给道德判断规定了具有与人性欲望相对应的形式。[①] 我们看到,麦金太尔

---

① 参见[美]阿拉斯代尔·麦金太尔:《伦理学简史》,龚群译,北京,商务印书馆,2003,第203页。

在这里其实已经涉及了对善或道德问题的三种不同模式的理解，除"手段—目的"模式（第三种方案）外，他还指出了其他两种理解模式，笔者将之命名为"部分—整体"模式（第一种方案）以及"权威—命令"模式（第二种方案）。以这两种模式理解真或善某种程度上的确可以避免出现上述困局，因为无论是通过"部分—整体"模式，还是借助"权威—命令"模式，我们对道德的理解都不会仅从人性欲望或需要出发，而是要对人性欲望或需要提出限制与规约，以使之符合某种在先的集体道德（共同善）或绝对律令（大写理性或神法等）。既然如此，我们弃用"手段—目的"模式而选取"部分—整体"模式或"权威—命令"模式来理解真或善似乎也就能解除现代人的生存之困了。然而问题远没有这么简单。如果说，对真或善的"手段—目的"模式的理解须以典型的休谟式"实践—工具理性"观作支撑，那么，同样，在对真或善的"部分—整体"模式或"权威—命令"模式理解背后也须配以相应的"宇宙理性"观或"超越理性"观。而这两种理性观对深受实证主义与自然主义洗礼的现代心灵来说，它们早已是明日黄花，不再有任何吸引力。因为无论是古典的逻各斯理性，还是中世纪的上帝的理性，在休谟式"怀疑的理性"的严格检审下，它们既没有观念关系意义上的内在必然性，也没有生动知觉意义上的那种感性强制力，因此它们对现代人来说便没有任何实在性。① 由第六章第一节的分析我们也看到，休谟通过宗教—形而上学批判已斩断我们与大全、超绝者的一切可能的勾连，上帝的理性、存在理性、宇宙理性、整体的逻各斯等以"反—主体主义"为共同特征的理性观都被启蒙理性（怀疑的理性）判为"神话"（myths）。在现代语境下，判为"神话"往往意味着，我们固然可以言说这些概念，但此类言说现已表达不出任何严肃的意义。

综上可知，现代理性的大麻烦在于，它不仅身患顽疾（关涉其"实践—工具理性"一面），而且还拒绝解药（关涉其"怀疑的理性"一面）。只有深刻意识到这一大麻烦，我们才能明白，对现代理性之弊病的任何简单治疗（如直接以古典理性观替代）几乎都是无甚效果的。而且，正因为

---

① 麦金太尔曾客观公允地指出，莫基于神本理性之上的基督教伦理学对现代人来说早已失去吸引力，但他同时又不无冒失地认为，莫基于宇宙理性之上的以亚里士多德为代表的古典德性伦理学既能对治现代西方伦理之病，又能被现代人所普遍接受。因此麦金太尔主张我们应当返回到亚里士多德的德性伦理传统中去。笔者认为，麦金太尔这一主张的可行性是颇受怀疑的。实际上，与基督教伦理的普遍衰落相比，恢复德性伦理的前景似乎也好不到哪里去。在现代性条件下，面对现代人强大的自然理性与怀疑理性，麦金太尔极力倡导的以"具有内在善的实践""统一的人生叙事"以及"基于传统"为特征的德性伦理对今日人类到底有多大的吸引力，这是不容高估的。

这些治疗无甚效果，所以它们某种程度上还能反衬出现代理性的强大威力。事实上，我们也发现，后启蒙时代对现代理性不绝于耳的反对声非但没有起到削弱现代理性的效果，反而还进一步壮大了现代理性的声势。这从形而上学式微、工具理性当王的时代风气中就可见一斑。因此，笔者认为，面对现代理性的突出问题，我们首先需要做的或许不是提供其他替代性方案或去寻求什么立竿见影的解决之道，而是要回溯现代理性的起源、深入其内在机理并对其现代性特质进行全面而精准的揭示。休谟无疑是现代理性的至关重要的早期奠基者之一，而也只有不断回到并深入休谟哲学，弄清楚"以最勇敢的姿态追求现代性"（彼得·盖伊语）的18世纪哲人休谟到底是如何告别前现代（反宗教—形而上学）以谋划现代生活（世俗人学启蒙）的，我们对现代理性之由来、品格及其问题的认识也才能真正明晰且深刻起来。某种意义上，对问题的深彻理解比对问题的直接回应更重要。而这，恰恰构成了本书对"休谟人性视域下的理性观"进行系统深入研究的隐秘意图。最后，笔者愿以查尔斯·泰勒在其名著《自我的根源——现代认同的形成》一书"序言"中的一句宣言结束全文：

  正确地理解现代性，就是实施拯救活动。[1]

---

[1] ［加］查尔斯·泰勒：《自我的根源——现代认同的形成》，韩震等译，南京，译林出版社，2008，序言第3页。

参考文献

一、休谟的著作

(一)英文原著

[1] Hume D, *A Treatise of Human Nature*, L. A. Selby-Bigge (ed.), P. H. Nidditch (rev.), Oxford, Oxford University Press, 1978.

[2] Hume D, *Enquiries concerning Human Understanding and concerning the Principles of Morals*, L. A. Selby-Bigge (ed.), P. H. Nidditch (rev.), Oxford, Oxford University Press, 1975.

[3] Hume D, *Dialogues concerning Natural Religion*, D. Coleman (ed.), Cambridge, Cambridge University Press, 2007.

[4] Hume D, *Essays Moral, Political, and Literary*, E. F. Miller (ed.), Indianapolis, Liberty Fund, 1987.

(二)中文译著

[1] [英]休谟:《人性论》,关文运译,北京,商务印书馆,1980。

[2] [英]休谟:《论道德原理 论人类理智》,周晓亮译,南京,译林出版社,2010。

[3] [英]休谟:《人类理解研究》,关文运译,北京,商务印书馆,1957。

[4] [英]休谟:《道德原则研究》,曾晓平译,北京,商务印书馆,2001。

[5] [英]休谟:《自然宗教对话录》,陈修斋、曹棉之译,北京,商务印书馆,1962。

[6] [英]休谟:《宗教的自然史》,曾晓平译,北京,商务印书馆,2017。

[7] [英]休谟:《休谟政治论文选》,张若衡译,北京,商务印书馆,2010。

[8] [英]休谟:《休谟散文集》,肖聿译,北京,中国社会科学出版社,2006。

二、专著与论文

(一)英文专著

[1] Baier, A C, *A Progress of Sentiments: Reflections on Hume's Treatise*, Cambridge, Harvard University Press, 1991.

[2] Buckle, S, *Hume's Enlightenment Tract: The Unity and Purpose of an Enquiry concerning Human Understanding*, Oxford, Clarendon Press, 2001.

[3] Coventry, A, *Hume's Theory of Causation: A Quasi-Realist Interpretation*, London, New York, Continuum, 2006.

[4] Capaldi, N, *David Hume: The Newtonian Philosopher*, Boston, Twayne, 1975.

[5] Danford, J W, *David Hume and the Problem of Reason: Recovering the Human Sciences*, New Haven, London, Yale University Press, 1990.

[6] Flew, A, *Hume's Philosophy of Belief*, London, Routledge & Kegan Paul, 1961.

[7] Fogelin, R J, *Hume's Skepticism in the Treatise of Human Nature*, London, Routledge & Kegan Paul, 1985.

[8] Garrett, D, *Cognition and Commitment in Hume's Philosophy*, Oxford, Oxford University Press, 1997.

[9] Gaskin, J C A, *Hume's Philosophy of Religion*, London, Macmillan Press, 1988.

[10] Horkheimer, M, *Eclipse of Reason*, London, Continuum Publishing Company, 2004.

[11] Hardin, R, *David Hume: Moral and Political Theorist*, Oxford, Oxford University Press, 2007.

[12] Livingston, D W, *Hume's Philosophy of Common Life*, Chicago, The University of Chicago Press, 1984.

[13] Livingston, D W, *Philosophical Melancholy and Delirium: Hume's Pathology of Philosophy*, Chicago, The University of Chicago Press, 1998.

[14] Lakoff, G & Johnson, M, *Philosophy in the Flesh: the Embodied Mind and its Challenge to Western Thought*, New York, Basic Books, 1999.

[15] Loeb, L E, *Stability and Justification in Hume's Treatise*, Oxford, Oxford University Press, 2002.

[16] Mackie, J L, *Ethics: Inventing Right and Wrong*, New York, Penguin Books, 1977.

[17] Mackie, J L, *Hume's Moral Philosophy*, London, New York, Routledge, 1980.

[18] Meeker, K, *Hume's Radical Scepticism and The Fate of Naturalized Epistemology*, New York, Palgrave Macmillan, 2013.

[19] Merrill, K R, *Historical Dictionary of Hume's Philosophy*, Lanham, The Scarecrow Press, 2008.

[20] Norton, D F, *David Hume: Common-Sense Moralist, Sceptical Metaphysician*, Princeton, Princeton University Press, 1982.

[21] Noonan, H W, *Routledge Philosophy Guidebook to Hume on Knowledge*, London, New York, Routledge, 2003.

[22] Noxon, J, *Hume's Philosophical Development: A Study of His Method*, Oxford, Clarendon Press, 1973.

[23] Owen, D, *Hume's Reason*, Oxford, Oxford University Press, 2007.

[24] Pears, D, *Hume's System: An Examination of the First Book of his Treatise*, Oxford, Oxford University Press, 1990.

[25] Pierris, G D, *Ideas, Evidence, and Method: Hume's Skepticism and Natural-

ism concerning *Knowledge and Causation*, Oxford, Oxford University Press, 2015.

[26] Prichard, H A, *Knowledge and Perception*, Oxford, Clarendon Press, 1950.

[27] Passmore, J, *Hume's Intentions*, London, Duckworth, 1980.

[28] Porter, R, *The Enlightenment.* New York, Macmillan Press, 2001.

[29] Popkin, R H, *The History of Scepticism: From Savonarola to Bayle*, Oxford, Oxford University Press, 2003.

[30] Penelhum, T, *David Hume: An Introduction to His Philosophical System*, West Lafayette, Purdue University Press, 1992.

[31] Russell, P, *The Riddle of Hume's Treatise: Skepticism, Naturalism, and Irreligion*, Oxford, Oxford University Press, 2008.

[32] Read, R & Richman, K A, *The New Hume Debate*, London, New York, Routledge, 2000.

[33] Stroud, B, *Hume*, London, Routledge & Kegan Paul, 1977.

[34] Schmidt, C M, *David Hume: Reason in History*, University Park, The Pennsylvania State University Press, 2003.

[35] Stove, D C, *Probability and Hume's Inductive Scepticism*, Oxford, Clarendon Press, 1973.

[36] Schmitt, F F, *Hume's Epitemology in the Treatise: A Veritistic Interpretation*, Oxford, Oxford University Press, 2014.

[37] Strawson, G, *The Secret Connection: Causation, Realism, and David Hume*, Oxford, Oxford University Press, 2014.

[38] Smith, N K, *The Philosophy of David Hume*, New York, Palgrave Macmillan, 1941.

[39] Susato, R, *Hume's Sceptical Enlightenment*, Edinburgh, Edinburgh University Press, 2015.

[40] Taylor, A E, *David Hume and the Miraculous*, Cambridge, Cambridge University Press, 1927.

[41] Taylor, C, *A Secular Age*, Cambridge, Harvard University Press, 2007.

[42] Taylor, C, *Sources of the Self: The Making of the Modern Identity*, Cambridge, Harvard University Press, 1989.

[43] Wright, J, *The Sceptical Realism of David Hume*, Minneapolis, University of Minnesota Press, 1983.

(二)英文论文

[1] Brown, C R, "Hume on Moral Rationalism, Sentimantalism, and Sympathy", in E. S. Radcliffe(ed.), *A Companion to Hume*, Blackwell, 2008, pp. 219-239.

[2] Biro, J, "Hume's New Science of the Mind", in D. F. Norton & J. Taylor (eds),

The Cambridge Companion to Hume, New York, Cambridge University Press, 2009, pp. 40-69.

[3] Barfoot, M, "Hume and the Culture of Science in the Early Eighteenth Century", in M. A. Stewart (ed.), *Studies in the Philosophy of the Scottish Enlightenment*, Oxford, Clarendon Press, 1990, pp. 151-190.

[4] Fogelin, R J, "Hume's Skepticism", in D. F. Norton & J. Taylor (eds), *The Cambridge Companion to Hume*, New York, Cambridge University Press, 2009, pp. 209-237.

[5] Gaskin, J C A, "Hume on Religion", in D. F. Norton & J. Taylor (eds), *The Cambridge Companion to Hume*, New York, Cambridge University Press, 2009, pp. 480-513.

[6] Green, K, "Will the Real Enlightenment Historian Please Stand Up? Catharine Macaulay versus David Hume", in C. Taylor & S. Buckle (eds), *Hume and the Enlightenment*, London, Pickering & Chatto, 2011, pp. 39-51.

[7] Norton, D F, "An Introduction to Hume's Thought", in D. F. Norton & J. Taylor (eds), *The Cambridge Companion to Hume*, New York, Cambridge University Press, 2009, pp. 1-39.

[8] Popkin, R H, "Scepticism in the Enlightenment", in R. H. Popkin & E. D. Olaso & G. Tonelli (eds), *Scepticism in the Enlightenment*, Dordrecht, Kluwer Academic Publishers, 1997, pp. 1-16.

[9] Strawson, G, "David Hume: Objects and Power", in R. Read & K. A. Richman (eds), *The New Hume Debate*, London, New York, Routledge, 2000, pp. 31-51.

[10] Winters, B, "Hume on Reason", in S. Tweyman (ed.), *David Hume: Critical Assessments*, vol 1, London, New York, Routledge, 1995, pp. 229-240.

[11] Wright, J, "Hume's Causal Realism: Recovering a Traditional Interpretation", in R. Read & K. A. Richman (eds), *The New Hume Debate*, London, Routledge, 2000, pp. 88-99.

(三) 中文专著

[1] [美] 阿拉斯戴尔·麦金太尔:《追寻美德——道德理论研究》, 宋继杰译, 南京, 译林出版社, 2011。

[2] [美] 阿拉斯代尔·麦金太尔:《伦理学简史》, 龚群译, 北京, 商务印书馆, 2003。

[3] [美] 爱德华·O. 威尔逊:《论人的本性》, 胡婧译, 北京, 新华出版社, 2015。

[4] [古希腊] 柏拉图:《理想国》, 郭斌和、张竹明译, 北京, 商务印书馆, 1986。

[5] [英] 贝克莱:《人类知识原理》, 关文运译, 北京, 商务印书馆, 2010。

[6] [英] 边沁:《道德与立法原理导论》, 时殷弘译, 北京, 商务印书馆, 2000。

[7] [美]彼得·盖伊:《启蒙时代(上)——现代异教精神的兴起》,刘北成译,上海,上海人民出版社,2015。

[8] [美]彼得·盖伊:《启蒙时代(下)——自由的科学》,王皖强译,上海,上海人民出版社,2016。

[9] [加]查尔斯·泰勒:《自我的根源——现代认同的形成》,韩震等译,南京,译林出版社,2008。

[10] [加]查尔斯·泰勒:《世俗时代》,张容南等译,上海,上海三联书店,2016。

[11] [法]笛卡尔:《第一哲学沉思集——反驳和答辩》,庞景仁译,北京,商务印书馆,1986。

[12] [法]笛卡尔:《哲学原理》,关文运译,北京,商务印书馆,1959。

[13] [德]黑格尔:《精神现象学》上卷,贺麟、王玖兴译,北京,商务印书馆,1962。

[14] [德]黑格尔:《哲学史讲演录》第四卷,贺麟、王太庆等译,上海,上海人民出版社,2013。

[15] [英]哈耶克:《知识的僭妄——哈耶克哲学、社会科学论文集》,邓正来译,北京,首都经济贸易大学出版社,2014。

[16] [德]康德:《纯粹理性批判》,邓晓芒译,北京,人民出版社,2004。

[17] [德]康德:《实践理性批判》,邓晓芒译,北京,人民出版社,2003。

[18] [德]卡西尔:《启蒙哲学》,顾伟铭等译,济南,山东人民出版社,2007。

[19] [德]卡西尔:《人论》,甘阳译,上海,上海译文出版社,2004。

[20] [英]洛克:《人类理解论》,关文运译,北京,商务印书馆,1959。

[21] [美]理查德·罗蒂:《哲学和自然之镜》,李幼蒸译,北京,商务印书馆,2003。

[22] [波]莱泽克·科拉科夫斯基:《理性的异化——实证主义思想史》,张彤译,哈尔滨,黑龙江大学出版社,2011。

[23] [美]迈克尔·L.弗雷泽:《同情的启蒙——18世纪与当代的正义和道德情感》,胡靖译,南京,译林出版社,2016。

[24] [英]P. F.斯特劳森:《怀疑主义与自然主义及其变种》,骆长捷译,北京,商务印书馆,2018。

[25] [英]斯图亚特·布朗编:《英国哲学和启蒙时代》,高新民等译,北京,中国人民大学出版社,2009。

[26] [美]唐纳德·利文斯顿:《休谟的日常生活哲学》,李伟斌译,上海,华东师范大学出版社,2018。

[27] [古希腊]亚里士多德:《尼各马可伦理学》,廖申白译注,北京,商务印书馆,2003。

[28] [英]约翰·穆勒:《功利主义》,徐大建译,上海,上海人民出版社,2007。

[29] [美]约翰·杜威:《哲学的改造》,许崇清译,北京,商务印书馆,1958。

[30] [英]亚历山大·布迪罗编:《剑桥指南——苏格兰启蒙运动》,贾宁译,杭州,浙江大学出版社,2010。

[31] 北京大学哲学系外国哲学史教研室编译：《西方哲学原著选读》上卷，北京，商务印书馆，1981。
[32] 车桂：《吉尔松哲学研究》，北京，人民出版社，2012。
[33] 陈晓平：《贝叶斯方法与科学合理性——对休谟问题的思考》，北京，人民出版社，2010。
[34] 高全喜：《休谟的政治哲学》，北京，北京大学出版社，2004。
[35] 罗中枢：《人性的探究——休谟哲学述评》，成都，四川大学出版社，1995。
[36] 李伟斌：《休谟政治哲学新论》，北京，中国社会科学出版社，2013。
[37] 骆长捷：《休谟的因果性理论研究——基于对"新休谟争论"的批判与反思》，北京，商务印书馆，2016。
[38] 刘小枫、陈少明主编：《笛卡尔的精灵》，北京，华夏出版社，2009。
[39] 笑思：《家哲学——西方人的盲点》，北京，商务印书馆，2010。
[40] 阎吉达：《休谟思想研究》，上海，上海远东出版社，1994。
[41] 杨大春：《现代性与主体的命运》，北京，中国人民大学出版社，2019。
[42] 周晓亮：《休谟哲学研究》，北京，人民出版社，1999。
[43] 张志林：《因果观念与休谟问题》，北京，中国人民大学出版社，2010。
[44] 赵汀阳：《坏世界研究——作为第一哲学的政治哲学》，北京，中国人民大学出版社，2009。

(四)中文论文

[1] 陈晓平：《休谟问题评析——兼评"归纳问题"和"因果问题"之争》，《学术研究》2003年第1期。
[2] 陈波：《一个与归纳问题类似的演绎问题——演绎的证成》，《中国社会科学》2005年第2期。
[3] 陈志宏：《理性与深度——20世纪以来的休谟研究述评》，《史学月刊》2015年第4期。
[4] 程农：《休谟与社会契约论的理性主义》，《社会科学》2021年第1期。
[5] 胡军方：《休谟伦理思想中的普遍观点》，《道德与文明》2012年第1期。
[6] 惠永照：《休谟道德普遍化的困境与康德式回应》，《唐都学刊》2021年第2期。
[7] [英]K. 史密斯：《休谟的自然主义》，周晓亮译，《哲学译丛》1996年第Z2期。
[8] 骆长捷：《谁是休谟的宗教代言人？——〈自然宗教对话录〉解析》，《世界哲学》2017年第5期。
[9] 李薇：《论休谟对哈奇森道德感理论的改造和发展》，《哲学研究》2022年第4期。
[10] 栾俊：《从认识论到实践论：皮浪主义挑战下的休谟问题》，《中南大学学报（社会科学版）》2017年第4期。
[11] 栾俊：《论古今视域转换下的"人禽之辨"——理解现代人性危机的一个新视点》，《天府新论》2017年第2期。
[12] 马庆：《道德理由的特殊性与普遍性——对内在理由与外在理由的反思》，《学术

月刊》2015 年第 4 期。
[13] [加]P. 拉塞尔：《休谟的反宗教的目的和目标——"阉割"的神话与〈人性论〉之谜的解决》，曾晓平译，《世界哲学》2015 年第 1 期。
[14] 孙小玲：《同情与道德判断——由同情概念的变化看休谟的伦理学》，《世界哲学》2015 年第 4 期。
[15] 铁省林：《休谟问题及其效应》，《文史哲》2004 年第 5 期。
[16] 铁省林：《实在论、反实在论与准实在论——当代西方解释休谟因果观的三种立场》，《自然辩证法研究》2014 年第 12 期。
[17] 王刚：《休谟问题研究述评》，《自然辩证法研究》2008 年第 3 期。
[18] [美]W. V. O. 蒯因：《自然化的认识论》，贾可春译，《世界哲学》2004 年第 5 期。
[19] 熊立文：《休谟问题探析》，《北京师范大学学报(社会科学版)》2014 年第 5 期。
[20] 杨璐：《同情与效用——大卫·休谟的道德科学》，《社会学研究》2018 年第 3 期。
[21] 张汝伦：《启蒙与人性》，《东方早报》2011 年 10 月 23 日。
[22] 张汝伦：《以启蒙的精神对待启蒙》，《东方早报》2014 年 2 月 23 日。
[23] 张汝伦：《如何理解"哲学史"？》，《哲学研究》2015 年第 1 期。
[24] 张汝伦：《现代性与哲学的任务》，《学术月刊》2016 年第 7 期。
[25] 张汝伦：《旧学商量加邃密 新知培养转深沉——四十年来西方哲学研究的反思与前瞻》，《哲学动态》2018 年第 9 期。
[26] 赵敦华：《休谟的经验论真的摆脱了矛盾吗？》，《河北学刊》2004 年第 1 期。
[27] 周保巍：《社会情境·意识形态·知识话语——思想史视野中的"休谟研究"》，《华东师范大学学报(哲学社会科学版)》2008 年第 1 期。

后　记

　　本书的雏形是我的博士论文。读博期间，我的导师张汝伦教授常跟我说："哲学的学习是一个过程。"博士论文的写作深深印证了这一点。从一开始张老师提点我关注休谟哲学的根本问题，特别是深挖休谟强调"一切科学都要回到人性研究"的问题意识，到我将休谟的理性观确立为研究对象，再到形成较翔实的写作思路，这是一个在原著与相关二手文献之间反复进行精读、权衡、研判并由此逐步形成自己的独立见解的漫长过程。这个过程也昭示我这样一个做学问的理想状态——学术思想须等候它的自然成熟，其间既不可操之过急，亦不能消极怠惰。这也是张老师一再教导我们的为学之理。依此为学之理读书与思考，竟让我在这个生命节奏日趋被动、加速的社会气氛下，度过了一段平实纯粹而又有发自内心的兴奋与快乐的博士生涯。

　　修改博士论文以至形成本书目前的样子，这项工作是我从复旦大学毕业，入职江南大学后进行的。入职初期的忙乱与压力一度让我的休谟研究陷入困境，直至2021年10月成功获批国家社科基金后期资助项目，我的学术自信才得以恢复，我也慢慢笃定了将休谟研究继续向纵深推进的学术志向。在此特别感谢全国哲学社会科学工作办公室的工作人员与五位匿名评审专家，你们的支持肯定与建设性意见，不仅为书稿的修改与完善指明了方向，而且也为我在常州大学开启下一个阶段的休谟研究注入了强劲动力。

　　我在本书中所贯彻的思想与方法深受张老师学术主张（尤见于《启蒙与人性》《如何理解"哲学史"？》与《现代性与哲学的任务》等文）的鼓舞与影响。我研读了欧文（D. Owen）、伽略特（D. Garrett）、皮尔瑞斯（G. D. Pierris）、拜尔（A. C. Baier）、弗格林（R. J. Fogelin）、卢伯（L. E. Loeb）、利文斯顿（D. W. Livingston）、诺顿（D. F. Norton）与拉塞尔（P. Russell）等国外知名休谟研究学者的相关著述，书稿的构思某种程度上也得到了他们的智识启迪。在复旦大学读博期间，孙向晨、刘放桐、张庆熊、佘碧平、丁耘、林晖等老师对我学业的关心与指导，亦为书稿的顺利写作提供了诸多助益。

　　本书的出版得到了北京师范大学出版社的大力支持，责任编辑刘溪博士付出了不少心血，尤其在书稿体例的规范与文字的晓畅方面，给予我专业而细致的指导。

感谢我的爷爷奶奶、父母、岳父母及爱人许阳一直以来对我读书生活的理解与支持。本书是我的处女作，亦是精心之作，为此耗时许久，用力良多，我愿将这篇成果献给你们。特别献给我的奶奶陈桂英（已于 2016 年年底离世），记忆中的您从不计个人得失，吃苦耐劳，无私奉献，我在心里一直很感念！

最后对志同道合的诸同学与同事(李钧、高桦、王继、毛家骥、肖根牛、卢毅、吴晓平、邓影、姜妮伶、张连富、林浩舟、邢长江、李敏、张祖辽、包佳道、陈永杰、代利刚、任俊等)一并致以诚挚谢意。与你们的交往，不仅丰富了我的学识，也给我的略显孤寂的学术生活增添了不少乐趣。

栾俊
2023 年 7 月 18 日